本项目由深圳市宣传文化事业发展专项基金资助

　　本书受国家自然科学基金面上项目"粤港澳大湾区城际合作研究：多样化与地方嵌入性"（42071204）、国家自然科学基金青年项目"制度空间下国家级新区空间演变的特征与动力机制——以重庆市两江新区为例"（41801145）资助

深圳学派建设丛书（第十一辑）

国家制度空间
理论与实践

晁恒 著

中国社会科学出版社

图书在版编目（CIP）数据

国家制度空间：理论与实践 / 晁恒著. -- 北京：中国社会科学出版社, 2024.11. -- （深圳学派建设丛书）. -- ISBN 978-7-5227-4439-1

Ⅰ. D62

中国国家版本馆 CIP 数据核字第 2024VA3179 号

出 版 人	赵剑英
责任编辑	单 钊
责任校对	冯英爽
责任印制	李寡寡

出　　版	中国社会科学出版社
社　　址	北京鼓楼西大街甲 158 号
邮　　编	100720
网　　址	http://www.csspw.cn
发 行 部	010-84083685
门 市 部	010-84029450
经　　销	新华书店及其他书店
印　　刷	北京明恒达印务有限公司
装　　订	廊坊市广阳区广增装订厂
版　　次	2024 年 11 月第 1 版
印　　次	2024 年 11 月第 1 次印刷
开　　本	710×1000　1/16
印　　张	16.5
字　　数	255 千字
定　　价	89.00 元

凡购买中国社会科学出版社图书，如有质量问题请与本社营销中心联系调换
电话：010-84083683
版权所有　侵权必究

《深圳学派建设丛书》
编 委 会

顾　　问：王京生　李小甘　王　强

主　　任：张　玲　张　华

执行主任：曾相莱　吴定海

主　　编：吴定海

总序　学派的魅力

王京生[*]

学派的星空

在世界学术思想史上，曾经出现过浩如繁星的学派，它们的光芒都不同程度地照亮人类思想的天空，像米利都学派、弗莱堡学派、法兰克福学派等，其人格精神、道德风范一直为后世所景仰，其学识与思想一直成为后人引以为据的经典。就中国学术史而言，不断崛起的学派连绵而成群山之势，并标志着不同时代的思想所能达到的高度。自晚明至晚清，是中国学术尤为昌盛的时代，而正是在这个时代，学派的存在也尤为活跃，像陆王学派、吴学、皖学、扬州学派等。但是，学派辈出的时期还应该首推古希腊和中国的春秋战国时期，古希腊出现的主要学派就有米利都学派、毕达哥拉斯学派、埃利亚学派、犬儒学派；而儒家学派、黄老学派、法家学派、墨家学派、稷下学派等，则是中国春秋战国时代学派鼎盛的表现，百家之中几乎每家就是一个学派。

综观世界学术思想史，学派一般都具有如下的特征。

其一，有核心的代表人物，以及围绕着这些核心人物所形成的特定时空的学术思想群体。德国19世纪著名的历史学家兰克既是影响深远的兰克学派的创立者，也是该学派的精神领袖，他在柏林大学长期任教期间培养了大量的杰出学者，形成了声势浩大的学术势力，兰克本人也一度被尊为欧洲史学界的泰斗。

其二，拥有近似的学术精神与信仰，在此基础上形成某种特定的学术风气。清代的吴学、皖学、扬学等乾嘉诸派学术，以考据为

---

[*] 王京生，现任国务院参事。

治学方法，继承古文经学的训诂方法而加以条理发明，用于古籍整理和语言文字研究，以客观求证、科学求真为旨归，这一学术风气也因此成为清代朴学最为基本的精神特征。

其三，由学术精神衍生出相应的学术方法，给人们提供了观照世界的新的视野和新的认知可能。产生于20世纪60年代、代表着一种新型文化研究范式的英国伯明翰学派，对当代文化、边缘文化、青年亚文化的关注，尤其是对影视、广告、报刊等大众文化的有力分析，对意识形态、阶级、种族、性别等关键词的深入阐释，无不为我们认识瞬息万变的世界提供了丰富的分析手段与观照角度。

其四，由上述三点所产生的经典理论文献，体现其核心主张的著作是一个学派所必需的构成因素。作为精神分析学派的创始人，弗洛伊德所写的《梦的解析》等，不仅成为精神分析理论的经典著作，而且影响广泛并波及人文社科研究的众多领域。

其五，学派一般都有一定的依托空间，或是某个地域，或是像大学这样的研究机构，甚至是有着自身学术传统的家族。

学派的历史呈现出交替嬗变的特征，形成了自身发展规律。

其一，学派出现往往暗合了一定时代的历史语境及其"要求"，其学术思想主张因而也具有非常明显的时代特征。一旦历史条件发生变化，学派的内部分化甚至衰落将不可避免，尽管其思想遗产的影响还会存在相当长的时间。

其二，学派出现与不同学术群体的争论、抗衡及其所形成的思想张力紧密相关，它们之间的"势力"此消彼长，共同勾勒出人类思想史波澜壮阔的画面。某一学派在某一历史时段"得势"，完全可能在另一历史时段"失势"。各领风骚若干年，既是学派本身的宿命，也是人类思想史发展的"大幸"：只有新的学派不断涌现，人类思想才会不断获得更为丰富、多元的发展。

其三，某一学派的形成，其思想主张都不是空穴来风，而有其内在理路。例如，宋明时期陆王心学的出现是对程朱理学的反动，但其思想来源却正是后者；清代乾嘉学派主张朴学，是为了反对陆王心学的空疏无物，但二者之间也建立了内在关联。古希腊思想作为欧洲思想发展的源头，使后来西方思想史的演进，几乎都可看作是对它的解释与演绎，"西方哲学史都是对柏拉图思想的演绎"的极端说法，却也说出了部分的真实。

其四，强调内在理路，并不意味着对学派出现的外部条件重要性的否定；恰恰相反，外部条件有时对于学派的出现是至关重要的。政治的开明、社会经济的发展、科学技术的进步、交通的发达、移民的汇聚等，都是促成学派产生的重要因素。名震一时的扬州学派，就直接得益于富甲一方的扬州经济与悠久而发达的文化传统。纵观中国学派出现最多的明清时期，无论是程朱理学、陆王心学，还是清代的吴学、皖学、扬州学派、浙东学派，无一例外都是地处江南（尤其是江浙地区）经济、文化、交通异常发达之地，这构成了学术流派得以出现的外部环境。

学派有大小之分，一些大学派又分为许多派别。学派影响越大分支也就越多，使得派中有派，形成一个学派内部、学派之间相互切磋与抗衡的学术群落，这可以说是纷纭繁复的学派现象的一个基本特点。尽管学派有大小之分，但在人类文明进程中发挥的作用却各不相同，既有积极作用，也有消极作用。例如，法国百科全书派破除中世纪以来的宗教迷信和教会黑暗势力的统治，成为启蒙主义的前沿阵地与坚强堡垒；罗马俱乐部提出的"增长的极限""零增长"等理论，对后来的可持续发展、协调发展、绿色发展等理论与实践，以及联合国通过的一些决议，都产生了积极影响；而德国人文地理学家弗里德里希·拉采尔所创立的人类地理学理论，宣称国家为了生存必须不断扩充地域、争夺生存空间，后来为法西斯主义所利用，起了相当大的消极作用。

学派的出现与繁荣，预示着一个国家进入思想活跃的文化大发展时期。被司马迁盛赞为"盛处士之游，壮学者之居"的稷下学宫，之所以能成为著名的稷下学派之诞生地、战国时期百家争鸣的主要场所与最负盛名的文化中心，重要原因就是众多学术流派都活跃在稷门之下，各自的理论背景和学术主张尽管各有不同，却相映成趣，从而造就了稷下学派思想多元化的格局。这种"百氏争鸣、九流并列、各尊所闻、各行所知"的包容、宽松、自由的学术气氛，不仅推动了社会文化的进步，而且也引发了后世学者争论不休的话题，中国古代思想在这里得到了极大发展，迎来了中国思想文化史上的黄金时代。而从秦朝的"焚书坑儒"到汉代的"独尊儒术"，百家争鸣局面便不复存在，国家文化发展也必将受到极大的制约与影响。

深圳的追求

改革开放40多年来，面对百年未有之大变局的历史背景下，随着中国经济的高速发展以及在国际上的和平崛起，中华民族伟大复兴的中国梦正在实现。文化是立国之根本，伟大的复兴需要伟大的文化。树立高度的文化自觉，促进文化大发展大繁荣，加快建设文化强国，中华文化的伟大复兴梦想正在逐步实现。可以预期的是，中国的学术文化走向进一步繁荣的过程中，将逐步构建起中国特色哲学社会科学学科体系、学术体系和话语体系，在世界舞台上展现"学术中的中国"。

从20世纪70年代末真理标准问题的大讨论，到人生观、文化观的大讨论，再到90年代以来的人文精神大讨论，以及近年来各种思潮的争论，凡此种种新思想、新文化，已然展现出这个时代在百家争鸣中的思想解放历程。在与日俱新的文化转型中，探索与矫正的交替进行和反复推进，使学风日盛、文化昌明，在很多学科领域都出现了彼此论争和公开对话，促成着各有特色的学术阵营的形成与发展。

一个文化强国的崛起离不开学术文化建设，一座高品位文化城市的打造同样也离不开学术文化发展。学术文化是一座城市最内在的精神生活，是城市智慧的积淀，是城市理性发展的向导，是文化创造力的基础和源泉。学术是不是昌明和发达，决定了城市的定位、影响力和辐射力，甚至决定了城市的发展走向和后劲。城市因文化而有内涵，文化因学术而有品位，学术文化已成为现代城市智慧、思想和精神高度的标志和"灯塔"。

凡工商发达之处，必文化兴盛之地。深圳作为中国改革开放的"窗口"和"排头兵"，是一个商业极为发达、市场化程度很高的城市，移民社会特征突出、创新包容氛围浓厚、民主平等思想活跃、信息交流的"桥头堡"地位明显，形成了开放多元、兼容并蓄、创新创意、现代时尚的城市文化特征，具备形成学派的社会条件。在创造工业化、城镇化、现代化发展奇迹的同时，深圳也创造了文化跨越式发展的奇迹。文化的发展既引领着深圳的改革开放和现代化进程，激励着特区建设者艰苦创业，也丰富了广大市民的生活，提升了城市品位。

如果说之前的城市文化还处于自发性的积累期，那么进入新世纪以来，深圳文化发展则日益进入文化自觉的新阶段：创新文化发展理念，实施"文化立市"战略，推动"文化强市"建设，提升文化软实力，争当全国文化改革发展"领头羊"。自2003年以来，深圳文化发展亮点纷呈、硕果累累：荣获联合国教科文组织"设计之都""全球全民阅读典范城市"称号，被国际知识界评为"杰出的发展中的知识城市"，连续多次荣获"全国文明城市"称号，屡次被评为"全国文化体制改革先进地区"，"深圳十大观念""新时代深圳精神"影响全国，《走向复兴》《我们的信念》《中国之梦》《永远的小平》《迎风飘扬的旗》《命运》等精品走向全国，深圳读书月、市民文化大讲堂、关爱行动、创意十二月、文化惠民等品牌引导市民追求真善美，图书馆之城、钢琴之城、设计之都等"两城一都"高品位文化城市正成为现实。

城市的最终意义在于文化。在特区发展中，"文化"的地位正发生着巨大而悄然的变化。这种变化不仅在于大批文化设施的兴建、各类文化活动的开展与文化消费市场的繁荣，还在于整个城市文化地理和文化态度的改变，城市发展思路由"经济深圳"向"文化深圳"转变。这一切都源于文化自觉意识的逐渐苏醒与复活。文化自觉意味着文化上的成熟，未来深圳的发展，将因文化自觉意识的强化而获得新的发展路径与可能。

与国内外一些城市比起来，历史文化底蕴不够深厚、文化生态不够完善等仍是深圳文化发展中的弱点，特别是学术文化的滞后。近年来，深圳在学术文化上的反思与追求，从另一个层面构成了文化自觉的逻辑起点与外在表征。显然，文化自觉是学术反思的扩展与深化，从学术反思到文化自觉，再到文化自信、自强，无疑是文化主体意识不断深化乃至确立的过程。大到一个国家和小到一座城市的文化发展皆是如此。

从世界范围看，伦敦、巴黎、纽约等先进城市不仅云集大师级的学术人才，而且有活跃的学术机构、富有影响的学术成果和浓烈的学术氛围，正是学术文化的繁盛才使它们成为世界性文化中心。可以说，学术文化发达与否，是国际化城市不可或缺的指标，并将最终决定一个城市在全球化浪潮中的文化地位。城市发展必须在学术文化层面有所积累和突破，否则就缺少根基，缺少理念层面的影响，缺少自我反省的能力，就不会有强大的辐射力，即使有一定的辐射力，其影响也只是停留于表面。强大而繁荣的学术文化，将最终确立一种文化类型的主导地位和城市的文化声誉。

深圳正在抢抓粤港澳大湾区和先行示范区"双区"驱动，经济特区和先行示范区"双区"叠加的历史机遇，努力塑造社会主义文化繁荣兴盛的现代城市文明。近年来，深圳在实施"文化立市"战略、建设"文化强市"过程中鲜明提出：大力倡导和建设创新型、智慧型、包容型城市主流文化，并将其作为城市精神的主轴以及未来文化发展的明确导向和基本定位。其中，智慧型城市文化就是以追求知识和理性为旨归，人文气息浓郁，学术文化繁荣，智慧产出能力较强，学习型、知识型城市建设成效卓著。深圳要大力弘扬粤港澳大湾区人文精神，建设区域文化中心城市和彰显国家文化软实力的现代文明之城，建成有国际影响力的智慧之城，学术文化建设是其最坚硬的内核。

经过40多年的积累，深圳学术文化建设初具气象，一批重要学科确立，大批学术成果问世，众多学科带头人涌现。在中国特色社会主义理论、先行示范区和经济特区研究、粤港澳大湾区、文化发展、城镇化等研究领域产生了一定影响；学术文化氛围已然形成，在国内较早创办以城市命名的"深圳学术年会"，举办了"世界知识城市峰会"等一系列理论研讨会。尤其是《深圳十大观念》等著作的出版，更是对城市人文精神的高度总结和提升，彰显和深化了深圳学术文化和理论创新的价值意义。这些创新成果为坚定文化自信贡献了学术力量。

而"深圳学派"的鲜明提出，更是寄托了深圳学人的学术理想和学术追求。1996年最早提出"深圳学派"的构想；2010年《深圳市委市政府关于全面提升文化软实力的意见》将"推动'深圳学派'建设"载入官方文件；2012年《关于深入实施文化立市战略建设文化强市的决定》明确提出"积极打造'深圳学派'"；2013年出台实施《"深圳学派"建设推进方案》。一个开风气之先、引领思想潮流的"深圳学派"正在酝酿、构建之中，学术文化的春天正向这座城市走来。

"深圳学派"概念的提出，是中华文化伟大复兴和深圳高质量发展的重要组成部分。树起这面旗帜，目的是激励深圳学人为自己的学术梦想而努力，昭示这座城市尊重学人、尊重学术创作的成果、尊重所有的文化创意。这是深圳40多年发展文化自觉和文化自信的表现，更是深圳文化流动的结果。因为只有各种文化充分流动碰撞，形成争鸣局面，才能形成丰富的思想土壤，为"深圳学派"形成创造条件。

深圳学派的宗旨

构建"深圳学派"，表明深圳不甘于成为一般性城市，也不甘于仅在世俗文化层面上做点影响，而是要面向未来中华文明复兴的伟大理想，提升对中国文化转型的理论阐释能力。"深圳学派"从名称上看，是地域性的，体现城市个性和地缘特征；从内涵上看，是问题性的，反映深圳在前沿探索中遇到的主要问题；从来源上看，"深圳学派"没有明确的师承关系，易形成兼容并蓄、开放择优的学术风格。因而，"深圳学派"建设的宗旨是"全球视野，民族立场，时代精神，深圳表达"。它浓缩了深圳学术文化建设的时空定位，反映了对学界自身经纬坐标的全面审视和深入理解，体现了城市学术文化建设的总体要求和基本特色。

一是"全球视野"：反映了文化流动、文化选择的内在要求，体现了深圳学术文化的开放、流动、包容特色。它强调要树立世界眼光，尊重学术文化发展内在规律，贯彻学术文化转型、流动与选择辩证统一的内在要求，坚持"走出去"与"请进来"相结合，推动深圳与国内外先进学术文化不断交流、碰撞、融合，保持旺盛活力，构建开放、包容、创新的深圳学术文化。

文化的生命力在于流动，任何兴旺发达的城市和地区一定是流动文化最活跃、最激烈碰撞的地区，而没有流动文化或流动文化很少光顾的地区，一定是落后的地区。文化的流动不断催生着文化的分解和融合，推动着文化新旧形式的转换。在文化探索过程中，唯一需要坚持的就是敞开眼界、兼容并蓄、海纳百川，尊重不同文化的存在和发展，推动多元文化的融合发展。中国近现代史的经验反复证明，闭关锁国的文化是窒息的文化，对外开放的文化才是充满生机活力的文化。学术文化也是如此，只有体现"全球视野"，才能融入全球思想和话语体系。因此，"深圳学派"的研究对象不是局限于一国、一城、一地，而是在全球化背景下，密切关注国际学术前沿问题，并把中国尤其是深圳的改革发展置于人类社会变革和文化变迁的大背景下加以研究，具有宽广的国际视野和鲜明的民族特色，体现开放性甚至是国际化特色，融合跨学科的交叉和开放，提高深圳改革创新思想的国际影响力，向世界传播中国思想。

二是"民族立场"：反映了深圳学术文化的代表性，体现了深圳在国家战略中的重要地位。它强调要从国家和民族未来发展的战略出发，树立深圳维护国家和民族文化主权的高度责任感、使命感、紧迫感。加快发展和繁荣学术文化，融通马克思主义、中华优秀传统文化和国外学术文化资源，尽快使深圳在学术文化领域跻身全球先进城市行列，早日占领学术文化制高点。推动国家民族文化昌盛，助力中华民族早日实现伟大复兴。

任何一个大国的崛起，不仅伴随经济的强盛，而且还伴随文化的昌盛。文化昌盛的一个核心就是学术思想的精彩绽放。学术的制高点，是民族尊严的标杆，是国家文化主权的脊梁骨；只有占领学术制高点，才能有效抵抗文化霸权。当前，中国的和平崛起已经成为世界的最热门话题之一，中国已经成为世界第二大经济体，发展速度为世界刮目相看。但我们必须清醒地看到，在学术上，我们还远未进入世界前列，特别是还没有实现与第二大经济体相称的世界文化强国的地位。这样的学术境地不禁使我们扪心自问，如果思想学术得不到世界仰慕，中华民族何以实现伟大复兴？在这个意义上，深圳和全国其他地方一样，学术都是短板，理论研究不能很好地解读实践、总结经验。而深圳作为"全国改革开放的一面旗帜"，肩负着为国家、为民族文化发展探路的光荣使命，尤感责任重大。深圳这块沃土孕育了许多前沿、新生事物，为学术研究提供了丰富的现实素材，但是学派的学术立场不能仅限于一隅，而应站在全国、全民族的高度，探索新理论解读这些新实践、新经验，为繁荣中国学术、发展中国理论贡献深圳篇章。

三是"时代精神"：反映了深圳学术文化的基本品格，体现了深圳学术发展的主要优势。它强调要发扬深圳一贯的"敢为天下先"的精神，突出创新性，强化学术攻关意识，按照解放思想、实事求是、求真务实、开拓创新的总要求，着眼人类发展重大前沿问题，聚焦新时代新发展阶段的重大理论和实践问题，特别是重大战略问题、复杂问题、疑难问题，着力创造学术文化新成果，以新思想、新观点、新理论、新方法、新体系引领时代学术文化思潮，打造具有深圳风格的理论学派。

党的十八大提出了完整的社会主义核心价值观，这是当今中国时代精神的最权威、最凝练表达，是中华民族走向复兴的兴国之魂，是中国梦的核心和鲜明底色，也应该成为"深圳学派"进行研究和探索的价值准则和奋斗方向。其所熔铸的中华民族生生不息的家国情怀，无数仁人志士为之奋斗的伟大目标和每个中国人对幸福生活的向往，是"深圳学派"的思想之源和动力之源。

创新，是时代精神的集中表现，也是深圳这座先锋城市的第一标志。深圳的文化创新包含了观念创新，利用移民城市的优势，激发思想的力量，产生了一批引领时代发展的深圳观念；手段创新，通过技术手段创新文化发展模式，形成了"文化＋科技""文化＋金融""文化＋旅游""文化＋创意"等新型文化业态；内容创新，以"内容为王"提升文化产品和服务的价值，诞生了华强文化科技、腾讯、华侨城等一大批具有强大生命力的文化企业，形成了文博会、读书月等一大批文化品牌；制度创新，充分发挥市场的作用，不断创新体制机制，激发全社会的文化创造活力，从根本上提升城市文化的竞争力。"深圳学派"建设也应体现出强烈的时代精神，在学术课题、学术群体、学术资源、学术机制、学术环境方面迸发出崇尚创新、提倡包容、敢于担当的活力。"深圳学派"需要阐述和回答的是中国改革发展的现实问题，要为改革开放的伟大实践立论、立言，对时代发展作出富有特色的理论阐述。它以弘扬和表达时代精神为己任，以理论创新、知识创新、方法创新为基本追求，有着明确的文化理念和价值追求，不局限于某一学科领域的考据和论证，而要充分发挥深圳创新文化的客观优势，多视角、多维度、全方位地研究改革发展中的现实问题。

四是"深圳表达"：反映了深圳学术文化的个性和原创性，体现了深圳使命的文化担当。它强调关注现实需要和问题，立足深圳实际，着眼思想解放、提倡学术争鸣，注重学术个性、鼓励学术原创，在坚持马克思主义的指导下，敢于并善于用深圳视角研究重大前沿问题，用深圳话语表达原创性学术思想，用深圳体系发表个性化学术理论，构建具有深圳风格和气派的话语体系，形成具有创造性、开放性和发展活力的理论。

称为"学派"就必然有自己的个性、原创性，成一家之言，勇于创新、大胆超越，切忌人云亦云、没有反响。一般来说，学派的诞生都伴随着论争，在论争中学派的观点才能凸显出来，才能划出自己的阵营和边际，形成独此一家、与众不同的影响。"深圳学派"依托的是改革开放前沿，有着得天独厚的文化环境和文化氛围，因此不是一般地标新立异，也不会跟在别人后面，重复别人的研究课题和学术话语，而是要以改革创新实践中的现实问题研究作为理论创新的立足点，作出特色鲜明的理论表述，发出与众不同的声音，充分展现深圳学者的理论勇气和思想活力。当然，"深圳学派"要把深圳的物质文明、精神文明和制度文明作为重要的研究对象，但不等于言必深圳，只囿于深圳的格局。"深圳学派"应以开放心态面对所有学人，严谨执着，放胆争鸣，穷通真理。

狭义的"深圳学派"属于学术派别，当然要以学术研究为重要内容；而广义的"深圳学派"可看成"文化派别"，体现深圳作为改革开放前沿阵地的地域文化特色,因此除了学术研究,还包含文学、美术、音乐、设计创意等各种流派。从这个意义上说,"深圳学派"尊重所有的学术创作成果,尊重所有的文化创意,不仅是哲学社会科学,还包括自然科学、文学艺术等,应涵盖多种学科,形成丰富的学派学科体系,用学术续写更多"春天的故事"。

"寄言燕雀莫相唣,自有云霄万里高。"学术文化是文化的核心,决定着文化的质量、厚度和发言权。我们坚信,在建设文化强国、实现文化复兴的进程中,植根于中华文明深厚沃土、立足于特区改革开放伟大实践、融汇于时代潮流的"深圳学派",一定能早日结出硕果,绽放出盎然生机!

2016 年 3 月初稿
2021 年 6 月修订

前 言

20世纪80年代以来，通信技术的发展及国际贸易条件的改变，加速了全球生产要素流动和生产组织方式变革，城市和区域空间逐渐成为国家参与全球经济竞争的适宜单元，并引致了"全球—地方"的治理回应。不同空间尺度的制度和政策安排如何化解地方化与全球化之间的冲突，创造具有竞争优势的"黏性空间"（Sticky Place），成为诸多国家公共政策选择的取向。在这一过程中，国家在权力与政策配置方面具有差别化对待地理空间的倾向，即某些特定的地区或空间尺度可能得到国家的垂青，而其他则可能被忽视或者边缘化，学者们称之为"国家空间选择性"。"制度空间"的分析理念被学者们进一步提出，指在特定的地理空间中某些被建构并产生有效影响力或影响范围的制度，其对"地方"的发展模式、动力机制和空间景观产生深刻影响。不同"地域"的制度空间如何与经济要素进行连接、互动或强化，以实现对经济空间和城市景观的形塑与中介，引起学界广泛关注。

对于以"制度空间"策略推进改革开放的中国而言，中央政府在重点城市和重点区域建构的"特殊政策区"已成为国家转型和发展的策略工具。改革开放以来，中央政府先后在不同地区设立了经济特区、高新区、国家级新区、自贸区等多元化的"制度空间"，通过投入大量的政策、项目和资本，赋予体制与模式创新及职能和产业试验等"国家战略"使命，对中国城市发展和区域格局产生了深刻而持续的影响。特别是近年来，中央政府在高质量发展基调下显著增强了对地方发展的干预与控制，上收了一系列的地方权力和资源（例如空间规划改革、严控地方债务、城市开发边界划定等），同时又通过积极批复"制度空间"来激发特定地理空间的经济增长和繁荣。以国家级新区为例，在2010年之前中国仅有上海浦东新区和天津滨海新区两个国家级新区（成立时间相隔达14年之久），但当前国家级新区总数已达19个，涉及23个城市，空间规模达到2.4万km^2。可以说，国家制度空间作为中国改革开放进程中的"空间策略"，是全球化、地方化趋势与国家战略的高度统一，已经成为国家应对发展挑战的战略工具。另外，随着国家制度空间的密集布局和快速启动，城市发展也出现了产城分离、规模失控、形态破碎和品质欠佳等问题。国家制度空间下的城市发展具有独特性，需要以制度视角为切入点，以地方行动者为核心，进行"制度—空间"互动的理论探讨和实证研究。制度作为影响中国城市空间演变的根本因素和关键动力虽已得到学者们普遍共识，但现有研究中制度只是被视为某种具有内在统一性的动力要素，制度的空间分异，以及对城市空间的作用机理研究仍有待深化，即国家制度空间下的城市如何响应制度、塑造有助于自身再生产的物质空间？或者说，在中央政府给予的特殊政策下，城市内部空间演变具有怎样的绩效、过程、特征与发生机制？这个问题对于理解具有"中国特色"的城市空间现象与探索制度空间的"善用"具有重要的理论和现实意义。

本书内容共由四部分构成。第一部分（第一、二、三章）为绪论、国内外研究进展和理论框架。首先，对全球化背景下的制度空间研究、城市土地利用研究、制度空间与城市发展及土地利用的关联研究进行文献综述；其次，从地理学、城市社会学和政治学等多学科交叉融合的角度，建构"制度—行为—空间"理论逻辑，明确国家制度空间与城市土地利用的关联机制，构建本书的理论框架。第二部分（第四、五章）是国家制度空间对城市发展作用机理及效应的理论与实证研究。首先，从制度维度对国家制度转型及地方政府行为响应进行分析，探讨地方政府的理性特征以及制度对于地方政府行为的规引机制；其次，从空间维度探讨中国制度转型的空间异质性，分析国家制度供给的空间规律及国家制度空间的空间生产策略；最后，在对国家制度空间作用机理及理论争论分析的基础上，以国家级新区为例，实证检验了国家制度空间的发展效应。第三部分（第六、七、八章）是国家制度空间下城市发展及空间演变的实证研究。该部分以重庆两江新区为实证地区，首先，通过国家赋予两江新区特定制度安排下的地方政府行为响应和策略，阐明制度空间作用于城市发展的路径；其次，对地方核心行动者主导下城市空间演变特征进行分析，阐明国家制度空间下城市空间演变特征与机制；最后，对国家制度空间下两江新区空间重构效应进行评价，并提出相关政策建议。在这个过程中，对制度环境变化和城市空间演变采用交互分析，以完成对理论推演、研究框架以及研究假设的验证。第四部分（第九章）为结论与展望。总结本书的基本结论、研究的不足之处，提出未来研究的方向。

本书研究结论表明，在经济全球化背景下，中国的市场化和分权化改革使地方政府成为地方发展的"代理人"，具有"理性人"的特性，成为谋求地方利益的行动者。在中国财税体制、金融体制、土地制度和产权制度的改革过程中，地方政府基于制度理性，发展模式实现了由"生产"到"资产"和"资本"经营的演变过程。另外，国家制度变迁并非"均质"地在全国统一实施，而是建立在"试验性"空间策略基础之上，形成了不同的"地方体制"。"试验性"制度空间主要包括区域发展政策、战略性区域规划和国家战略空间三种类型，在改革开放早期主要体现为对外开放的区域政策，近年来主要表现为国家战略空间。国家通过"试验性"空间策略，一方面保障了中国改革的渐进式与稳定，另一方面创造了增量"制度空间"，使地方或区域能有效地"嵌入"全球资本，促进了城市和区域的发展。国家制度空间重塑了地方发展差异，对资本流、信息流产生了多级引导和反馈作用，对地方行动者产生了新的制度激励，扩大了其行动空间和行动资源。

本书通过国家级新区发展效应的实证分析发现，国家制度空间发展目标的实现是有条件限制的。首先，国家制度空间促进本地经济增长的实现，需要建立在科学的区位选择基础之上。虽然国家制度空间提供的政策优惠和空间载体是企业区位选择的要素，但外部地区的经济水平、产业基础、制度和市场环境等因素同样重要。国家制度空间所在地区较高的经济水平、设施条件、产业基础和市场化程度会使得国家制度空间的边际效应大打折扣，难以实现吸引企业投资和促进经济增长的政策目标。其次，国家制度空间促进经济增长的实现有赖于高效的管治模式，需要通过合理的政策设计、科学的开发建设和集中的要素投入，营造出吸引企业投资的"场所空间"。国家制度空间管治中市级行政主体的多元化以及上级政府政治权威的缺失，会使各行政主体不可避免地存在竞争关系和矛盾，影响了政策效应的实现。

两江新区实证研究表明，国家制度空间重构了两江新区发展的制度环境，新区政府基于制度理性的空间生产行为，其实质是制度空间催生下的地方权力经营。新区政府经过了精心算计，通过重组行政管理模式、修编空间规划、设立开发投资集团等行为，形成了"扩张—开发—营销"的空间生产流程。在政府主导的空间生产策略下，两江新区空间重构呈现"时空压缩"特征，建设用地规模快速扩张，具有"多中心"同步拓展的特征，城市空间功能得到迅速提升。两江新区空间重构是对制度重构和行为重构的响应，它被国家战略及意识形态的需要所改造，并被地方政府按照"空间生产"的需求进行利用。新区政府在"积极主动"塑造空间的同时，也可能产生投资开发过热、注重短期效益的行为异化。基于政府行为逻辑重构的制度优化策略，为保障国家制度空间下土地利用的"效率与理性"，国家制度空间在侧重激励效应的同时应调整相应的约束机制，并对土地政策执行层面的相关规划、开发、融资以及决策体制进行调整。

本书的创新之处在于，对将制度视为具有空间统一性动力要素的城市空间研究形成了理论视角的补充，为探索更加高效的"制度—空间"关系和促进城市转型发展的相关政策制定提供了理论和实证支撑。

目 录

导 论 ………………………………………………………… (1)

第一章 文献回顾与评述 ……………………………………… (22)
 第一节 全球化背景下的制度空间研究 ………………… (22)
 第二节 城市土地利用的理论与实证研究 ……………… (28)
 第三节 制度空间与城市土地利用的关联研究 ………… (41)
 第四节 文献评述 ………………………………………… (47)

第二章 理论基础与框架 ……………………………………… (50)
 第一节 理论基础 ………………………………………… (50)
 第二节 理论逻辑：制度—行为—空间 ………………… (66)
 第三节 理论框架：作用与响应 ………………………… (75)

第三章 国家制度空间新兴地理与政府行为响应 …………… (80)
 第一节 国家转型的制度维度与地方政府行为
    响应 ……………………………………………… (81)
 第二节 国家转型的空间维度与"试验性"
    空间策略 ………………………………………… (98)

第四章 国家制度空间的作用机理及发展效应 ……………… (118)
 第一节 国家制度空间的作用机理 ……………………… (118)
 第二节 国家制度空间的理论争论 ……………………… (122)

第三节　国家制度空间发展效应的实证分析：
　　　　　以国家级新区为例 …………………………（126）

第五章　国家制度空间下两江新区空间生产策略 …………（137）
　　第一节　两江新区的制度空间与政府行为响应 …………（138）
　　第二节　空间生产中的土地规模扩张策略 ………………（149）
　　第三节　空间生产中的土地开发垄断策略 ………………（158）
　　第四节　空间生产中的空间场所营销策略 ………………（168）

**第六章　国家制度空间下两江新区空间重构特征与
　　　　　机制** ……………………………………………（173）
　　第一节　两江新区空间形态扩展 …………………………（174）
　　第二节　两江新区空间功能重构 …………………………（186）
　　第三节　制度与行为逻辑下两江新区空间重构机制 ……（199）

第七章　两江新区空间重构效应评价及建议 ………………（205）
　　第一节　两江新区空间重构的积极效应 …………………（205）
　　第二节　两江新区空间重构的消极效应 …………………（209）
　　第三节　国家级新区高质量发展的建议 …………………（211）

结论与展望 ……………………………………………………（216）

参考文献 ………………………………………………………（222）

导　　论

　　20世纪80年代开始，随着通信技术的发展和国际贸易条件的改善，资本与生产迅速向全球扩张，全球大多数国家都经历了巨大的经济和社会转型。在此背景下，中国也进行了大规模的制度变迁与治理变革，但在制度转型过程中，国家地理空间并没有被当作"均质化"的平面几何，而是将制度供给建立在"试错性"的空间策略基础之上。这些带有试验性质，并由中央政府直接设立的"特殊区域"，因其制度和政策的空间差异性，可以被视为"国家制度空间"。国家制度空间可以说是一个既新且老的主题，一方面作为国家转型发展中的空间策略，一直被中央政府自觉或不自觉地运用；另一方面其所集中体现出的诸多经济学和地理学思想仍需要新的探索和发掘。

　　改革开放以来，在发展型地方政府的低成本生产要素驱动下，中国实现了高速经济增长、高速财政收入增长以及快速的城镇化进程。然而，正是这种发展模式催生了中国难以解释的极为复杂的城乡空间现象，并带来了一系列结构性问题。目前，中国已经进入了转型发展的新阶段，也将迎来发展模式、国土空间保护与利用及相应公共政策的改革。这就迫切需要回答当前城市发展模式的制度根源和经济学逻辑是什么，以及制度因素如何塑造地方政府行为及其所产生的城市空间结果是什么。城市空间作为人文地理学的核心命题之一，研究思想经历了从生态学观点到空间模式建构再到制度转向的嬗变，研究焦点也实现了由"纯粹空间"到"社会—空间"辩证统一体的转变。因此，探讨国家制度空间下的城市发展及空间演变不仅是一个前沿课题，还是当前政界与学界普遍关注的焦点领域和热点问题。

一 问题提出与意义

(一) 研究背景

1. 时代背景

改革开放以来,伴随着中国分权化的渐进式转型,中国经历了从个人到企业再到城市的三次大转型(中国现代化战略研究课题组、中国科学院中国现代化研究中心,2003),使地方政府成为国家在地方发展的"代理人"。在经济性分权与行政集权背景下,地方政府为赢得区域竞争实现地方发展,运用产生于中国特殊制度背景的"土地财政"模式,开展了大量的城市经营和空间生产行为。地方政府的发展模式实现了生产要素在空间上的重新配置,形成了物质资本和人力资本的快速累积,并催生了大量的城市增长。地方政府以"土地财政"为核心的竞争模式,虽然克服了城镇化发展初期缺少资本的困境,但在经历了长时间的高速增长以后,传统的地方发展模式开始呈现出大量负面问题,土地利用粗放、产业结构不合理、房价过高、消费不足等问题已经在影响中国城市的可持续发展。

虽然从人类城镇化历程来看,中国目前仍处于工业化中后期和城镇化中期,整体经济仍处于上升通道(图0-1),但面对国内外发展环境的变化,中国必须转变发展模式,迎接新的发展态势。从市场消费看,传统模仿式的消费方式将发生变化,个性化多样化消费将变成主要趋势。在社会资本投入方面,传统行业相对饱和,而新技术、新产品、新业态式的投资需求也将大量出现。从出口方面看,全球整体需求仍然处于萎靡阶段,中国的低成本优势已不是十分显著。在生产组织方面,企业重组、生产集聚将成为趋势,新兴行业、微小企业将起到更加显著的作用,智能化、标准化将成为一种新的生产组织方式。从资源环境约束看,目前资源承载力已接近危险线,需要形成绿色低碳生产方式。从要素成本看,劳动力和土地成本低是过去发展的比较优势,现阶段人口红利期即将不存在,土地资源日益紧张,低成本生产要素的驱动效应将降低,未来经济发展将依赖技术进步和制度创新。

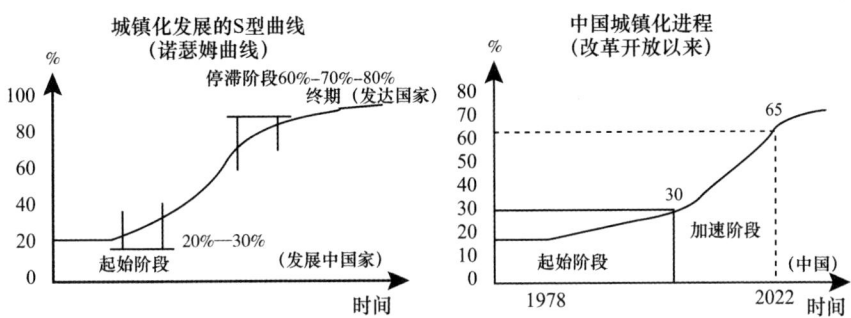

图 0-1 城镇化发展的 S 形曲线与中国城镇化进程

这些趋向性转变表明,中国经济正在向产业更高端、分工更复杂的阶段演化。经济增长速度、经济发展方式,以及经济发展动力都将发生转向。中国过去四十多年的高速发展,制度构建起到了至关重要的作用。正如有学者指出,制度在经济发展过程中扮演着至关重要的角色,制度在某种程度上规引了经济发展模式(林敏娟,2011)。在新的发展转型阶段,以地方政府为"核心"的传统发展模式、规划模式和土地利用模式都需要转型,更需要与之相匹配的制度环境的构建。本书正是基于这样的时代背景,开展国家制度空间的理论与实证研究,对城市发展与制度环境的关系开展深层次思考,为中国深化改革和转型发展提供借鉴。

2. 制度背景

在全球经济"再结构"过程中,为捕捉区域发展的"机会窗口",大多数国家都探索了新的地方发展模式与治理机制(Scott,1996;Keating,1998:38-44)。中国的改革开放和经济转轨过程与经济全球化过程高度重叠,中国政府进行了以分权化和市场化为主要特征的制度调整,并已经深刻改变了地方发展的总体制度环境。一方面,地方政府成为地方利益代表和地方发展的"代理人"(朱恒鹏,2004);另一方面,通过经济制度改革,建立了地方发展的要素市场,改变了地方发展的制度环境。值得注意的是,在经济体制产生重大变革的同时,一些旧的体制仍然存在。政治体制形成了所谓"政治承包制"和"压力型体制"（王邦佐，2003）；户籍制度已得到松绑，但仍对人口流动形成了门槛，其所附带的社会保障、公共服务等也存在不公平现象；城乡土地"二元化"制度仍然存在，土地无偿划拨、低价出让和高价竞拍的现象并存。随着改革的推进，已经形成了多元制度并存的现象，并在空间上出现了不平衡性。

同时，中国在推进制度改革的过程中强调"摸着石头过河"的经验主义模式。改革开放过程中，中央政府首先通过"特殊区域"的改革试验，然后将实验性制度逐渐升级为正式制度，并扩展到国家整体空间。中国借由这种制度供给的空间策略，快速"嵌入"了全球化，并有效促进了特定区域的经济增长和城市发展，但这种改革模式也形成了缺乏顶层设计的天然"缺陷"。随着改革的积累，这种制度供给方式已经在"中央与地方"关系上造成了政策的不平衡性，并出现了制度失效的窘境，这种困境主要表现为"一收就死，一放就乱"的局面（郑国，2009）。

中国在制度转型过程中，一方面需要以积极的姿态迎合不可逆转的全球化趋势，对影响区域与城市发展的各种制度约束条件做出快速的"制度调整"；另一方面，需要在区域发展差异性背景下提高制度供给与制度执行的效率，并能够有效回应地方发展过程中制度创新的要求。十八届三中全会更是提出了推进国家治理体系和治理能力现代化的战略任务，对国家制度空间的理论与实证研究，正是基于这样的制度背景而展开。

3. 空间背景

改革开放四十多年，中国城市土地利用景观发生了显著变化。在发达地区，城市中心区高度集聚的同时城市边界又以惊人的速度向外围延展；原先相对独立的各个城市经由交通网络所联系，出现了巨型城市、都市圈、城市群等城市形态；在城市功能上，从单一功能越来越走向综合，出现了能够引领国家发展的国家中心城市，以及在区域发展中起重要核心作用的区域中心城市，并正在向全球城市演变；城市中心区CBD开始出现，旧工业区被"退二进三"，原先相对同质化的单位大院被取代。从这方面来看，中国城市发展现象及空间特征已经呈现出了与西方国家类似的一面，已经深深烙上了市场化和经济全球化的印记。

另外，我们也应该注意到中国所特有的城市发展及空间现象。沿海发达城市与内陆城市仍有着巨大的发展差距，城市和乡村腹地也存在鲜明的反差，一端是高度发达的"国际化"城市，另一端则还停留在传统的小农经济状态；在城市内部这种反差同样明显，亮丽城市形象与过度拥挤、环境恶劣、公共空间缺乏形成强烈对比；在城市边缘区存在大规模的侵占耕地现象，以及凌乱破碎的用地形态；城市发展过程中造就了随处可见的开发区、新城，以及远离城市、面积惊人的行政广场、体育中心、会展中心、商业综合体，以及大量的高层建筑群等。这些城市发展和空间现象表明，中国城市空间与土地利用有着极为特殊的一面。

在未来发展中，受市场化、全球化和社会全面转型的影响，中国城乡空间将继续面临着大规模变迁。中国的城镇化率将在2030年达到70%，约有10亿人居住在城市。麦肯锡全球研究院（2008）发布的《迎接中国十亿城市大军》也曾提出，2025年中国将出现221座人口达到百万以上的城市，其中有15座平均人口规模达到2500万的超级城市，或是11座人口超过6000万的城市群。在此背景下，急需探讨中国特殊土地利用现象和空间特征的产生机制，及其社会经济影响。从中国区域发展来看，中央政府给予特殊政策支持的"国家制度空间"必将进入城镇化和工业化的快速发展阶段，在制度因素的催生下，其土地利用将快速重构。正是基于这样的空间背景，本书选择国家制度空间下的土地利用现象，展开对制度环境、政府行为与土地利用辩证关系的思考。

4. 学科背景

地理学是重视实用性并与社会发展问题紧密联系的一门学科，而城市在地理空间上按什么原则配置和扩张，表现出什么样的空间结构特征，更是地理学经久不衰的研究热点。地理学发展理论范式形成了"区域主义"，即以公平与效率的均衡为重点，以计量分析和数学模型为工具，以规划为手段、以政府干预为途径，来解决城市与区域发展中的问题（理查德·哈特向，1996；Sack，1972；

Smith, 1986; 吴超、魏清泉, 2004; 苗长虹、樊杰、张文忠, 2002)。自20世纪70年代以来, 随着福特制经济范式转变为后福特主义经济范式, "区域主义" 理论发展模式已经不能解决地方和区域发展中的问题。西方发达国家开始寻求与新型产业组织模式相对应的 "调节模式", 这一转变促进了法国调节学派 (Regulation School) 的诞生。调节学派认为资本主义经济发展都是某种特定方式的积累过程, 而每种积累过程都由相对应的 "调节模式" (Mode of Regulation) 来匹配 (贾根良, 2003; Johnston, Gregory, Pratt, and Watts, 2000)。也即是, 资本主义的积累过程需要相应的制度形式 (Institutional Forms) 架构加以维持 (胡海峰, 2005)。

在调节学派的启发下, 一些地理学者也逐渐意识到 "社会—制度" 结构在塑造资本主义生产方式中的重要性 (Dunford, 1990)。在全球化背景下, 西方地理学认识到了一个基本现实: 资本主义是运行在世界范围内的真实情况, 而在国家和地方空间尺度上则分别受国家战略意识和地方制度安排的影响 (Taylor, 1981)。所以, 在地方经验尺度上探究各种制度安排下的城市发展、空间特征, 成为全球化影响以来地理学者研究的焦点内容 (Masseyd, 1978)。但与传统区域主义研究范式不同, 新区域主义更强调区域发展的经济、制度和社会基础。在此背景下, 进入了以制度、关系、尺度等为特征的 "多元转向" 时代 (Gilbert, 1988; 苗长虹, 2004; 贺灿飞、郭琪、马妍、范帅邦、赵瑜嘉, 2014)。20世纪90年代以来, 西方地理学者开始关注制度因素在塑造经济空间中的作用, 以及区域和地方发展的治理模式与机制 (表0-1)。

表0-1　　　　　经济地理学三个发展方向的比较

	新古典主义	制度主义	演化主义
假设	理性人 利润或效用的最大化 典型的行动者	有限理性 制度约束下的行为 行动者是异质的	有限理性 不确定下的满意原则 行动者是异质的
中心	资源配置 数量变化	行动与制度的协调 制度变化	经济演化 质量变化

续表

	新古典主义	制度主义	演化主义
基础	牛顿力学 复杂科学	生物学 经济社会学	生物学 复杂科学
制度	制度和情景是给定的	制度和情景是特定的	制度和情景是变化的
均衡	静态均衡分析 多重空间均衡	比较分析 制度的多样化	动态均衡分析 多重空间均衡
尺度	从微观到宏观	从宏观到微观	宏观与微观相互作用
集聚	同质的区域中 可以产生集聚	实体空间本质上 存在着差异	同质区域中集聚 实体空间存在差异
机制	价格差别 行为者可以改变环境 集聚经济 理性选择	制度差别和行为约束 行为者受制于环境 产业区经济 地方化知识	组织惯例及其异质性 组织与环境的协同演化 创新系统 知识生产与转移
驱动力	企业内部规模经济 消费者消费的多样化 区域间的运输成本	经济活动的制度基础 地方嵌入性 地方网络	惯例的遗传与变异 路径依赖与锁定 动态适应调整能力
空间	中性的形式空间	不同尺度的实体空间	形式和实体空间
方法论	演绎 正式模型体系 模型技术	归纳 案例分析 问卷与访谈	演绎与归纳 正式模型体系 描述性分析
焦点	空间与区位 集聚与分散 区域差异是如何生成的 不关心特定产业和区域	产业区和地方 区域发展与竞争力 区域差异是解释因素 特定的区域动态	创新系统与部门 惯例与产业演化 区域差异的演化 特定的产业动态

资料来源：苗长虹（2007）。

在此背景下，地理学者对城市发展及空间特征的研究也转向了制度主义，认为城市空间现象是特定的社会和制度情景的产物，需要将个人动机和市场均衡置于更广的"社会—制度"规则、程序和传统中去解释。因此，对城市土地利用及空间特征的研究，需要关注各种正式和非正式制度，才能把握和揭示土地利用现象的内在动力机制和演进规律。本书借鉴新制度主义在经济地理学中的应用范式，吸收和梳理相关理论并结合国家制度空间下的城市发展现象，论证和阐明制度因素变化作用于城市空间重构的机理、特征和效应，既可开拓学科交叉前沿研究领域，又能充实和完善城市发展相关理论。

（二）提出问题

基于以上研究背景，可以发现，改革开放以来，中国快速的城镇化发展源于市场化的制度转型及其产生的资源配置效率的提高和发展激励效应。但总的来讲，过去的快速增长仍然是要素驱动型的增长模式和城镇化模式，地方发展的主要优势是生产要素的低成本，包括低价劳动力、土地等自然资源和低门槛的环境准入。尤其是20世纪90年代开始，经济高速增长、财政收入的快速增加以及高速的城镇化进程，高度依赖"发展型"地方政府低成本生产要素驱动。然而，正是这种发展模式催生了中国难以解释的极为复杂的城市空间现象，并带来了一系列结构性问题（Ma and Wu，2005）。在中国进入转型发展的新时期，低成本要素驱动的发展模式、土地利用模式及相应的公共政策需要转型。这就迫切需要回答当前城市发展模式的制度根源和经济学逻辑是什么，以及制度因素的变化对城市空间产生怎样的影响。回答这些问题，有助于解释当前具有"中国特色"的土地利用现象，以及现象背后更深层次的制度和行为动机，有助于转型发展中公共政策的制定。

城市空间作为人文地理学的核心命题之一，其研究思想经历了从生态学观点到空间模式建构再到制度转向的嬗变，研究焦点也实现了由"纯粹空间"到"社会—空间"辩证统一体的转变。因此，对上述问题的回答需要建立制度分析框架，制度视角应该成为城市空间现象研究的基本出发点。然而，如何在制度环境与城市空间现象之间建立关联，将是关键问题。当前，中国的制度环境已发生巨大变化，并深刻影响着城市发展的动力和机制。同时，地方发展处于一个复杂并动态变化的"制度场域"中，一方面是中央政府"试验性"的政策支持；另一方面是转型时期的国家宏观制度环境。这些制度因素如何相互作用的，对城市空间演变的影响如何叠加的，将是一个复杂的问题。因此，对上述问题的回答需要借鉴制度主义的研究范式，回到问题的最本源，去研究制度框架中的各行动者是如何行动的，以及各行动者影响城市空间的方式与秩序。

本书将国家制度空间下的城市发展及空间重构作为研究对象，探究制度环境变化对城市发展的"深层"影响，分析制度因素作用于城市空间演变的机理和效应，弥补中国在制度因素对城市空间影响研究方面的不足，为中国更好地运用制度空间这一战略工具，优化、完善城市发展系统提供理论依据和政策建议。

(三) 研究意义

任何社会现象都会有其空间表征，地理学从空间分异的角度对各种社会现象进行了富有成效的研究。国家制度空间建构已经成为国家治理的一种手段，而其影响下的城市空间不仅是经济发展的结果，还是带动经济发展的动因，更是制度催生下的产物。因而，针对国家制度空间下的城市发展及空间现象，构建"制度—行为—空间"的理论逻辑，以国家级新区为实证案例，探讨制度因素作用于城市空间演变的特征、机制与效应，将具有理论和实践的双重意义：

1. 理论意义

(1) 开拓地理学、政治学和城市社会学交叉前沿研究领域，充实和完善城市空间相关理论

应该注意到，国家制度空间下的城市发展及空间演变研究，需要借用基于制度主义的政治学研究范式。虽然西方地理学者对城市空间的研究已经转向了制度主义，将土地利用现象置于更广的制度、规则和程序中去理解。但西方的研究成果并不适用于中国特殊的制度环境，特别是国家制度空间下的制度"套叠变化"，其对城市空间的影响还没有成熟的理论可以套用。当前对于主体行为与制度之间的研究主要集中在受新制度主义影响的经济学、政治学等学科的研究之中，而对城市空间模式、演变机制的研究主要集中在地理学和规划学等学科。因此，本书选择国家制度空间下的城市发展及空间演变作为研究主题，并尝试构建制度视角下城市空间研究体系，以此可以丰富和完善中国城市空间理论。同时，本书是一个多学科理论综合集成的尝试，这种综合集成的融合模式为多学科交叉

研究提供了很好的实证经验。

（2）对国家制度空间下的城市发展及空间演变机理进行探索，开拓了学科研究的新领域、新视角和新方法

国家制度空间作为国家主导区域空间发展的战略工具，对国家制度空间下的城市发展及空间演变研究，如果仅仅停留在经典城市土地利用重构研究范式（图0-2），将无法诠释制度重构与城市空间演变的关联机制，更不能将国家制度空间下土地利用重构的起点与未来态势有机勾连，从而延缓国家制度空间和城市转型发展的理论探索步伐。为此本书以国家制度空间为视角，研究其对城市发展和空间演变的作用机理与效应，并尝试构建"理论演绎—实证检验"的研究路径与框架，既可开拓经济地理学和城市地理学与政治经济学的空间研究新领域，又能探索城市空间研究的新视角与新方法。

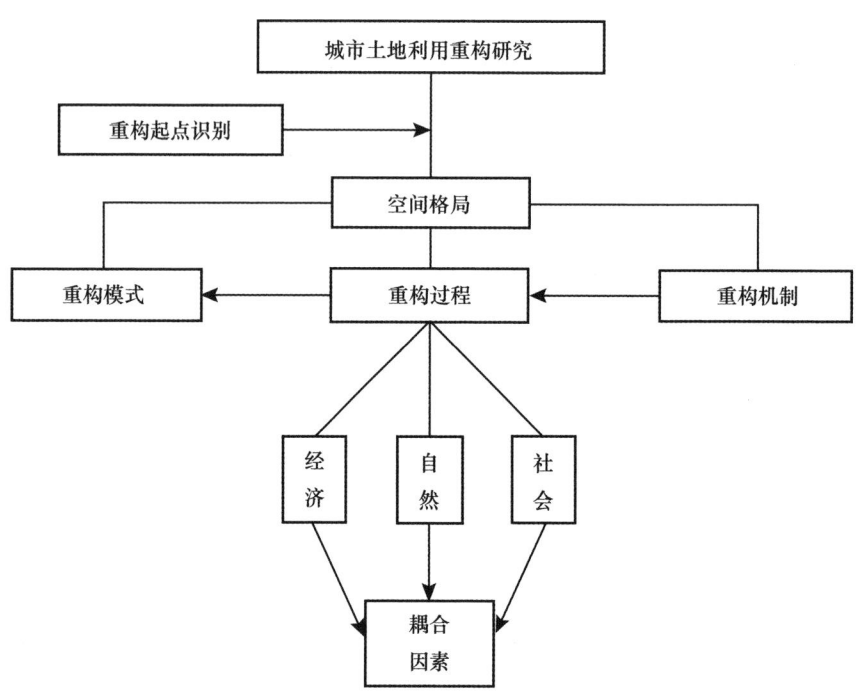

图0-2 经典城市土地利用重构研究范式

资料来源：笔者自制。

2. 实践意义

（1）为转型期差别化的调控政策和制度空间的完善提供科学依据

本书通过对国家制度空间下城市发展及空间现象背后的"深层"制度原因揭示，可以对如何完善制度安排和政策设计，引导国家制度空间的善用提供一定的决策依据。可以对优化国土空间格局，以及完善规划管理机制提供建议。此外，本书可为当前深化改革、转变发展模式及相关公共政策的改革提供有效支持，可以对中央政府出台"差别化"的调控政策、推动制度空间的完善提供参考。

（2）为善用国家制度空间促进城市空间结构的转型升级提供理论指导

通过对国家制度空间下城市的形态扩展和功能演进的分析，识别国家制度空间在城市功能升级、竞争力提升、知名度提高等方面的功效，以及其所可能带来的负面效应。这就为国家制度空间下的城市未来发展的政府行为决策的选择、城市规划理念的更新、城市土地管理认识的深化、城市结构的优化提供了科学依据，从而更好地利用国家制度空间的助推和催化效用促进城市发展，尤其是为国家战略空间的高质量发展提供具有实践价值的政策建议。

二　概念辨析与界定

（一）制度与制度空间

"制度"（Institution）并非单一学科的变量，是一个包含范围比较广的概念。有学者提出制度是个人或组织所应遵循准则的集合体，这些标准包括经济、社会和政治等方面（舒尔茨，1994）。第二类观点认为制度是一种博弈规则，是一种人为设计并用来约束人类行为的一系列规则（青木昌彦，2002）。道格拉斯·诺斯认为制度是一系列被制定出来的规则、守法程序和行为的道德伦理规范，旨在约束追求主体福利或效用最大化的行为，由正式制度（如法律、法规、条例、法令、标准、规范等）和非正式制度（如行为准则、社会规范、传统习俗等）及其执行机制组成（诺斯，1994；

3—10）。本书所指的制度是一种人为设计的博弈规则，主要为界定个人和集体（特别是地方政府、官员和企业）在某些特定的经济、社会等领域所应遵循的行为规则，比如考核体制、财税体制、土地政策、规划管理等，而非完整的制度结构。

制度空间（Institutional Space）的概念是由地理学者所提出的，用来阐述全球化背景下，从全球到地方等多个尺度层级型制度变迁和制度供给的空间过程（Jones，1999；Martin，2008）。制度空间建立在"社会—空间统一体"（Social Spatial Dialectic）的逻辑基础上（大卫·哈维，2004），强调权力的空间场域及其与建成环境的互动（杨宇振，2009；殷洁、罗小龙，2012），并在不同地理层级上形成了对资本运行的影响（魏成，2007）。改革开放以来，在中国制度转型过程中，国家地理空间并没有被当作"均质化"的平面几何，而是将制度供给建立在"试错性"的空间策略基础之上。也即是，在改革开放的过程中为确保改革的稳定性同时应对全球化的趋势，国家进行了"尺度选择"（Scale Selectivity）行为，将特殊政策导向特定的地理空间，同时忽略或者边缘化其他地理空间的一种行为。因此，本书界定了中国改革开放以来国家制度空间的三层蕴涵：一是权力关系，聚焦多尺度权力的传达、协调与反馈，通过尺度重构等视角强调各级政府在城市发展中的作用（杨凌凡、罗小龙、唐蜜、丁子尧，2022）；二是空间效应，强调制度空间给城市带来的物质空间变化和社会经济结构变化（蔡晓梅、刘美新，2016）；三是演变机制，强调制度空间是塑造空间发展轨迹的触媒（Gualini，2004）。

（二）土地利用重构

在哲学范畴，"空间"是一切社会行为的外在表征，因此需要从具体事物的运动过程中来进行拆解和认识（吴一洲，2011）。根据哲学范畴的空间认知，任何空间的研究应关注两个基本点：一是空间的动态性，对于空间的研究认知应放在历史的动态环境中，静止的空间是不存在的；二是空间的对立统一性，每一组空间都有其共同性与特殊性，并且都是相对存在的，任何对于规律和机制的探讨都应在一个给定的范围内进行。因此，空间研究包含外在表征、演变动因、治理映射等三个层次。

本书中，土地利用重构包括以上三个层次的内容，不仅包括城市土地开发建设在空间上的表征，如结构、功能与形态的优化与调整，还包括物质形态和制度因素的映射关系。城市土地利用从狭义层面上来讲，主要是指郊区的农用地被征用、开发建设为居住、商业、基础设施等用地（李植斌，1999）。而国家制度空间下的城市土地利用重构，变化过程更为迅速，城市功能和结构提升显著，而非一般自然演化。

（三）城市新区与国家级新区

一般而言，城市新区首先是城市发展和功能的一部分，其次是城市新建区，是基于特定区域的成片开发建设（张京祥，2000）。国家级新区是城市新区的一类，但其发展目标、定位和空间规划等成为国家发展战略，国家将给予相关特殊优惠政策和权限。在本书中，国家级新区是由国务院批准设立，承担国家重大发展和改革开放战略任务的综合功能区。本书明确国家级新区具有五个方面的内涵：（1）国家级新区是一个特定的地理区域；（2）国家级新区承担国家重大发展和改革开放战略任务，并对区域经济增长起到带动作用；（3）国家级新区以吸引外部生产要素为推动经济发展的主要途径；（4）国家级新区通过实施特殊的政策和管理手段来吸引外部生产要素，以实现生产要素的空间聚集；（5）国家级新区以实现国家战略意图为目标，政策、法规等制度性因素的空间差异性是其主要着力点。

（四）地方政府

在中国，地方政府是按照宪法规定"省、直辖市、县、市、市辖区、乡、民族乡、镇设立人民政府"。改革开放以来，中国行政区划调整频繁，逐步强化了市级政府的经济发展和城市建设权限（罗震东，2008）。同时，城市内部行政区划也经常调整，而且出现了高新区、开发区等"准行政区"，拥有财政税收和开发建设的独立权限。

本书所称地方政府主要指拥有实体空间（包括经济建设与社会管理等权力）和土地使用决策权力的一级政府，包括直辖市、地级市、县级人民政府（县级市）等，也包括高新区、开发区管委会等"准行政区"。

三 研究构思与结构

（一）基本构思

1. 研究目标

国家制度空间下的城市发展及空间演变是国内外市场环境以及"差别化"制度供给等多种因素共同作用下的产物，但各种因素作用于土地利用重构的秩序与方式不同，同时国家制度空间下的地理空间处于一个"套叠变化"的"制度场域"中。因此，需要建立制度分析框架来分析制度结构中各行动者的行为及其对城市发展的影响。

本书以制度视角为切入点，针对国家制度空间下的城市发展和土地利用现象，借鉴政治学、社会学和地理学相关研究成果，以制度框架下的核心行动者为中心构建制度因素与土地利用之间的关联，探讨不同层次制度因素对核心行动者的影响形式及程度，以及核心行动者主导土地利用变化的方式与秩序，从而分析制度因素对城市发展及空间演变的影响机理。本书将为国家制度空间作为治理工具提供理论方面的支撑，并为转型期国家差别化的管控政策和国土空间规划管理制度的完善提出科学依据。具体而言，要实现如下研究目标。

（1）建立理论逻辑和分析框架

借鉴政治学和经济学中制度与行为的相关研究，以及城市社会学的空间生产理论，并结合城市地理学对城市土地利用重构的研究，从多学科融合的角度进行国家制度空间与城市土地利用重构相关理论分析，为国家制度空间下的土地利用重构提供严谨、系统的分析框架。

（2）开展理论与实证探究

国家制度空间下的土地利用重构与一般城市的土地利用重构有何不同？制度因素如何通过影响核心行动者的行为来作用于土地利用变化？这些都需要深入的探究。首先从制度和空间两个维度对国家宏观制度变迁进行回顾，进而对国家制度空间的演变过程、地方核心行动者的行为响应和城市土地的资本属性进行理论探索；随后以重庆两江新区为实证案例，对上述结论进行论证研究和解析的同时，阐明国家制度空间下两江新区土地利用重构的路径、过程及效应。

（3）提出相关政策建议

国家制度空间逐渐成为国家引导区域发展的战略工具，而面对国家制度空间所带来的发展资源和制度激励，地方行动者应如何定位自身角色？国家制度空间下的城市发展和规划建设如何应对？同时在国家制度空间下，地方行动者积极有为地推动空间发展时如何有效地保持城市增长的"理性"？这些问题都应通过科学研究，以寻求相应的策略和措施。

2. 研究视角与假设

（1）研究视角

国家制度空间下的城市发展与土地利用有着自身鲜明的特性，主要表现为：①国家制度空间是中央政府"差别化"制度供给的体现，其影响下的地理空间具体制度"套叠变化"的特征，处于一个复杂并动态变化着的"制度场域"中；②国家制度空间下的土地利用重构是伴随着"差别化"的制度供给而发生的，是多种因素共同作用下的产物，但各因素所处的层次与秩序又不相同；③国家制度空间下的土地利用重构首要目标是集聚人口和产业，成为区域增长极并发挥战略引领作用，总体目标导向非常明确，国家激励性的制度供给使地方行动者积极主动地推动土地利用重构，以推动城市功能的跃升来参与国际竞争。

本书借鉴现有城市土地利用重构研究经典范式，并综合国家制度空间下土地利用重构的特性，首先以国家制度空间下的地方制度重构及其对地方政府行为的影响为切入点，探讨其对城市土地利用重构的作用机理，构建"制度—行为—空间"的理论逻辑；其次将其改变成"作用与响应"的研究范式。本书以国家制度空间视角为切入点，以国家制度空间下地方行动者为核心，论证国家制度空间作用于城市发展与土地利用重构的机理，其主要优点在于围绕"制度影响行为—行为重构空间"为主线论证国家制度空间下土地利用重构的模式、过程、机理及效应。

（2）研究假设

本书提出了三个方面的研究假设：①中国宏观制度背景下，相对于其他行为主体，地方政府对城市发展及土地利用起到主导作用，其具有"理性人"特征，会根据制度环境的变化及时调整发展策略；②国家制度空间的设立与发展存在显著的制度影响效应，即国家制度空间的作用效应可以重塑城市的空间结构与功能；③国家制度空间作为国家培育增长极引导区域发展的战略工具，是全球化、地方化趋势与国家战略的高度统一。

3. 总体思路

本书在国家制度供给"空间差异化"的背景下，以国家制度空间下城市发展及土地利用重构的理论探索和阐释为目标，以"国家制度空间影响地方行动者行为——地方行动者行为重构土地利用"为研究主线，建构总体逻辑框架。

国家制度空间下城市发展是不同行动者在去地域化与再地域化过程中通过联合、分化和重构，重塑权力关系和治理模式的过程。本文引入理性选择制度主义的主体行为视角，即制度空间的形成是追求利益最大化的"行动主体"相互选择与互动的结果，行动主体关系网络中的核心行动者与行动者之间的关系受阶段性任务影响并决定制度空间的内容与形式。

制度空间是有界范围内"制度规则"与"制度组织"的综合。"制度规则"包括合约、规划、政策等正式条例与非正式的约定（主要为前者），共同作为协调社会经济行为的框架；"制度组织"是行动主体自组织并构建的正式经济与社会部门，如政府机构、准政府部门、金融机构和企业组织等（Martin，2008）。

制度空间重构引致空间重构，体现在空间中资本活动性质的改变，并表征在空间结构与空间形态等方面（周敏、黄亚平、林凯旋，2020）。而新发展需要与制度间的障碍成为推动制度空间进一步重构的动因，而且受客观现实与意识形态的指导，制度空间与物质空间在不断的演化变迁中交织影响。

(二) 研究方法

总体而言，对国家制度空间下的城市发展及土地利用研究是对"时空过程的研究"，这就需要遵循基于过程的研究方法体系，以寻找多种因素作用下两者间的关联机制。本书将遵循循环往复、开放性的过程研究及其方法论框架：(1) 通过文献研究、实地调研和访谈对国家制度空间及其影响下的城市发展和土地利用进行分析；(2) 联系时代背景，将现有成果与现实对比，找出研究问题的理论和逻辑起点，构建理论框架；(3) 针对问题和研究对象的时空过程特点、研究阶段特征和数据收集的需要等，选择和构建研究的方法论框架和工具；(4) 分析与综合研究结论及相关理论，得出总体结论。

1. 系统分析方法

根据研究目标，以地理学为基础，将政治学和城市社会学相关理论与方法综合运用于研究之中，这需要对相关理论进行系统分析。同时，对实证地区（国家级新区）的制度环境、政策变化、经济社会发展、土地利用特征也需要进行系统的认知。

2. "概念—本体—理论"研究方法

概念研究即通过界定制度空间、城市土地利用重构、地方政府、空间生产等核心概念，诠释本书的理论基础。本体研究即围绕国家制度空间的制度冲击与城市发展及土地利用的空间响应，探索国家制度空间对城市土地利用重构的作用机理。理论研究即糅合地理学、政治学、社会学等学科理论及相关方法构建制度环境催生的空间生产机制。

3. 参与式调查方法

在研究实施过程中，通过对实证区域的实地调研和相关政府部门的访谈，可以更深入地了解土地利用过程及其规划组织、编制、土地开发和项目建设的背景与决策。本书主要是采用开放式访谈的方法，通过对访谈内容的话语分析，借以建构国家级新区空间现象与过程的现实表征，作为理论分析和验证的基础。

4. 文献调研方法

对相关领域的国内外研究成果进行梳理和总结，以便掌握国际研究前沿，形成问题分析的工具。对本书实证区域相关资料的收集，除了通过访谈以获取信息外，还需要对实证地相关的政府文件、规章制度、规划成果、土地利用信息等资料进行全面收集和深入剖析，借以了解实证地区土地利用现象发生的制度、政策、经济和社会背景。

5. GIS 空间分析方法

对相关土地利用数据进行分析，以此来获得土地利用重构的空间特征。相关数据来源于国家级新区的社会经济统计数据、规划数据、规划许可数据和土地利用数据，分析将依托 GIS 平台应用 Spatial Analysis 等空间分析模型，对实证区域的土地利用演变进行定量分析和可视化处理。

（三）研究区域

国家级新区是中国典型的国家制度空间实践，截至 2021 年 6 月，全国共设立 19 个国家级新区，其中 8 个在东部，2 个在中部，6 个在西部，3 个在东北。根据国家级新区的设立与发展，本书以这 19 个国家级新区及其所涉及的 23 个城市为研究区域（表 0-2），其中每个城市至少有 1 个区（县）被国家级新区所涵盖。

表 0-2　　　　　　　　中国国家级新区一览表

新区名称	获批时间	主体城市	面积（平方千米）
浦东新区	1992 年 10 月 11 日	上海	1210
滨海新区	2006 年 05 月 26 日	天津	2270
两江新区	2010 年 05 月 05 日	重庆	1200
舟山群岛新区	2011 年 06 月 30 日	浙江舟山	陆地 1440，海域 20800，总面积 22240
兰州新区	2012 年 08 月 20 日	甘肃兰州	1700
南沙新区	2012 年 09 月 06 日	广东广州	803
西咸新区	2014 年 01 月 06 日	陕西西安、咸阳	882
贵安新区	2014 年 01 月 06 日	贵州贵阳、安顺	1795
西海岸新区	2014 年 06 月 03 日	山东青岛	陆地 2096，海域 5000，总面积 7096

续表

新区名称	获批时间	主体城市	面积（平方千米）
金普新区	2014年06月23日	辽宁大连	2299
天府新区	2014年10月02日	四川成都、眉山	1578
湘江新区	2015年04月08日	湖南长沙	490
江北新区	2015年06月27日	江苏南京	2451
福州新区	2015年08月30日	福建福州	1892
滇中新区	2015年09月07日	云南昆明	482
哈尔滨新区	2015年12月16日	黑龙江哈尔滨	493
长春新区	2016年02月03日	吉林长春	499
赣江新区	2016年06月14日	江西南昌、九江	465
雄安新区	2017年04月01日	河北保定	起步约100，远期2000

（四）各章简介

本书主要包括以下章节。

导论。主要介绍本书的研究背景、问题提出和研究意义，在此基础上对本书所涉及基本概念进行界定，介绍本书的研究构思、主要内容和结构。

第一章：文献回顾与评述。本章回顾和综述了国内外研究进展，包括全球化背景下国家制度空间相关研究、多元视角下的城市土地利用研究，以及制度空间与城市发展及土地利用的关联研究，以掌握相关研究领域的发展现状及未来走向。在此基础上，进一步明确研究视角以及相关理论基础。

第二章：理论基础与框架。在研究综述的基础上，着重就"制度空间"概念、"理性选择制度主义"和"空间生产"理论进行评述与借鉴。在此基础上，建立"制度—行为—空间"的理论逻辑，并构建作用与响应的理论框架。

第三章：国家制度空间新兴地理与政府行为响应。本章从制度和空间两个维度对中国制度变迁进行系统分析，首先从制度维度对国家制度变迁及地方政府行为变化进行分析，探讨地方政府的理性特征以及制度对于地方政府行为的规引机制；其次从空间维度探讨中国制度供给的空间异质性，探索国家制度空间的时空规律与空间生产策略。

第四章：国家制度空间的作用机理及发展效应。本章首先从尺度重构视角阐释了国家制度空间的作用机理和争论；其次采用2006—2016年10个国家级新区所涉及城市的122个区（县）的面板数据，实证分析了国家级新区对本地经济增长的影响，以及这种影响因新区管治模式和所在区域的不同而存在的异质性。

第五章：国家制度空间下两江新区空间生产策略。对国家制度空间下两江新区的制度设计进行分析，验证国家制度空间对地方政府发展资源和行为选择的影响，剖析"理性选择"驱动下两江新区的空间生产选择，并对两江新区的空间生产策略进行实证探讨。

第六章：国家制度空间下两江新区空间重构特征与机制。本章主要对地方核心行动者主导下城市空间演变特征进行分析，阐明国家制度空间下城市空间演变特征与机制

第七章：两江新区空间重构效应评价及建议。本章主要对两江新区空间重构效应进行分析，包括国家制度空间下空间重构的积极效应和可能的行为异化。在此基础上，对国家制度空间高质量发展提出政策建议。

结论与讨论。总结本书的基本结论、研究的不足之处，提出未来研究的方向。

本书相较于已有的研究成果，具有三个重要创新点。

1. 构建了国家制度空间下城市发展及土地利用重构的分析框架，弥补了这方面理论和方法上的不足。结合制度空间、理性选择制度主义与空间生产理论，围绕"制度影响行为—行为重构空间"的主线，构建了"制度—行为—空间"的分析逻辑，并将其改变成"作用与响应"的研究范式，提出了国家制度空间下城市发展及土地利用研究的理论框架；并按照问题提出→理论推演→实证检验的演绎式研究路径，探讨了国家制度空间下两江新区空间重构的过程、路径与效应。研究成果深化了城市土地利用研究的理论、内容和方法体系。

2. 应用动态系统分析方法，从制度和空间两个维度对国家制度

空间演变与政府行为响应进行了系统考察，解析了国家制度空间对城市发展及空间演变的作用机理。基于理论框架设计、统计数据空间分析和参与式调查，较好地刻画和描述了国家制度空间下城市空间重构的过程、路径和特征，弥补了以往单纯计量模型研究的不足。

3. 结合理论探讨，提出了国家制度空间作用于城市发展的路径。国家宏观制度变迁过程中，地方政府对土地的经营发生了由"生产经营"到"资产经营"和"资本经营"的演变，叠加国家制度空间的激励效应和要素供给，城市发展及空间重构是制度因素催生和政府行为驱动下的结果。

第一章

文献回顾与评述

本章将对国内外相关研究文献进行回顾和评述,一方面发现已有研究的不足以及能够为本书提供借鉴的理论和方法;另一方面为研究切入点的选择和后续章节的展开奠定基础。首先,本章对全球化背景下制度空间的相关文献进行综述,主要包括经济地理学的制度转向、国家角色与区域治理、制度空间与区域发展的相关研究;其次,本章对城市土地利用研究的理论和视角进行了综述,主要包括城市土地利用研究的理论流派和多元视角下转型期中国城市土地利用的相关研究;再次,本章对制度空间与城市发展及土地利用演变的关联研究进行了文献综述,主要包括制度转型对地方政府行为的影响及其所带来的土地利用影响;最后,对已有研究成果的不足和启示进行评述,进而得出本书的研究视角和切入点。

第一节 全球化背景下的制度空间研究

一 经济地理学研究的制度转向

20世纪80年代以来,经济全球化快速发展,社会经济制度剧烈变化,西方发达国家进入后工业化社会的转型期。这些转变主要表现为:经济结构去工业化、知识经济和服务业部门的兴起;生产方式从福特主义向后福特主义转变;通信技术的发展以及公司组织管理模式的变革促进了生产组织方式的全球化发展,跨国公司成为全球经济的组织者。不仅发达国家进入了社会经济快速变革的新时期,诸多发展中国家,甚至部分原来实行计划经济体制的国家,也采取了开放型经济发展战略，对外来投资和贸易关税采取优惠政策，提供给资本运作更大的空间，以促进本国经济发展（张晓平、刘卫东，2003；刘卫东、张国钦、宋周莺，2007）。在此背景下，全球化所引发的世界发展格局变化以及部分地区的快速崛起已经无法被单一学科所精确捕捉与解释，而这一阶段诸多学科思想处于革新和发展之中。在经济空间剧烈重构的现实背景和多学科交融的气氛下，经济地理学研究由20世纪50年代的"数量革命"和20世纪70年代的"马克思主义"，开始与新制度经济学、新制度政治学等社会科学进行广泛融合（贺灿飞、郭琪、马妍、范帅邦、赵瑜嘉，2014）。

全球化的巨大影响力，增添了地方经济发展的动荡性，国家层面对经济发展的整体掌控力在减弱，原有民族国家的治理结构和经济制度更是遇到了挑战。在此背景下，区域发展也绝不是人类纯经济理性的直接体现，更多的是社会制度环境、社会文化形态、社会政治关系等不同禀赋相互作用的空间结果。在此背景下，有学者发表了"积累体制"观点，意指资本主义发展过程中都以一定的积累模式为特征，也即所谓的积累体制，而每一种积累体制又有特定的"调节模式"来匹配（贾根良，2003；魏成，2007）。如此，全球化背景下，制度安排对于地方和区域的发展效率至关重要，良好的制度结构会促进区域与地方发展。

调节学派追随着马克思的基本理论，即资本主义的生产过程会产生诸多冲突，这就需要具有保障再生产的调节机制，这些调节机制则被界定为"调节模式"（杨友仁，2004）。固然资本积累过程中的偶然性危机可以通过微调来修复，但结构性危机只能通过新的积累制度来解决，需要积累体制与调节模式形成新的结合模式，并以相应的制度架构来维持（胡海峰，2005）。在"积累体制—调节模式"理念的启示下，地理学者也逐渐意识到了"社会—制度"结构在社会生产过程中的重要性。另外，新制度主义在经济学和政治学研究中的快速发展，也对经济地理学的制度分析方法产生了重要影响。

20世纪90年代以来，经济地理学对经济景观的研究具有两个方面的趋势：（1）基于"计量模型"的空间经济学研究的再度兴起；（2）经济地理学研究呈现出了向文化、制度等"多元转向"的局面。保罗·克鲁格曼所领衔的"空间经济学"以"计量模型"为工具，以规模效应递增和不完全竞争等为假设前提，构建了用于解释产业集聚和区域贸易理论模型。新经济地理学虽将空间纳入了传统经济学的分析，但其分析严格依赖数学建模，空间过于抽象化，更多是建模技术上的技巧，而与真实的经济现象不尽相符，并缺少明确分析的空间单元与实践应用（陆大道，2003）。逐渐增多的经济地理研究人员开始用制度和文化因素来阐述区域经济发展的动因，使过去以"物和结构"为核心的研究转向以"制度"为核心的研究。这种变革在本体论和方法论层面都有所体现，使经济地理学研究视角走向了多元化、复杂化（苗长虹，2004）。西方学者认为，新制度经济学是经济地理学研究转向制度主义的主要理论启示（Amin，1999），主要受四个方面的影响：一是调节学派所提出的调节模式；二是地理学者对制度理解的不断加深；三是新制度主义在社会科学领域的快速发展；四是资本主义制度在过去几十年所发生的实际巨变（Martin，2008）。

在制度转向浪潮的影响下，西方经济地理学的相关理论性讨论以及经验研究逐渐出现。在经验研究方面，学者们开始尝试将地方发展的经济现象与制度等因素关联起来，强调经济活动是嵌入于地方制度背景之中，通过关注于不同尺度的制度环境与制度安排的结合与互动，以理解不同地方的区域经济本质。主要表现在：（1）探究不同制度对空间经济的影响，研究的焦点是识别制度环境对经济组织演化的影响；（2）经济空间的区域差异研究，强调制度安排的差异性如何塑造经济现象的空间差异；（3）研究区域发展的管治策略，探究正式以及非正式制度的管制形式与空间安排。中国海外学者将制度转向的地理学研究归纳为五个方面的特征：（1）强调地区发展中文化及制度背景的作用；（2）强调多元主体的作用；（3）强调制度网络；（4）强调制度网络与管制网络的结合；（5）强调制度形式、建构及过程（吕拉昌、魏也华、林初升，2006）。

二 全球化背景下的国家转型研究

全球化产生了新的生产组织方式，其与停留在产业间分工的传统国际分工不同，主要体现在"产品内分工"，它将可贸易商品的生产、管理、销售的不同工序分散在属于不同国家或地区的地理空间上。这种全球化时代生产组织方式的变化，改变着国家的角色，促进了区域的崛起和城市的快速涌现，特别是跨国公司的生产组织，超越了国家行政边界，使区域和城市成为国家重要的"积累空间"（Scott, 1996；Keating, 1998；Humphrey and Schmitz, 2001）。在这种发展背景下，如何通过制度调整提高区域竞争力和积累财富，成为诸多国家政府政策取向，并使国家与区域角色成为众多学者研究的热点领域。

有学者认为，全球化背景下生产要素的全球快速转移，使过去相对缓慢的"内生演进"的区域经济发展模式发生了转变，因而国家的角色不再那么重要（Ohmae, 1995）。跨国公司成为全球经济的组织者，其通过企业重组和空间聚集，使生产组织超越了国家行政边界，不仅对传统的以国家为主体的治理结构产生了冲击，还对超国家和区域政府角色的认知，也开始出现明显的变化（Jessop, 1999）。中央政府面对生产要素的全球流动，很难进行有效组织和协调生产，而城市、区域等次国家政府在全球化拉力和提升竞争优势的推动下，成为经济发展过程中的主要角色。有学者更是提出了国家权力来自三个方面的挑战（Brenner, 2009）：一是来自更大空间尺度的影响，随着全球化日益深化，经济活动受到国际经济环境影响的程度与日俱增，因而民族国家对国内经济所特有的影响力正在削弱；二是来自更小尺度的影响，即大部分国家都在经历"分权化"的影响，导致经济活动和相关资源组织分配的国家权力向次国家或区域尺度的政府转移；三是来自政府外部的影响，即随着新自由主义在全球的传播，自由市场理念重新受到广泛支持，从而导致国家权力对经济活动进行干涉的能力受到质疑，并逐渐转移到政治以外的经济组织和社会组织。

一些学者也对上述观点提出了质疑，相关研究中最具代表性的是Jessop、Brenner等学者的观点。Jessop（1999）基于马克思主义政治经济学的框架提出了分析国家角色的两个前提：一是维持市场经济的生产方式是国家进行社会规范的目标，这是因为市场机制会内生出一系列社会矛盾，而这些矛盾是无法由市场本身所解决的；二是国家会在外部制度环境的变化中不断重组，以适应全球化或者区域化所带来的挑战。基于上述前提，Jessop（2002）认为政治经济的演化过程，可用"资本积累"和"制度调节"这一对关系进行理论解释。Brenner（1997）则提出了"尺度重构"的视角来阐述全球化背景下国家的空间生产策略，即在全球化影响下很多国家与地方政府通过国家权力在空间尺度的调整来重塑全球化环境中的"场所空间"，从而为本国和本地区寻找对流动资本进行"粘连""附着"的更多机会。因此，Brenner（2001）认为经济全球化并没有导致国家功能与角色弱化，国家权力通过空间重构而进行的空间生产策略逻辑，反映了国家在全球化时代的新角色。

随着企业生产的全球布局，国家和区域治理结构也发生了显著变化。20世纪90年代以来，西方发达国家推出了许多区域发展政策，对该领域的研究也从多个角度展开（Porter, 1990）。Storper（1997）以后福特制生产方式为线索，来解释区域兴起在经济发展中扮演的角色。Sassen（1991）通过劳动力市场的演变来解释新的生产方式，认为"区域"尺度最适合吸引相关研究和开发知识密集型的就业，以促进区域经济的发展。欧洲是区域发展最为显著的地区，其经济的繁荣和成功归功于许多十分发达的大都市区；美国近些年的经济发展也主要依赖于以洛杉矶、西雅图、芝加哥和纽约等核心城市带动的区域；而在中国、印度和东南亚等地区也有类似的现象。因此，在当前这个时代，主要参与地域竞争的主体已经开始从国家尺度降到区域乃至城市尺度。从政治经济学角度来看，各种国际企业都希望地方政府部门提供更好的公共产品，来帮助他们进行国际竞争；而区域范围内的各种经济政策、环境治理和公共服务都可以视为对企业需求的回应（Scott, 2001; Scott and Angel, 2015）。

改革开放以后，中国的经济体制和国家制度架构都发生了转型，市场化改革催生了所谓的"转型经济"，从而具有计划经济和市场经济并存的特征（Bian and Logan，1996）。针对转型背景下中国的国家转型和区域发展，也引起了很多学者的关注。目前，学者们的研究观点主要可以分为两类：一类是针对改革开放以来的中央分权强调地方政府的重要性，认为城市应作为主要的发展经济和制定相应规范的尺度（Duckett，1998；Oi，1992；Xu，2008；Wu，2002）；另一类研究则认为，过于强调国家的分权过于片面而不客观，忽视了中央政府所采取的反制措施（Xu and Yeh，2009）。前一种观点忽视了中央政府的"收权"措施。例如上收一些关键的权力（如土地利用总体规划审批和城市建设用地指标等），让中央能更好地对地方进行控制。Shen（2007）认为，尽管中央和地方之间有密集的互动、冲突和协商，但是最终的决定权往往还是在中央政府。因此，越来越多的观点认为中国的国家角色重构并不是单向的分权趋势，而是权力在中央到地方的多个层级之间的双向流动的结果，研究关注点开始转向中央和地方互动的过程与机制。

三 区域治理与制度空间研究

全球化背景下生产组织方式的变化改变了国家和区域角色，国家权力通过尺度选择实现了空间差别化，并形成了区域与地方制度环境的重构。在此背景下，不同尺度的调节机制如何化解地方化与全球化之间的冲突成为诸多学者关注的焦点。在治理重构的过程中，制度性的安排变得非常关键，而不同空间层级的积累体制和调节模式也经常有所不同（徐进钰、郑陆霖，2001）。经济地理学者为此提出了"制度空间"的概念，用来描述在经济全球化影响下，从全球、国家到区域、地方等各个空间层级的制度变化与重新配置的过程（Martin，Sunley，and Wills，1996；Jones，1999）。Martin（2008）还进一步定义了制度的尺度特征，提出了一组从"超国家"、"国家"，以及到"地方"的多尺度制度空间。

制度空间的内涵是指，不同尺度的制度空间相互作用在有差异的"区域"，它们的多种互动模式将发展成为不同的"地方体制"，并引发不同的发展模式和动力机制（Amin and Thrift，1995；Grabher，1993）。当地方嵌入全球化的过程中，既有制度结构以及新的制度调整是否有利于经济发展，成为很多学者研究的焦点。当新的制度性调整具有"弹性"，可以较快适应新的产业发展时，则反映了"全球—地方"连结下各种制度能够顺畅运行（Amin and Thrift，1992）。而当新旧制度出现冲突，则区域产生发展则会面临挑战（Setterfield，1997）。有学者提出，地方经济生产是一种"嵌入"社会制度的过程，经济生产具有地域特殊性，同时可能具有路径依赖性，这既有可能是经济变革与持续壮大的源泉，也可能是地方经济衰弱的根源（苗长虹、樊杰、张文忠，2002）。制度空间的研究理念，试图将区域或地方发展的差异性理解为多样化空间政策实践结果，地方发展效率由认知架构、创新结构、组织网络、治理结构等多种因素影响。区域发展通过空间实践和规范而来的调整，这都是制度作用的表现，并会受到历史变迁以及社会性的影响。

在中国，全球化也在深刻影响空间权力尺度体系，特别是在经济发展和城市建设领域的"中央—地方"治理关系，东部率先发展、西部大开发、东北振兴、中部崛起等空间策略被陆续推出（李晓江，2012）。在此基础上，中央政府希望通过特定空间尺度的构建和政策供给，例如经济特区、国家级新区等，培育有竞争力的空间单元，进而带动更大区域发展。因此，特殊制度空间引领区域发展的空间生产策略，在中国一直发生着并深刻影响着城市发展（沈建法，2006）。正如诸多国家通过产业特区的制度建构，来形成"全球—地方"的经济联系（魏成、沈静、范建红，2011）。

第二节　城市土地利用的理论与实证研究

城市土地利用伴随着巨大的资金投入与产出，演绎着复杂的城市功能与运行关系，记录着人类文明的综合进程，是政治、经济、社会、人口、资源和环境等多种因素相互作用的表征。因此，在城市发展的诸多现象中，城市土地利用得到了包括经济学、社会学、政治学、生态学、地理学和城市规划等诸多学科的关注，学者们分别从空间形态、演化过程、影响要素、作用机制等多角度进行了研究，形成了许多有价值的理论。从城市土地利用的理论研究来看，西方国家对于土地利用的理论研究最早可以追溯到18世纪末期，分别从自然形态、社会经济、政治结构等角度对城市内部土地利用的空间模式与演进机制进行研究。在中国，随着改革开放以来经济的快速增长以及土地利用的快速重构，学者们开始探讨体制转型和全球化等多种内外力量对城市土地利用产生的影响，并从经济、政策、制度及主体行为等多个视角开展了相关研究。

一 城市土地利用研究的理论演变

城市土地利用的系统研究，最早产生于20世纪20年代的生态学派。伴随着城市土地的剧烈变化、学科理论的发展以及分析技术的多元化，城市土地利用相关研究借用了社会科学的研究方法，并形成了诸多理论流派。他们从不同视角对城市土地利用机制进行了阐释，深化了我们对城市土地利用空间特征及其形成机理的认识（刘盛和、吴传钧、陈田，2001）。

生态学派多是运用形态学方法来描述并归纳土地利用空间模式，提出了诸如同心圆、扇形和多核心等经典城市土地利用模式（叶玉瑶，2009）。虽然生态学派所提出的土地利用空间模式对理解城市功能布局和结构有重要启示，但其仍属于简单的空间模式描述，并没有清楚解释其形成原因。在经济区位论被应用到该领域研究以后，学者们开始倾向于借用经济学理论和计量模型来推演城市土地利用理论模型，对城市用地过程中的区位选择具备了良好的解释力（Cox，1974；Capoza and Helsley，1989）。经济视角的应用深化了学者们对土地利用形成机制的理解，对土地利用空间现象背后的经济理性进行了阐释。在20世纪60年代出现的行为研究，强调人类行为因背景差异而不同。在此启发下，一些学者试图把影响人类行为的因素纳入城市用地的研究领域。随着社会思想与理论的进一步发展，到了20世纪70年代，城市空间领域的政治经济学思潮开始突起，他们认为基于主体行为的分析范式割裂了行为决策和制度结构的有机联系，强调政治经济学的视角对揭示其内在机理所具备的深刻性和完整性。

由于研究的需要，本节将着重阐述基于政治经济学理论与方法的城市土地利用研究。这一派系的学者普遍认为，需要从土地利用过程及其制度背景中切入，才能透过空间表象来揭露土地利用演进的规律和机制。基于此种视角的研究需要以了解特定背景下土地利用相关主体特征及互动过程为基本前提，而政治体制对政府官员行为的影响以及经济体制对市场主体的行为影响，必然是涉及政治经济问题中最重要的两种结构因素（萧全政，1994）。大致分为三个流派，即新马克思主义学派、调节学派和公共选择学派。新马克思主义学派是运用马克思的政治经济学基本原理，针对城市空间发展、土地开发进行批判性研究。调节学派则提出了"积累体制"和"调节模式"等概念，为当代西方城市发展研究提供了新的视角。公共选择学派借用经济学分析范式来探究政治问题，侧重于考察政治决策的过程以及制度结构对其产生的影响，以此来探讨土地利用的深层次原因。虽然很难从基于政治经济学视角的地理学研究中找到共同的线索，但正是贯穿所有实践的主线把政治和经济无可逆转地联系了起来（约翰斯顿，2004）。

（一）新马克思主义学派

新马克思主义学派的学者认为，空间概念不应只是等同于空间场所或者空间容器，地理学者不应该仅仅研究抽象的空间模式与过程，以至于跳脱了孕育这些空间模式和进程的具体社会背景（顾朝林、刘海泳，1999）。这一学派的学者认为对城市土地利用的相关研究，应在相应的生产关系和生产方式框架下进行，侧重于市场体制下空间生产与集体消费及与其相关的制度背景，以揭示城市空间如何作用、响应和调节资本主义发展中的基本矛盾（高峰，2007）。该学派主张围绕资本积累及其空间形式这条主线，重点探讨空间的使用价值与交换价值，城市空间与资本循环等核心观点。

该学派认为正如资本主义制度下其他形式的商品一样，城市空间也具有两种价值。一种是基于价格机制的市场交换，一种是以居民对投资物品的使用为基础的"使用价值"。城市空间既是生产资料又是生活资料，既可以被规划师、建筑师所生产，又可以作为庭院、街道、广场、公园等被居民所使用（表1-1）。首先，城市土地通过资本、劳动、技术等投入,将成为具有使用价值的商品,可以通过市场交换来实现商品增值(冯雨峰,2001)。其次,城市土地具有位置固定性,其所处的地理位置以及地理单元之间的相互关系,将决定其商品价值的高低。城市土地利用区位的合理选择和良好的空间布局,有助于本地块及相邻地块使用价值的提高,也有助于城市整体功能价值的提升。

亨利·列斐伏尔认为资本将空间纳入生产体系虽然克服了原有的一些矛盾,但也产生了新的问题,主要表现为空间交换与使用之间的再平衡。有学者以房地产为例,对这种新的矛盾进行了深层次的解析,房地产作为一种商品具有"交换价值"与"使用价值"双重属性,前者以提供居民的居住价值,后者则是房地产拥有者可取的租金(Logan and Molotch,1987)。房地产的租金除了该房地产本身的价值之外,更受到该地产的地点之影响,即城市房地产的区位与社会价值,这就必然造成需求与供给之间的矛盾。国内也有学者指出,在中国快速城镇化进程中,城市建设和发展以"招商引资"为重点以介入"全球资本大循环",使中国城市空间建设出现了"交换"优于"使用"情况,并带来了一系列社会问题(武延海、张能、徐斌,2014)。

表1-1　　　　　　　　　城市土地的商品属性

比较项	相同点	相异点
普通产品	利用原材料(或场地)的内在属性,满足不同的人群需求	满足同一需求的产品可以批量生产,如法炮制
城市土地	对人群需求满足的充分度与对内在属性的利用度,决定了其价值能否最大化	因社会、经济、人文、地缘等差异,具有多样化特点,不能也不应该被复制

资料来源:刘倩(2008)。

新马克思主义学派认为,城市空间与其他工厂的普通物质产品一样,同样也是在特定的资本主义生产方式下生产出来的,城市的土地开发利用要契合资本运作的本质。城市空间在资本积累的过程中扮演着核心的角色，因其聚集着工业发展所需的剩余价值来源，并且提供资本生产不同范围与种类的市场需求以鼓励生产，这使得城镇化的过程就成了资本累积的过程。列斐弗尔提出了资本循环的观点，将所有工业生产行为视为"资本的初级循环"，并提出了"资本的次级循环"，即不动产投资。列斐弗尔认为，土地的投资者选择并购买了一块地，这块地要么只是简单地被持有，要么被开发用于其他用途，当土地在市场上被出售或者作为用于营利的建筑时，初始投资者便获得了收益并将其重新投资于更多土地和项目，资本的次级循环便完成。新马克思主义学派认为，在资本主义条件下城市发展的本质就是资本的城镇化过程，而城市空间发展由于聚集了资本循环的要素与过程，正是资本循环得以维持的关键环节（闵思卿，2007）。大卫·哈维基于资本主义发展周期性原理，把城市土地利用同资本循环与积累有机联系起来，提出了资本的"三次循环"理论，并以此来揭示资本运作和城市土地利用的关系（马学广，2014）。

然而以资本积累为目的的城市建设，容易忽视居民的生活需求，进而产生了过度积累危机。面对城镇化的压力，资本主义国家普遍加强了国家对城镇化的干预，逐步形成和完善了福利体制，尤其在空间上通过新城建设、扩大公共住房、完善基础设施等等，形成了资本主义空间的一次"福利转向"，以此来协调空间建设和居民需求之间的矛盾（李郇、李灵犀，2006）。同时，由于资本家缺乏将生产剩余价值投入第二循环和第三循环的动力，资本投入第二、第三循环同样需要国家干预，特别是在资本的"第二循环"中，资本的投入对城市土地利用至关重要。

（二）调节学派

调节学派在理论框架上运用一种独特的建构观念，以此来探讨资本、劳动力与国家间的关系，也即积累体制和条件模式。调节学派同样受到马克思一些理论的影响，他们认为资本主义具有某些根本性的矛盾，为了成功地实现循环和积累，就必须解决或控制这些矛盾。该学派认为，资本主义历史上由一系列相对稳定的时期组成，在这些相对稳定的时期，私人生产活动组织在总体上与消费的组织大体平衡。制度通常会在生产发展的危机时期而终结，而生产组织方式的革新又会孕育新的制度模式，新的制度由一套与之相适应的公共与私人机构、组织劳动力市场和生产生活的社会规范来支持（约翰斯顿，2004）。调节学派试图根据不同的积累制度区分出资本主义发展的具体阶段和形式，现有研究认为，可以区分出两种不同的积累体制。一是"福特制"，提倡大量生产、大量消费和国家调控为特点；二是后福特制，现已部分地取代了福特制，以弹性的和分化的生产、消费和积累为特点。

"福特制"的概念术语是指广义上的战后扩张时期，将积累体制和调节模式结合在一起的发展模式。约翰斯顿（2004）进一步指出，"福特制"积累体制的特点是使用不灵活的、落后的机器，利用内部规模经济，以及泰勒主义的简单和低技能的工作及相对狭窄和僵化的职业分类，从而进行大规模批量标准化产品的生产。"福特制"模式的组成特色是以产业领域的国际劳动分工以及政治领域中促成福利国家建构的调节式国家干预为基础，以实现快速与密集的资本积累。这种密集积累体制的组成特性在于标准化商品的大量生产，生产过程的垂直整合以及在个别厂商层面详细的技术与空间分工。这种产业组织模式伴随着特定形式的国家干预与调节，以集体协议为基础的制度化劳资关系，并且与大量消费这种意识形态的崛起有关。因此，与当时西方国家强调政府积极调控市场的凯恩斯福利国家理念相结合下，在"二战"后至20世纪70年代中期的这段时间形成了"福特—凯恩斯"主义，也即是一系列的劳动控制实践、科技组合、消费习惯和政治经济权力的建构。

然而，随着20世纪70年代以后全球经济力量的浮现，这种生产形式受到结构性的冲击。随着全球性金融交易的兴起、专业知识与新科技的去地域化过程等"新全球地理学"的浮现，已经显著改变了当前的产业生产与人文生活形态（Amin and Thrift，1995）。这种转变更是促使了资本积累形态的迅速重构，具体表现为管理方式的弹性、公司组织的分散化与网络化、国家管制措施的降低与全球竞争的提升等方面。在全球经济趋势下，产业在市场上面临着多元、复杂、互赖与动态的环境，风险与不确定性在此过程中将逐步提升，因而传统的福特模式很难应对这一转变。例如，许多资本主义国家去工业化过程加速，失业率急剧增加，已经潜伏的通货膨胀开始跃动，同时传统凯恩斯式赤字财政理论受到国家赤字危机波及。与此同时，后福特主义所代表持续片段化、弹性化、自由化的生产模式开始浮现，并促成了生产过程的分散化、个别化与多样化。

调节学派认为，资本主义生产方式由福特制大批量密集积累体制向后福特制弹性积累体制的转型，主要是由资本主义本身的变迁所引发出的新调节模式的建立。这种新调节模式就全球经济秩序而言，乃是呈现在跨国企业兴起以及超越国家经济的全球性新国际分工的建立。对于资本主义国家或区域内部的空间发展而言，必须面对老旧工业核心的衰败与新兴服务业部门及高科技产业所在区位的相对性扩张等问题。这些问题必然使得空间发展的竞争激烈化，使得地方政府只能采取竞争性做法，对于城乡关系及规划理论也无可避免地造成了冲击和挑战，也使得后福特主义的政治经济对地方政策及规划有着更大的决定性（Taylor，1981）。

旧的经济关系的瓦解重构了既有的城市关系与权力架构，促使了城市"企业主义"的兴起。在面对科技和产业重构所带来的巨大的经济和社会改变，当地政府可以将自己的企业家精神和企业品牌，聚集在一个特殊范围内的投资和经济发展，并作为直接的经济目标（Harvey，1974）。城市企业主义主要是指以企业精神重构城市公共部门的治理能力，超越了传统地方政府在供应服务与强化管制上的角色。20世纪80年代以后，城市治理模式逐渐从福利国家导向的城市管理主义转变为新自由主义导向的城市企业主义，采取市场导向、追求增长、创新、去管制、地区营销与民营化等模式，重构了以政府部门为城市政策制定核心的治理模式（Harvey，1985）。一般而言，"管理主义"的政府注重的是对重要资源的控制力，因而城市政府被视作决定城市发展资源使用权的"社会守门员"。为了吸引全球化时代高度流动的资本，在激烈的城市竞争中创造或维持自身的优势，城市企业主义的特征是地方政府通过吸引投资或是通过与私营部门资本合作发展地方经济。

城市企业主义调节模式对于资本主义城市发展带来了三个方面的主要改变。第一，城市发展政策制定过程中，城市企业主义所关心的不再是福利问题，而是经济问题。政策的目标转向以生产者服务业、高科技产业或休闲旅游业作为经济生产的重心，城市定位随之改变，从工业城市到金融中心、高科技产业园区或旅游胜地等。伴随着新的发展政策，城市必须像企业一样营销自己，城市形象与城市营销变得重要。第二，新的城市发展方式伴随着新城市政治。在城市政治过程中，一方面，城市企业主义可以以公私合作作为具体的表现方式，公共部门（中央与地方政府）与私营部门形成紧密的联盟，以城市空间作为财富创造的机制；另一方面，城市在面对中央政府掌握资源配置权力的情况下，争取中央资源再分配也是重要手段之一。第三，城市发展政策除了发展目标的转变，更需要落实到实质的发展计划中，在空间发展计划实施过程中，城市企业主义将焦点放在地方经济政策上，旧工业区更新、城市更新以及新的生产空间的创造，已经成为复兴城市经济的主要策略。

（三）理论评述

从上述城市土地利用理论流变中可以看出，城市土地利用的研究重点经历了由形态与结构的静态描述到揭示其动态变化及发展过程的转变；对土地利用主体的认知由简单化、抽象化转化为具有政治经济属性的社会人；对土地利用影响因素的判别由过去简单的经济因素扩展到涉及经济、社会、制度、技术的多因素综合。

城市土地利用研究的发展，形成了诸多理论流派，他们通过对原有理论的创新、反叛、补充，形成了一个多样化的理论体系。值得注意的是，不同的理论方法具有不同的视角和侧重，新的理论产生并没有致使原有方法与理论的弃用。基于形态学的描述归纳法，善于揭示城市土地利用的空间特征与演变模式，是预判未来发展方向和选择最佳投资区位的重要理论（Pearson，1991）。基于计量模型的经济学方法对城市土地利用空间现象的解释提供了理论指导，也为选择投资区位和投资时机提供了理论支撑。基于主体行为的研究方法，通过土地利用主体行为策略来解释其对土地利用空间现象的影响，具有较强的描述性、推测性。城市空间研究的政治经济学思想从深层次揭示了城市土地利用形成与演化的内在动力机制，但目前多数分析模型也只提供了概念性分析框架，呈现出太过简单化和决定主义的倾向，需要与其他理论进行融合以增强其理论应用性。

二 转型期中国城市土地利用研究的多元视角

20世纪80年代开始，伴随着制度转型以及其所催生的经济增长和城镇化高速发展，中国城市土地利用现象的复杂性，逐渐成为诸多学科的研究重点（宁越敏，1998；谈明洪、李秀彬、吕昌河，2003；朱英明、姚士谋、李玉见，2000；Wu and Yeh，1997；Wu，1999）。主要集中在三个方面：一是演变过程及机制；二是空间重构效应，包括生态效应、环境效应和经济效益；三是演变的监测与情景模拟（Tuner，Lambin，and Reenberg，2007；王婧、方创琳，2011）。由于研究的需要，下面将着重对城市土地利用机制的相关研究进行文献综述。特别是近年来，在前期对城市土地利用时空过程和扩展形态研究的基础上，学者们开始从经济、制度及主体行为等多个视角，对城市土地利用演变机制展开了研究。

（一）经济视角

城市土地利用空间形态演变是一种繁杂的经济现象和社会过程，受多方面因素的综合影响，不仅受到自然地理条件的约束，还受经济发展的推动和政府政策的引导（Park and Maria，2001；刘雨平，2008；陶松龄、陈蔚镇，2001）。尽管城市发展过程中的土地利用变化受到诸多因素的影响，但各种因素的作用秩序和影响力并不相同，中国改革开放以来最为明显的特征之一就是市场化转向，因而市场要素本身在一定程度上对土地利用具有更为直接的影响力（何芳，2009）。一些研究从经济视角分析中国城市土地利用现象，一是探讨市场机制对城市土地利用演变所起的作用；二是基于城市建设用地的扩张对城市用地效率的探讨。

随着土地制度的改革，中国土地利用的市场化机制逐步建立，价格调控开始发挥重要作用。一些研究基于城市经济学理论，尝试揭示土地市场对城市用地区位选择和功能布局的影响（丁成日、宋彦、黄艳，2004；丁成日，2005）。例如，有学者利用北京城市建设区1993年至2000年的土地使用权出让数据，分析了土地价格及土地开发密度的时空差异，揭示了土地市场对北京土地利用模式的影响（刘盛和、吴传钧、沈洪泉，2002；丁成日，2006）。还有研究利用南京市历年土地使用数据，分析了南京居住用地、商业用地和工业用地的空间分布，总结了市场机制下城市土地利用模型（何流、崔功豪，2000；刘贤腾、顾朝林，2008；朱振国、姚士谋、许刚，2003）。随着土地使用制度的建立，市场价格机制渐渐在土地配置过程中发挥基础作用，城市土地利用整体呈现出土地竞租模型特征。一些学者分别通过上海、广州、汕头、苏锡常等城市的研究，探讨了土地价格机制在其演变过程中所产生的影响（李晓文、方精云、朴世龙，2003；陈蔚镇、郑炜，2005；Wu and Yeh，1999；王冠贤、魏清泉，2002；陈鹏，2008；郭广东，2007）。

在土地价格机制基础上，有学者针对中国征地制度和土地出让机制开展了建设用地扩张与使用效率的研究。一些学者研究认为，在中国由于征地政策的规定可以以很低的价格从农村获得土地，这一政策滋长了粗放式的土地利用投资，促进土地的无效使用，主要表现为建设用快速蔓延，而不是对已有建设用地进行更有效的再利用（李青，2006；孟晓晨、赵星烁，2007）。陈鹏（2007）则认为，过低的农用地转用成本不仅不能对城市增长边界发挥制约作用，反而对城镇扩展产生了牵引效果。还有学者分析了1994—2004年全国部分大城市连绵区建设用地数据，发现中国建设用地利用效率整体不高而且存在巨大的地区差异（杨保军、靳东晓，2008；彭正伟、孙婕，2011）。

但也有研究认为，考虑到中国快速城镇化及建成区现实情况，城市扩张是经济社会发展引发的正常需求。有学者曾经指出，中国城市建设用地增长速度虽然较快，但仍然是世界上城市建成区密度最高的国家之一（仇保兴，2006）。还有学者针对中国地级以上城市的实证研究表明，土地价格机制在土地资源配置过程中起到了关键作用（柯善咨、何鸣，2008）。蔡建明（2008）依据世界银行报告研究认为，近年来中国城镇化进程中的新增建设用地总量并没有过度，建设用地的增加归结于高速经济发展的作用，经济发展必然带来投资的增加以及居住、商业和工业用地的增长。综合来看，研究争议也受两方面因素影响。一是现有研究对城市扩展的定义没有统一，进而也影响了数据统计的标准化；二是数据来源口径多种多样，包括遥感解译数据、统计年鉴数据、土地变更调查数据等。

基于经济视角的研究，从一定程度上验证了改革开放以来中国城市土地利用呈现出与西方国家城市相似的特征。但对于中国城市土地利用所具有的特殊现象，已经超出了经济学理论的解释范围。对此，有学者引入了土地政策变量对城市经济学模型进行修正，探讨相关制度和政策对城市土地利用的影响（吴郁玲、曲福田、周勇，2009；Bertaud，2007；郑德高，2009）。中国土地市场建立在集体土地征收和国有土地"招、拍、挂"制度基础之上，这也决定了中国城市土地市场并非完全的竞争性市场，西方城市经济学理论的应用与解释存在一定局限性。

（二）制度视角

20世纪90年代以来，西方学者对于城市土地利用的研究更加注重制度因素和多元社会文化因素（陆大道，2005）。特别是近二十年，西方学者对于城市发展体制的研究，开始注重城市发展的制度设计、政策安排、调整机制等内容（Dowding，2001）。随着中国的转型发展以及城市土地利用的迅速扩张，从制度角度来考察中国的城市土地利用现象成为很多学者的基本出发点。这些研究的共同点就是注重制度分析，秉承政治经济学的方法与范式（吕拉昌、魏也华、林初升，2006）。研究主题大致分为三类，即"城市内部变化与空间重组"、"外部全球化力量的影响"以及"政治与社会变迁"（He，Li，and Wu，2006）。

邵德华（2003）基于土地利用与土地制度的关系，对中国城市土地利用存在的布局混乱和结构不合理等问题进行了研究。有学者基于区域发展、国家战略、政府转型的大背景，研究了制度转型对城市发展及土地利用的影响（胡军、孙莉，2005）。孙倩（2006）基于上海城市形态的多样性，探讨了规划编制及实施的制度差异对城市土地利用显性特征和隐性秩序的影响。一些学者利用产权理论框架，对中国大中小城镇的空间扩张问题进行了研究，结果表明中国的"二元"土地制度虽然降低了城市增长的成本，但也在一定程度上规避了空间的规划整合（韦亚平、王纪武，2008）。还有研究基于新制度主义的研究范式，对制度变迁驱动下中国城市空间特征与机制进行了总体解释，提出中国制度转型及总体运作秩序变化，对城市空间演化和重构产生了剧烈影响（张京祥、罗震东、何建颐，2007）。潘鑫（2008）通过对上海城市土地利用变化的分析，认为土地使用制度是导致上海城市土地利用非理性外延扩张和内部更新不足的主要原因。

从实证研究来看，制度视角应作为观察中国城市土地利用现象的基本出发点，得到了众多学者的共识，无论是政治考核体制、财税体制、土地制度、产权制度等的变化均会影响城市空间演变的历程。一些学者建议从三个维度着手制度转型与城市空间的关联研究，即"地方政府角色变化"、"社会结构变迁"以及"经济结构变迁"（殷洁、张京祥、罗小龙，2005）。吴缚龙（2006）认为制度转型促使中国城市发展的"实在化"，使得城市空间成为资本积累的载体。一些研究进一步分析了中国地方政府的"企业化"转向，以及其对城市土地利用的影响效应（张京祥、殷洁、罗小龙，2006）。沈建法（2007）从中央与地方政府间尺度和权力关系的变化来分析中国城市的变迁，认为分权化改革造就了中国城市空间的大规模重构。李强（2005）运用新制度主义研究范式建构分析框架，将城市土地利用视为制度影响下的一系列行为互动，由此分析城市空间演变的内在机制。还有学者认为，中央政府、地方政府、企业、市民等不同利益群体在政治博弈过程中的不均衡局面，导致了城市再开发过程中利益分配的不均衡（陈浩，2010）。

尽管众多的研究认识到当前中国城市土地利用现象复杂性背后的制度原因，但大多数研究多是针对某一个或者某些制度安排对城市土地利用的影响进行分析，如财税制度、土地制度、规划制度等，缺乏系统的理论框架。

（三）行为视角

城市土地利用空间现象可视为行为主体相互作用和影响的空间

模式，主体行为应被视为塑造和推动城市空间演化的主要力量之一（黄亚平，2002）。从城市发展来看，影响土地利用的主体大致包括政府、企业和居民，但不同视角对各行为主体作用的认识有所不同。在市场完全竞争的情况下，各主体行为选择是基于效用最大化原则，通过市场竞争和交易理性选择生产、经常和居住空间，进而产生土地利用结果。然而，理想市场条件下的个体选址行为，忽视了复杂的经济社会条件和城市发展过程中各种力量的不均衡。

全球发展环境的变化使西方国家政府放弃了长期采用的"福特制"和凯恩斯主义，从而转向依赖市场机制，与商业机构、民间团体等多方利益集团合作和博弈，共同促进城市发展。因此，西方学者基于行为视角的研究多探讨在特定的经济社会背景下，城市不同角色的行为及其对城市土地利用的影响。一方面，资本出于赚取利润的需要，通过城市空间生产实现资本循环和增值；另一方面，地方政府转型企业主义，通过与资本联合推动城市发展和提升竞争力。

在中国转型发展过程中，一方面是全球化和市场化的影响，另一方面是基本政治制度的稳定，使得政府在多级空间尺度上同时扮演裁判员和运动员角色。一些学者也认为，基于行为视角的城市空间研究需要首先回答一个重要问题，即什么是具有中国特色的政治、经济和文化因素，以及这些因素通过怎样的机理影响城市空间形成和演变（马润潮，2007）。很显然，地方政府掌握了城市发展的核心资源土地，还集决策者、规则制定者和执行者等角色于一身，在城市发展中发挥着决定性作用。

政府主导型市场经济的这一特征决定了基于行为视角的分析，必须重视政府力量在塑造城市土地利用结果方面所起到的作用。改革开放以来，市场力量虽然得到了释放，但政府的主导力量仍未改变，地方政府在经济发展和城市建设方面展现出强大的自主性和能动性（何显明，2007；何晓星，2005）。特别是随着分税制改革、土地有偿使用制度建立和经济发展权下放，以土地为核心的城镇化模式形成（Lin，1999）。城市成为参与全球化竞争的主体，也是展示地方建设成就的窗口，更是中央与地方博弈的集中体现地。

第三节 制度空间与城市土地利用的关联研究

一 制度转型与地方政府行为研究

对于转型期中国城市土地利用变化而言，地方政府始终是一个不可忽视的行为主体。在全球化、市场化和分权化的共同作用下，中国各个领域都发生了深入而全面的变化，而其中政府角色与行为转变成为很多学者关注的重要领域（张京祥、殷洁、罗小龙，2006）。政府作用尤其是地方政府的作用与职能定位已经成为影响中国改革和发展的关键因素，在城镇化过程中也有着不可或缺的作用（黄燕 等，2007）。地方政府不仅可以用规划手段主导城市土地利用，还可以通过各种政策影响企业和个人的行为策略，从而对城市土地利用演变产生间接影响（杨上广、王春兰，2007）。

（一）政府角色研究

关于政府角色的研究多为规范性研究，即从理论层面探讨政府定位（刘雨平，2013）。亚当·斯密曾经提出，市场力量是一只"看不见的手"，将会使众多经济主体的竞争自动转变为社会最佳状态，因此政府应减少对市场经济的干预。随后形成的新古典经济学派推崇政府"守夜人"角色，强调市场规则和自由竞争。凯恩斯则基于资本主义经济危机提出了政府积极干预思想，认为导致周期性经济危机的根源是投资需求和消费需求的不足，无法通过市场自我调节来扩大需求，需要实施政府干预来实现对经济体系中关键要素的控制和管理。与此相对立，哈耶克则始终坚持自由主义思想，这些思想对当时政府所采取的经济政策和政府治理角色产生了深远的影响。

新制度经济学将交易成本引入规范分析以后，打破了新古典经济学设想的政府中性"守夜人"角色。科斯指出，政府同样必须考虑各种制度安排的执行成本，因而对于政府的"非经济"假设不成立，其应被视为寻求自身利益的"经济人"。然而，在经济学研究中政府官员被视为追求自身效用最大化,而在政治学研究中政府官员被视为追求公共利益最大化(Dennis,1997)。公共选择理论则认为传统经济学所研究的"人"与政治科学所研究的"人"是同一个"人",政府官员同市场人一样具有经济理性(丹尼斯·缪勒,1993)。詹姆斯·布坎南等公共选择主义学者认为,政治过程和经济过程具有相似性,都是基于交易动机和行为的利益换取(Buchanan,1986)。政府官员同其他社会成员一样,都具有自我动机和利益,显然会把这种个人动机和利益带入政府决议。

事实上政府并非会创造出一个公正的社会,政府也是一个追逐自身利益最大化的组织,政府会选择有利于自身经济利益最大化的行为(约翰·弗里德曼,2005)。国家宏观制度是一系列用来保障生产、交换和分配的政治经济规则,地方政府的行为策略是宏观制度条件下的理性选择(Friedmann,2005)(表1-2)。

表1-2　　　　　政府在市场经济发展中的定位演替

政府定位	代表人物	理论与观点
守夜人	亚当·斯密	"守夜人"理论,对经济行为采取自由放任,政府被限制在"守夜人"职能之下,经济活动完全是市场机制(看不见的手)自发调节
道德人	凯恩斯	政府干预主义,认为国家代表社会的利益,政府的行为目标就是社会福利函数的最大化,政府似乎符合"道德人"的规范,坚信政府干预(看得见的手)不仅是必要的,而且是合理的
裁判员	瓦尔特·欧根,弗里德曼	弗莱堡学派提出著名的政府"球场裁判"假定。新自由主义理论,以自由市场经济为基础,将"经济人"的行为范式引入政府行为理论,主张政府的适度干预,认为政府是"竞争规制"的制定者
合作者	科斯,诺斯,布坎南	制度与选择理论,认为市场与政府是互补的、合作的关系,而不是将政府和市场仅仅视为相互排斥的替代物,政府应当有选择地对市场缺陷进行干预,是一种更具包容性的综合方式

资料来源:李松志(2006)。

(二) 国外地方政府行为研究

在西方国家，城市政府与上级政府、辖区民众之间的合作与博弈是学者们的重要切入点，因而西方学者多是从分权化与地方政府行为响应进行分析。沙安文等（2009）总结了西方学者对地方政府行为研究：（1）财政联邦主义，认为地方政府的政策设计以及制定服务与绩效标准的职权属于中央政府，地方政府只负责提供特定的服务；（2）新公共管理视角，认为地方政府是缔造公共利益的独立行为者，强调地方政府是民众的代理人来服务公共；（3）公共选择视角，地方政府是公众选择的结果，因而必须代表民众利益参与区域竞争，以实现政府自身利益最大化为行为方向；（4）新制度经济学视角，认为地方政府比民众掌握着更为全面的信息，同时也更熟知地方政府运作，但地方政府往往隐藏真实信息并选择机会主义行为以追逐不正当的利益（沙安文、沙萨娜、刘亚平，2009）。

西方学者的关注焦点侧重于财政联邦主义视角，探讨财政收益与支出的权力分配对地方政府行为的影响。例如 Tiebout（1956）所提出的"以脚投票"理论认为，由于地方民众可以自由迁徙，他们会选择居住在税收和公共服务等最能满足自身需求的地方，这就促使地方政府展开竞争，对地方资源进行高效配置以吸引民众。还有学者基于"以脚投票"理论提出了"以手投票"，认为居民可以通过"以手投票"的方式给地方政府施加压力，要求其更好地提供居民所需要的公共产品或者制定更好的税收政策（Faguet，2004）。当然，这一切的前提取决于制度环境下的激励机制的设置，即便在民主体制的国家，如果上级政府决定地方官员的任免，那么地方支出结构仍然反映国家的政策而非居民的偏好（Prudhomme，1995）。在中国，尽管财税体制改革增加了地方政府财政支出的自由度，但特有的政治制度会使得地方政府更偏好于国家政策（李婉，2007）。

(三) 转型期中国地方政府行为研究

改革开放以来，中国的地方政府在中国高速经济增长过程中饰演了极其重要的角色，其行为研究也成为众多学者关注的焦点。目前，对转型期中国地方政府行为研究主要从三个视角展开，分别是利益视角、制度视角和府间关系视角（秦绪娜，2010；张显未，2010）。基于利益视角的研究主要是借鉴公共选择理论和方法，在特定的制度背景下探讨地方政府追求利益的"理性"特征。基于制度视角的研究，主要借鉴新制度主义的研究范式，探讨财政分权体制、官员考核晋升机制和权力监督机制等制度因素对地方政府行为的影响。府间关系分析视角主要是借用委托代理理论和博弈论，通过政府间的竞争、合作及博弈关系来分析地方政府行为（江静、陈柳，2009）。托尼·赛奇（2006）认为中国的经济体制改革也深刻影响了政治制度，其显著的影响是造成了国家内部权力的重新分配，中央政府开始向地方政府下放权力，尤其就税费收支权力在各级政府间的重新配置，对地方政府行为产生了重大影响。有学者提出了地方政府"权力弹性"的命题，在发展过程中地方政府权力选择与执行的弹性是解释地方政府行为的关键变量，这种地方权力的弹性扩张也促使了地方政府行为的不确定性和差异化的地方发展模式（何显明，2007）。

　　对于中国地方政府行为的制度因素，也有大量学者进行了研究。Andrew（1995）最早提出了"中国地方政府即厂商"的观点，认为中国的财税体制改革改变了中央与地方的利益格局，使得地方政府开始追求地方经济高速发展以提高财政收入。有学者提出分税制改革对地方政府发展模式产生了深远影响，特别是对地方政府与企业的关系以及地方预算外收入产生了重大影响（周飞舟，2006）。陶勇（2011）选择了财政分权指标和政府竞争指标，并利用省级面板数据对地方政府财政支出行为进行了实证分析，阐释了地方政府由"企业财政"向"土地财政"转变的制度动因。从学者们的研究可以发现，转型期中国的制度改革虽然推进了市场化进程并激起了地方政府的竞争意识，但也在一定程度上扭曲了地方政府的财政支出结构，并可能抬升了国家治理成本。

　　陶然、陆曦、苏福兵、汪晖（2009）分析了1992年进一步的市场化改革和1994年的分税制体制，对地方政府工业用地和商住用地出让策略的影响，研究认为地方政府通过低价出让工业用地不仅可以获得制造业生产所带来的增值税收益，还可以获得制造业发展所带来的溢出效应，主要包括对服务业的促进以及与之相关的土地收入和税收。赵燕菁（2005）试图从制度经济学的视角来分析地方政府的市场角色，认为地方政府就是一个通过空间提供服务并收费（税）的企业，是具有经济理性的"自利组织"，地方政府间的竞争同市场上普通企业的竞争没有任何不同。赵燕菁、庄淑亭（2008）进一步从中国税收制度特点来分析地方政府看似"不合理"的行为，认为中国地方政府的持续性税收来源并不等同于西方国家的财产税，而是通过一次性土地出让收入获得，这就解释了地方政府为什么需要通过土地价格补贴将一次性土地收入转换为持续性的企业税收。有学者也提出了相反的观点，认为当前以低价来获得地方持续性企业税收的假说，并不能解释地方政府的发展模式与土地利用方式（陈多长，2004）。

很显然，很多学者认为财税制度的激励是地方政府行为模式的重要因素，但也有学者认为中国的地方官员晋升机制更为重要。周黎安（2007）基于中国政府官员的行政考核体制提出了"晋升锦标赛"模式，认为20世纪80年代开始的以经济发展为重要考核指标的官员晋升模式是解释地方政府行为的关键变量，此种考核机制刺激了地方政府不顾成本的短期发展行为，扭曲了经济增长方式。杨雪冬（2012）认为，对于中国地方政府行为研究需要将分析视角转移到地方政府官员的政治动机上，而这些政治动机又受干部责任制、政治承包制等压力型体制因素影响。也就是说，地方政府追逐发展的动力并非仅仅来自经济发展和民众的压力，更是来自上级政府层层分解量化指标、实施严格考核所产生的巨大压力。

二 地方政府行为对土地利用演变影响研究

西方学者在研究主体行为对城市土地利用影响的理论中，城市政体理论占有重要位置。城市政体理论的产生与应用以斯通、罗根和莫罗奇等学者为代表，他们试图从政治经济学视角，借助政府力、企业力以及社区力之间的博弈耦合来阐述土地开发建设的机理，认为地方政府会利用手中掌握的权力与大企业进行合作，形成资本与权力结盟的城市管治"政体"（Regime）推动城市发展，当然这种联盟会受到民众的制约（Logan and Molotch，1987；Stone，1993）。"城市增长机器"理论从政治经济学角度分析认为，尽管地方政府与大企业可能在利益上存在分化，但"促进增长"特别是持续扩张城市人口（以及由此而来的产业发展、土地开发、金融活动等）是其共同的目标取向。城市之间展开竞争以获取发展先机，在这一过程中，地方政府与企业结盟以各种方式影响土地使用决策和公共投资安排（Molotch，1976）。国内部分学者试图借鉴政体理论来分析我国城市土地利用的现象，罗小龙、沈建法（2006）从增长联盟视角分析我国开发区建设过程中政府、企业、农民之间的合作与博弈关系，研究认为政府与企业结成增长联盟并从经济发展中共同获益，而农民为保护自身利益需求也会自发组织起来与政府和企业对抗形成了"反增长联盟"，他们共同影响着城市土地利用。何丹（2003）则认为城市政体理论只是一个分析模型，提出了一个基于不同利益主体行为来分析城市土地利用的视角，如果将城市政体理论应用于中国的研究需要识别我国同西方国家巨大的政治体制差异。

中国改革开放以来，经济的、社会的和政治的巨大变化，在很大程度上决定着城市发展的动力基础和机制。一些海外学者对此有着敏锐的观察，并组织了大量关于中国转型期城市空间现象与机制的研究。学者们认为，中国实现了由计划经济向市场经济的转型，从而中央政府"自上而下"的力量传递改变了市场主体，使地方政府对城市发展的影响开始显现甚至得到极大的强化（McGee，Lin，Marton，Wang，and Wu，2007）。张兵（1998）从行为主体相互作用的角度分析，提出了三类行为主体量在推动城市土地利用演变，包括政府、企业和民众。在此基础上，张庭伟（2001）进一步将行为主体影响演绎为作用力，包括"政府力"、"市场力"和"社区力"，并提出了它们的耦合模式，即"合力模型"、"覆盖模型"和"综合模型"，并且在不同的发展时期某种力量会成为主导。从已有研究来看，企业家式的政府是中国城市增长与建成环境变化的主要驱动者，而且由于在中国政府和市场是相互渗透的，地方政府的驱动力量将更为强大。

近年来,从政治经济学、社会学、公共管理学等学科角度分析研究中国地方政府行为的成果较为丰富,特别是从财政分权角度分析政府行为的研究更为深入(曹正汉、史晋川、宋华盛,2011;何显明,2007)。而在城市空间研究领域,地方政府行为对城市土地利用的影响研究相对匮乏。赵燕菁、庄淑亭(2008)基于地方政府作为"空间生产的企业"这样一个前提,从税收制度入手分析了地方政府的行为,试图解释地方政府城市建设政策的内在动因。刘雨平(2013)以地方政府行为为核心,探讨了中国制度背景下,地方政府行为主导城市空间演变及其效应。虽然有一些研究借鉴了西方学者提出的视角和理论来解析中国地方政府行为对土地利用的影响,但更多的研究集中在对地方政府土地财政行为以及由此导致的城市空间失控现象的批判。

第四节 文献评述

一 制度空间研究评述

西方学者提出"制度空间"思想,继承了先前产业集群、区域创新与发展的关系思想脉络,将制度纳入了整体分析框架。这种分析框架把全球化背景下深入的制度调整纳入对地方发展多样化的分析框架之中。这一分析理念,侧重于全球化背景下的经济景观解释,分析制度背景及其在不同尺度层级下与生产要素相联结的经济现象,研究的应用性与借鉴性具有广泛性和代表性。因此,通过对不同"地方"制度安排与经济要素的关联、互动或注重过程观察,以探讨地方发展的差异性在何种程度上被制度供给过程所形塑与中介。现有研究主要将地方发展模式纳入上述分析框架,通过考察这些不同尺度"制度空间"的"套叠"及演变过程来研究地方经济格局的变化,以此来解释这些区域发展模式与经济发展的关系与演化。

从现有文献来看,以"制度空间"直接命名文献较少,主要集中在对制度转向背景下经济地理对公共政策的相关研究中。对于转型时期的中国而言,如果把包含空间尺度与政策特征的"制度空间"理念纳入中国城市发展及空间研究的理论框架中,将有助于加深我们对中国"特殊"城市土地利用空间景观的解释力。

二 城市土地利用研究评述

从研究内容上看,西方对于城市土地利用模式及其影响因素的研究较为系统和深入,国内研究主要停留在物质空间层面并未形成体系。首先,城市土地利用研究的分析范式和基础性理论视角大多由国外学者提出,国内学者对转型期中国城市土地利用的研究多是基于西方成熟研究范式的局部修正,尚未提出具有中国特色的理论和视角。其次,西方城市的发展历程较为久远,很多城市已进入了后工业化发展阶段,城市的演化历程相对完整,对城市功能与结构转型的研究历时长、系统性强。最后,国外研究很早就将制度经济学、社会学等理论应用到城市物质空间形态的研究中,将城市土地利用中的制度因素、行为因素等纳入了研究框架。相对而言,国内研究则主要停留在物质空间形态层面,虽然近年来研究视角逐渐多元化,但总体上看从社会、经济和政治层面对城市土地利用研究还不够深入和系统,仍然缺乏完整的分析框架与理论体系。

当然,相对严谨的理论体系产生于丰富的实证研究,中国城市土地利用的研究仍需要加强多空间尺度、多理论视角的实证研究和理论探讨。

三 制度空间与城市土地利用关联研究评述

西方学者对政府角色与地方政府行为研究开展较早也更为系统,国内学者的研究主要聚焦于改革开放以后中国地方政府行为的特征及机理。西方学者对政府角色的研究起源较早也更为系统,大量研究多为规范性理论分析,从新古典经济学和新制度经济的视角,对政府应该承担怎样的角色,展开了较为系统和深刻的理论探讨。西方新制度经济学者将交易成本引入规范分析之后,便建立了新的政府行为分析范式,并以财政分权对地方政府行为的影响展开了大量研究,并提出了诸多经典模型。国内学者针对改革开放后地方政府的行为特征,借用西方学者提出的框架和理论模型,从多种视角展开了实证探究。总体来讲，西方学者对地方政府行为的研究构建了相对成熟的理论体系和研究范式，国内学者主要还是借鉴西方学者的理论成果或分析范式进行实证研究。

综合国内外学者观点，可以说明政府角色尤其是地方政府的角色与行为已经成为影响中国改革与发展的关键因素，在城镇化进程中的作用同样显著。对于中国的城市土地利用而言，地方政府更是起着决定性作用的行为主体。目前，对于中国地方政府行为的研究有两个共同点：一是地方政府具有追求利益最大化的"理性人"特征；二是大部分研究都认识到了中国制度环境的特殊性，并未简单套用西方相关理论。但是，大量探讨集中于政治学和管理学等学科，对地方政府的财政行为、竞争行为等开展了大量分析。在城市物质空间领域，一些学者分析了地方政府"发展经营"或者土地利用行为的制度基础，但缺少解释制度因素影响对作用于城市土地利用机制与效应的完整理论。

第二章

理论基础与框架

在中国转型发展过程中,制度变迁作为内生变量对于发展有着重要作用,而行为选择则是内生变量作用下的外生变量,因此制度与行为的有机组合是中国发展的基本内涵。对于具有中国特色的"试验性"制度空间,更是目标、制度、行为和发展有机组合的重要体现。本章将对上述理论进行追根溯源并对其在中国制度体制下的适用性进行分析,据此阐明"国家制度空间下城市发展及土地利用"的基础理论,构建了"制度—行为—空间"的理论逻辑,并基于作用与响应的互动机理建立了理论框架。

第一节 理论基础

一 相关基础理论

为便于对本书所涉及的国家制度空间、理性选择和空间生产等相关概念的理解,本节对所涉及的制度及制度演化、制度与行为以及空间转向等层面的概念在地理学中的应用进行追根溯源,主要探讨集中在经济地理学、新制度政治学以及城市社会学等学科中的发展与应用。

(一)经济地理学的制度视角与制度空间

经济学制度主义的快速发展和社会学制度分析视角的大大扩展,对地理学的制度分析方法产生了重要影响,经济地理学逐渐认识到制度在空间中的角色与作用,并逐渐广泛应用于空间现象解释之中。制度主义地理学者的研究焦点是阐述各种制度要素对资本主义空间演化过程的影响，以及如何通过制度设计来培育区域或地方竞争力（苗长虹，2004）。由于制度的思想来源与理论流派纷繁多样，对于制度的概念与角色的扮演，不同理论取向有不同的看法。地理学家 Martin 基于新制度主义的三大流派，提出了从微观到宏观不同空间尺度的应用与经济地理学研究的三类视角：理性选择制度主义、社会学制度主义、历史（演化）制度主义（Martin R，2008）。（表 2 – 1）

理性选择制度主义基于新古典经济学的理性视角，关注于特定的制度设计（组织形式）是如何孕育发展，以及如此的制度设计如何降低交易费用与提高效率。这种分析视角注重在特定的制度模式下如何实现市场和机构之间高效治理，并认为经济主体的行为及制度模式都是出于自利行为计算得失。理性选择制度主义的视角被地理学者较多地应用于产业集群研究，弹性专业化的生产组织如何产生集聚并降低交易费用，以及良好的制度构建如何推动区域经济发展（魏成，2007）。

表 2 – 1　　三种制度理论比较及其在地理学中的应用

	理性选择制度主义	社会学制度主义	历史制度主义
主要焦点	特定的制度环境如何产生特定的制度安排（组织形式），以及这样的制度安排如何降低交易费用与促进经济效率	理解经济作为"社会，制度镶嵌"体系的意义，关注于既有制度如何规范与限制制度变迁与创新的范围，较不关注于制度变迁	理解制度结构如何演进变迁，这样的过程与资本主义经济历史动力的关系是什么
对于制度的观点	经由交易费用的降低与经济效率的提高来衡量制度	基于文化的社会惯习、信任、合作，义务与权威的网络，制度是凝结了的社会网络	制度被视为不同社会经济行动者在特定历史脉络下的互动、冲突与妥协之产物，关注于制度所牵动的不对称权力关系以及经济调控与治理

续表

	理性选择制度主义	社会学制度主义	历史制度主义
制度的作用	制度是行为者之间的事前约定,规范了个体行为,降低了交易费用	提供认知架构与意义模块,使得经济认同与经济行动得以合法化	制度是社会、经济和权力关系的一种体系,制度构成经济活动之调控与协调的架构
制度变迁方式	被视为市场行为(理性经济行为)的产物,经由"竞争性选择"的过程。响应相对价格以及交易费用的改变	制度性演化是经由集体的诠释,制度变迁是一个社会建构的过程,关乎社会合法性或新的共享认知地图的新逻辑	制度是可长期持续的,经由缓慢地添加而改变,并且本身受制于路径依赖与锁定,是与经济发展之间互动的"插曲式"产物
地理学的应用	空间聚集与经济活动的地方化创造了可以降低交易费用的特殊制度	促进厂商在地镶嵌之地方特定的正式与非正式网络、合作与知识转移(非贸易性互赖)	地方制度体制的本质与演化,以及其在社会调控和地方经济治理中的角色

资料来源:根据 Martin R.(2008)整理。

制度偏向的地理学者在分析视角上借鉴了多种学科的理论思想,他们采用独特的研究方法,思考制度在影响资本主义空间演变中的作用。Jessop(2002)将地理学研究中的制度偏向研究总结为三个层次:第一个层次是"主题式"的转向;第二个层次是"方法论"上的转向;第三个层次是"本体论"上的转向。就本体论而言,制度被视为是经济生活的根本面向,有经济生活就有制度,所有的经济行动都是一种社会行动,不能与社会位置、社会性以及权力区分开来,因而需要了解更广泛的社会结构、经济结构、政治规制、程序与习惯等。综合国内外地理学者的观点(Martin,2008;苗长虹,2004;马润潮、吴缚龙,2007;吕拉昌、魏也华、林初升,2006;贺灿飞、郭琪、马妍、范帅邦、赵瑜嘉,2014),当前制度取向的地理学研究主要包括四个层面的研讨内容：(1) 对于经济全球化所引发的区域化与新产业区的动力因素，以及制度与区域创新、产业升级的内在联系等；(2) 探讨经济全球化过程中，跨国公司与被投资地区的社会经济互动关系，全球化与地方化的相互作用，以及经济活动如何镶嵌于地方及其对区域发展的影响；(3) 观察制度系统在局部空间经济形成过程中的作用，以及区域和地方发展的社会规制和治理模式；(4) 提出制度空间的概念，区分不同类型制度在地域经济空间塑造中所扮演的角色，进而可以通过制度演化以分析地理空间差异与经济景观的变迁。

Martin (2008) 为更好认识区域经济发展中制度因素的影响，借鉴了新制度主义的研究范式，将制度环境和制度安排的概念引入了地理学研究中，认为区域经济增长实质上由制度环境与制度安排的匹配模式来决定。如此，在某一个发展阶段，考察制度环境与制度安排在地方空间的组合模式，可以深化对地区经济发展本质的认识。因此，制度空间是指特定的地理区域中某个制度被建构并产生有效的影响力或影响范围。在开放与快速转变的全球化时代，存在一组从超国家制度空间、国家制度空间以及到区域与地方制度空间的层级型制度空间，这些具有空间尺度特征的制度设计与生产发展的资本、技术、劳动要素相联结，将形成局部制度性空间。

由于制度背景对经济模式的产生与演变发挥影响，而制度设计不但能创造制度背景还能对其进行修正，这种相互作用模式随时空演变。不断演化的制度环境和制度安排而催生的诸多不同空间尺度的制度套叠在每个地理空间都会有所不同，并不断地演化。也即是，在一个面向全球开放的国家内部经济空间，不但具有上述空间尺度特征的制度还存在着空间与制度的交互模式，并由此在地方空间上产生不同的地方体制。这种不同空间尺度的制度套叠所产生的地方体制，催生了不同的发展模式和经济空间现象，这就是制度空间的重要内涵。在经济全球化背景下，区域竞争实质上是区域间的制度安排竞争，当旧的制度安排不利于经济发展时，地方制度的路径依赖可能使地方难以在区域竞争中胜出，难以面对新的发展挑战（Amin and Thrift，1995）。当然，如果地方正在主体积极进行制度调整，也有可能使制度发生转变促进地方生产创新，以及地方组织、治理或调节的制度成本。因而，通过对不断演化的制度空间的观察和理解，有助于我们对地方经济发展进行深刻的认识。

（二）理性选择制度主义

制度与行为主体的关系研究一直贯穿在政治学和经济学的研究领域之中，新制度主义研究范式在经济学研究中得到率先兴起之后，制度分析在政治学研究中也得到了复兴，并被称为一次新的方法论创新。

1. 新制度主义政治学理论流派

20世纪30年代到60年代，政治学研究范式由制度分析转向了行为分析，政治活动者的行为成为研究要点。政治学者们的研究焦点从制度建构转向了政治行为分析，如民众的选举行为、政治官员的个体理性行为。基于行为主义的学者，偏向于应用自然科学的相关方法，尝试将政治学变成一门"真正的科学"。随着大量实证研究的开展，诸多学者尝试运用工具主义的观点来分析政治行为，认为政治官员关心的焦点是行政资源，其政治行为本质上是资源分配的过程。另外，基于行为主义的政治学研究因其理论与方法的局限招致了诸多方面的批判，比如过分推崇经验自然科学的研究方法及模式、摒弃价值判断、重学术研究而轻现实社会问题、重微观轻宏观等等。20世纪70年代开始，随着政治哲学的发展和制度主义的再度兴起，基于行为主义的政治学研究开始衰败。然而，基于行为主义的实证研究使政治个体的行为逐渐清晰，启发了政治学者对个体行为能动性的考察，以及其对学科交融和重视过程研究的宗旨，成为具有"理性主义"和"制度主义"有关政治学研究的思想资源（高春芽，2012）。

基于行为主义的研究实现了从结构到过程的视角变化，在此基础上，理性选择视角也是基于个体行为来阐释现象，它们的区别之处是其尝试运用经济分析方法。也就是，基于理性选择主义的政治学研究更多采用演绎方法而不是归纳方法，通过政治个体追求利益最大化的假设，遵循效用最大化原则计算其针对不同情况而采取的行为（Kenneth，1989）。基于这种研究思路，理性选择主义以个体理性观点来分析政治行为问题，首创了运用经济方法对政治问题的研究。阿罗的"社会选择理论"、布坎南的"公共选择理论"、尼斯坎南的"官僚机构理论"、奥尔森的"集体选择理论"都可以归入理性选择理论体系，它们都是以理性人作为起点研究政治行为（徐国冲，2012）。如果基于行为主义研究的严谨性取决于实证研究的系统性，则基于理性选择主义的研究在于严密的逻辑一致性，它为分析纷杂的政治现象提供了简便高效的工具。虽然基于理性选择主义的研究方法提供了新的视角，但理性选择理论的完全理性假设并不能完全切合政治现实。首先，理性人是从市场交易中提炼出来的，简单运用于政治领域是有缺陷的，它忽视了复杂的社会影响，因为人们的决策实质并非绝对完全基于经济考量，也会有其他非经济激励因素的介入。其次，人类的行为并非绝对由其自由意志决定的，其活动空间、活动资源受到制度环境的约束，一个决策制定者，无论他是普通人、企业家还是政治家，在追逐自身目标的时候，只能在其所处的制度环境约束下做出自己的选择（Mark，1985）。

对理性选择主义最激烈的批判来自新制度主义经济学，在行为主义和理性选择主义不具有完备解释力的情况下，新制度主义经济学的制度研究获得了巨大成果（Morris，1995）。在此推动下，社会学研究再次意识到制度视角在分析现实社会现象方面所具有的功效，继而形成了新制度主义研究范式。朱德米（2001）将制度视角在政治学中的应用回归概括为"范式革命"，而且经过不断发展这种分析范式已相对成熟。有学者则提出了不同的观点，认为基于新制度主义的政治学研究并没有构建严谨的逻辑体系，只是遵循了制度与主体行为互动的研究路径（Guy，1999）。

有学者从方法论的角度，将新制度主义大致分为了两种研究路径，一是以行动者为中心的研究路径；二是以结构为基础的研究路径（William，1998）。以行动者为中心的研究认为个体偏好源于个体的自利性需求（李月军，2007），而以制度结构为基础的研究认为个体偏好是由制度塑造的结果。彼得·豪尔和罗斯玛丽·泰勒（2007）发表文章，将诸多的研究依据分析途径的差别划分为三个流派，即历史制度主义、理性选择制度主义和社会学制度主义。他们认为这三种流派的兴起都是对行为主义的反叛，他们都尝试证明制度在政治行为及结果中所饰演的角色，但分析途径大相径庭（Hall and Taylor, 1996）。新制度主义研究者在分析制度如何影响人的行为时形成了两种途径，即"算计途径"和"文化途径"。"算计途径"是指在分析过程中，假定了行动个体基于特定的偏好，通过精心算计以实现自身利益的最大化，这个过程中个体行为偏好是确定的，制度的作用在于影响着行为的策略与途径。"文化途径"对该问题回答恰恰相反，认为行为并非完全理性，容易被个人的认识观及信息的完整度所局限。也就是讲，在不否定个体理性与目标的同时，倾向于认为个体会"见好就收"而非追求绝对的利益最大化，制度不仅限定了行动者行为空间，同时也影响着行动者的偏好，个体被视为深深地嵌入到制度之中，而非独立于制度之外。

总体来看，与其他两个学派相比，理性选择制度主义建立起了一套更为严密的概念框架。理性选择制度主义综合了传统政治学注重研究制度的结构性变量作用力，以及理性选择理论注重研究行动者之间策略性互动的途径，综合运用制度分析和策略过程分析。

2. 理性选择制度主义的研究范式

理性选择制度主义侧重于探讨制度环境对政治活动中行为主体的影响，把制度要素作为政治行为研究的关键因素，探讨不同制度背景下政治行为者的行为策略（徐国冲，2012）。基于理性选择主义的政治学研究虽有很多流派，但也有一些共同点，比如都把政治官员视为政治行为的焦点，他们以追逐自身利益最大化为目标，能够对制度的激励和约束效应进行理性应对并具有很高的策略性。高春芽（2012）对理性选择制度主义的研究范式进行了总结，具有两方面的显著特征：（1）"以理性人假设为起点，以行动者为中心"，即在不同的制度背景下，行动者会进行不同的行为，但追求利益最大化是其基本的出发点和行为动机；（2）其将政治行为与制度结构两个变量结合在一起考虑，行动者总是处于分析的中心，研究行动者在制度环境构建的激励机制下如何通过理性选择或者说精心算计来寻求实现利益最大化的策略。

制度环境不但为行为主体供应必要信息，同时还能对行为主体的自我认知产生影响。根据主体行为的制度影响，理性选择制度主义注重计算利息，所以重点在研究行为主体如何在多种激励与约束的制度设计中，实现利益最大化的行为策略（Guy, 2005; Williamson, 2000）。

（三）空间生产理论

1. 空间的构成与属性

美国地理学家托布勒（Tobler）曾经提出了地理学第一定律，阐述了"空间"是地理学研究的重要对象又是地理学的核心概念（王圣云，2011）。空间观点是地理学的一个基本观点，地理学家不仅透过它组织地表的各种现象，同时也凭借它为学科建立独特研究领域的理论基础（石崧、宁越敏，2005）。空间观和概念体系长久以来就是地理学理论的核心内容，不仅是地理学家空间分析的对象，更是地理学者透视世界的基本视角（马仁锋，2011）。

然而 20 世纪 70 年代西方社会思潮发生了一定程度的空间转向，将空间探讨从地理学、社会学研究提升到哲学层面，产生了比较著名的后现代空间理论。西方后现代空间理论的典范是由 Manuel Castelles、David Harvey、Henri Lefebvre、Michel Foucault 为核心的新马克思主义学派所提出的空间生产理论。列斐伏尔《空间的生产》的著作发表，成为空间生产理论诞生的重要标志，他将空间要素纳入了马克思主义分析之中，揭示了空间的社会生产，特别是对空间认知做出革命性的诠释，提出了"（社会）空间是一种（社会的）产品"的观点。列斐伏尔提出了空间的四项原则：（1）自然空间正在消亡；（2）特定生产方式将培育相应的社会空间，包括生产和社会关系的再生产，也就是空间的再生产；（3）对空间的研究必须从对空间本身的关注转向对空间过程的关注；（4）新的社会空间的诞生是判断生产方式是否转变的重要标志。列斐伏尔提出，空间具有历史性是社会过程的主要载体，并发明了空间的实践、空间的表征和表征的空间"三重辩证法"。因此,列斐伏尔(2002)认为,在资本主义的生产方式下,社会空间应该被视为包含生产力关系和生产资料,社会空间像普通商品一样,是有意图和目的的被生产出来的(表2-2)。苏贾在列斐伏尔理论思想基础上,提出了包含主体与客体、抽象与具体、相同与差异、精神与躯壳的"第三空间"(图2-1),鼓励学者以差异化的形式思考空间的涵义,以及区位、城市、家园等地理学相关概念(Sojia,1996;潘泽泉,2007)。

表2-2　　　　　　列斐伏尔空间分析的基本架构

类别	空间实践(经验)	空间的表征(感知)	表征的空间(想象)
可达性及距离化	货物、金钱、人、劳动力、信息等的流动,运输与通讯系统;市场与城市等级;凝聚的团块	距离的社会、心理与物理测度;地图制作;"距离摩擦"理论	吸引/排斥,距离/欲望,接近/拒斥,超越性;媒体即信息
空间的占用与使用	土地使用与营造环境,社会空间与其他地块的指派,沟通与互助的社会网络	个人空间;被占用空间的心灵地图;空间等级;空间的象征;空间话语	熟悉;心与家;开放的地方,公共景观,图像学与涂鸦;广告
空间的支配与控制	土地私有产权;空间的划分;排他性的土地使用分区;社会控制的形式(警察与监督)	禁忌空间;地域的必要性,社区;区域文化;民族主义;地缘政治学;等级	财产与拥有;纪念性仪式的空间;象征资本;传统的建构;压抑的空间
空间的生产	基础设施的生产(运输与通信;营造环境;土地开发等);社会基础设施的地域组织(正式与非正式)	制图、视觉再现、沟通等的新系统;新型艺术与建筑;符号学	乌托邦计划;善意景观;科幻小说的空间;艺术素描;空间与地方的神话;空间诗学;欲望空间

资料来源:根据庄良、叶超、马卫、赵彪、胡森林(2019)整理。

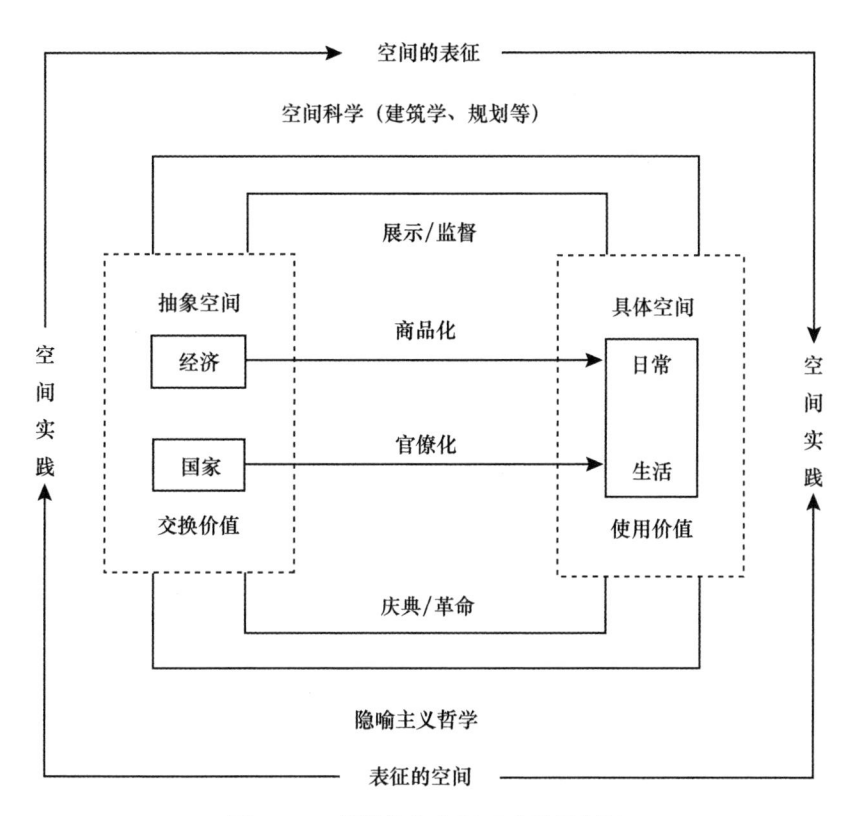

图 2-1　列斐伏尔空间三重性辩证法

资料来源：马学广（2014）。

在特定的社会生产方式及发展战略下，空间表现出统治阶级的利益，也表现出特定历史背景下的权力关系。空间的意义并不只是社会结构的反映，还是社会各阶级之间支配与反支配的冲突结果。因此，空间是充满利益、权力与价值观冲突的地方，不同的行动者以不同的话语企图塑造空间。空间意义界定的政治过程关系着空间的生产，即什么人在什么背景下用什么方式赋予空间什么意义，推动其运作，展现其文化表现（夏铸九、王志弘，2002）。大卫·哈维受列斐伏尔的空间生产理论的影响，并进一步发展了该理论，将剩余价值和级差地租运用于对城市空间演进和土地利用模式的研究中，并进而提出了资本"三次循环"理论（顾朝林、刘海泳，

1999）。资本或剩余价值在生产过程中产生，在第一次生产循环中如果有剩余价值，资金将会流入第二次循环；在资本第二次循环中，资本投向固定资产或消费基金，体现为物质性城市空间的建设；最后，资本又会进入第三次循环，投向于科技研发或教育医疗等社会公共服务支出，在资本的这一投向过程中需要国家进行干预（朴寅星，1997）。资本的"三次循环"分析框架，阐释了资本主义城市危机的机制及土地开发的资本过程，认为城市发展的结果取决于资本积累与循环（蔡禾、何艳玲，2004）。

值得注意的是，城市空间价值属性的变迁并非人们认识方式的变化，而是特定的经济社会发展条件下的产物。在任何发展阶段，商品的生产都要占用物质空间，这被称为空间中的生产，但是随着西方国家进入高度城镇化阶段，城市与资本急剧扩张以后，过去的"空间中的生产"转变为"空间的生产"。也即是，城市空间价值的嬗变是人类进入现代社会后，在社会化大生产、高度城镇化和资本扩张等因素作用下的结果。空间生产到了资本时代获得了显著的和充分的发展，即资本主义国家的生产力获得了前所未有的发展，催生了空间生产，而空间生产的快速发展又消解了过剩的资本，城市空间重构为了资本克服自身危机的外在表现。

2. 空间生产的运作逻辑

城市空间生产是指资本、权力等政治经济因素对城市空间的重构，使城市空间成为资本循环的介质（叶超、柴彦威、张小林，2011）。资本主义制度下，城市空间的生产服务于资本次级循环和增值，资本的循环积累以矛盾的形式创造了空间（图2-2）。大卫·哈维（2017）在《资本的城市化：资本主义城市化的历史与理论研究》一书中，揭示了"资本积累的法则"（the laws of accumulation），他试图通过"资本三次循环"描绘出生产过程中资本流动的规律。在资本的"初级循环"中，资本家主要通过延长工人工作时间、提高生产效率等获得剩余价值，最终会导致生产过剩和资本闲置等一系列危机；在资本的"第二循环"中，工业生产中剩余的资本投向城市建成空间，从而资本产生新区的循环，也就是转向对固定资产特别是建成环境的投资，创建进一步流通和资金积累的新空间。资本的"第三循环"，将资本投向科技研发、教育医疗等公共服务领域，其目的在于革新生产力和提高劳动力素质。空间生产实际上是资本维持不断循环、不断增值的一种方式，通过扩大空间生产为资本主义创造出了更多的发展空间。

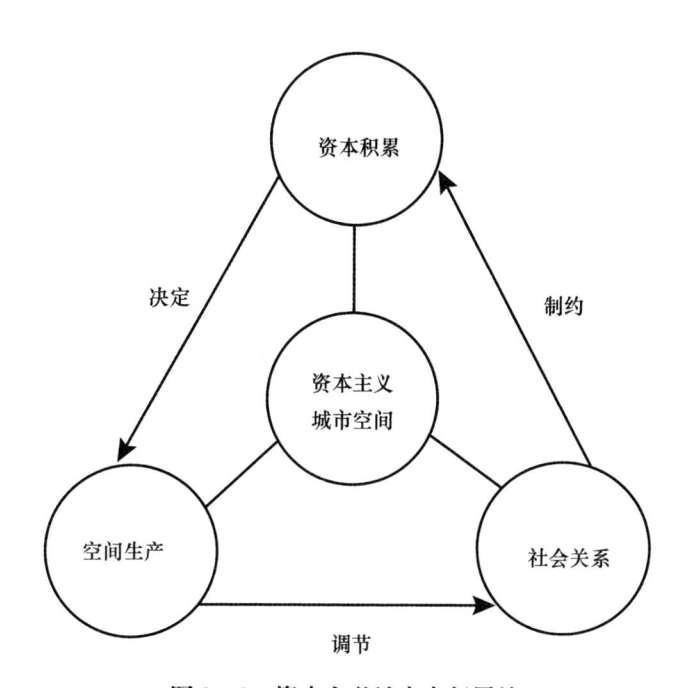

图 2-2 资本主义城市空间属性

资料来源：武延海、张能、徐斌（2014）。

因此，在实行资本主义体制的国家，现实世界中"空间生产"转向是来自资本力量的强大推力，资本的天然属性就是最大限度地经过再生产获得增值，作为一切生产活动基础的城市空间成为资本生产的主要对象，原因在于：（1）在资本主义条件下，扩大再生产是资本增值的主要方式，只有不断扩大城市空间，才能为不断扩大的再生产创造条件；（2）空间换取时间，科技进步降低决策时间，而空间流通性的提高则为资本积累的灵活性缔造了前提，即通过空间蔓延来提高生产效率；（3）生产力的发展在生产的社会化程度上反映出来,促使人口和生产资料在空间上集聚;(4) 资本的增值产生于生产领域,最终要在交换和消费领域实现,实现资本不断增值的本能也促使资本不断地扩大消费空间,驱使资本游走于世界各地,到处开发与建立联系(庄友刚,2012)(图2-3)。

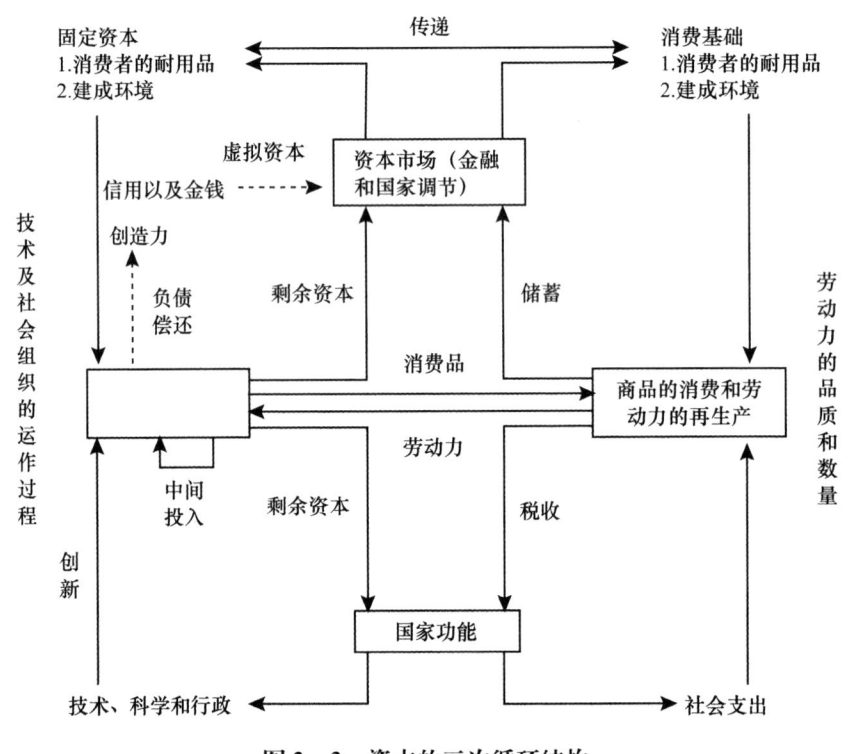

图2-3 资本的三次循环结构

资料来源:马学广(2014)。

但在资本的第二循环过程中,哈维对政府或者权力所起的作用进行了进一步的阐述。他认为,依靠单个的资本家来实现资本由初级循环转向第二循环是非常困难的,城市物质环境的建设不仅周期长、投资大,同时难以采用常规的方式进行定价,还会被其他资本家"搭便车"分享,这些正是导致资本家倾向投资于资本的初级循环而非第二循环的原因。因此,资本由初级循环转向第二循环不仅需要完善的资本市场作为前提,同时还需要国家在财政上支持和保证长期的、大规模的城市物质环境建设,而且如果没有足够的资金供应和通过信用体系创造的"虚拟资本",这种转换也是不可能完成的。因此,哈维提出,资本初级循环向第二循环的转向过程需要国家机构和金融机构作为集体神经中枢控制和介入,这些机构的特性及其采取的政策对于资本的流动以及流向的领域(比如交通、住房、公共设施等)起着十分重要的作用。

法国城市社会学家Castells(1981)对于空间生产过程中的政府作用也进行了探讨,提出了"集体消费"的概念,认为那些硬件环境如住宅、交通设施、公共服务设施的建设以及医疗、社会保险、福利事业、社会治安等公共服务的提供是每个劳动者都需要消费的资料,因此被称为与个人消费相对应的集体消费。但是由于上述集体消费品投资大、回收慢、难以定价,私人资本一般不愿意或者没有能力从事生产,需要国家力量的介入与干预(Castells, 1983)。由此卡斯泰尔认为,在资本主义条件下,国家的职能已经发生变化,不仅要调控资本的生产与再生产过程,同时还会直接介入集体消费品的生产过程中。比如可以通过金融、税收、行政等措施鼓励私人资本进入集体消费品生产,或者作为直接投资者。

3. 城市空间生产的运作效应

当资本转向第二循环以后,大大刺激了城市物质环境的生产,促进了城市空间的扩张和城镇化进程,通过空间生产不仅消化了资本,同时也创造了新的需求,在一定条件下可以形成某种相互促进、良性互动的状态。空间生产也加快了城市内部空间结构的更新转换,与城市自发、"自然"更新不同的是,资本在追求自身快速循环和增值的驱使下,会主动加速城市物质环境的"折旧"与"贬值",通过大规模的拆迁改造,加速资本的循环周期(Lin, 2007)。也可以说,在空间生产的条件下,城市更新在很多情况下并非由于旧的物质环境自然老化了或者工程设计使用寿命太短的缘故,而是资本驱动的结果。大卫·哈维(2009)以"创造性的破坏"来描绘资本介入城市生产过程后城市空间的剧烈变化,空间生产引发了城市空间剧变的同时，也引发了众多的社会矛盾，资产与政策的空间差异重构了地方发展的不均衡。

空间生产理论的核心思想是：一是占有空间并生产空间，二是社会关系促进空间的生产。因此，社会和空间之间存在着辩证统一关系（马学广，2014）。列斐伏尔空间理论的提出，为探讨城市空间问题提供了新的视角和思路。哈维"资本三次循环"理论的提出，从根本上阐释了资本积累与空间生产的辩证关系，认为社会发展原动力是经济基础和生产水平，并且二者对城市空间具有支配作用（汪民安，2006）。这些空间理论，往往过多注重资本运作对空间演变驱动效应，从而对经验世界的多样性和复杂性进行了简化，如各类社会组织、制度安排、政策设计等因素。因此，空间生产理论应用于中国空间研究时，应有选择性地使用这个哲学理论，特别要注意把握中国制度背景下政府、市场、城市居民等多元行为主体空间生产的影响力。

二 评价与借鉴

当前试图解释制度空间与城市土地利用的相关理论主要涉及地理学、政治学和城市社会学等领域，然而现有理论在阐释国家制度空间下土地利用重构时还存在诸多不足。制度主义经济地理学所提出的"制度空间"概念只关注制度结构对经济空间的影响机制，并未涉及具体的物质空间特别是土地利用空间。政治经济学在引入新制度主义研究范式以后，在解释制度对行动者影响方面得到了较大发展，但也并未涉足空间领域。空间生产理论揭示了资本积累和城市空间生产同质化的辩证关系，但在强调资本主义市场驱动的同时，忽略了制度结构对行为主体的影响。但若将三个理论进行融合应用，则可以为研究国家制度空间下城市发展及空间演变提供新的视角（表2-3）。制度空间概念可以为理解转型期中国制度变迁的时空过程及"试验性"空间差策略提供理论支持，也可以为国家制度空间下"地方体制"的建构提供新的解释；空间生产理论有助于理解城市空间的生产属性以及中国所特有的空间开发模式；产生于政治学研究的理性选择制度主义可以探讨制度重构对地方政府行为的影响提供分析工具,构建本书制度与空间之间的理论关联(图2-4)。

表2-3 国家制度空间下城市发展及空间研究的理论基础

相关理论（概念）	核心思想	可借鉴之处
制度空间	特定的地理空间中一系列制度被建构并产生的有效影响范围	特定的地理空间套叠着层级型制度以及它们的互动模式,由此形成不同的地方体制,从而引发不同的发展模式与空间景观
理性选择制度主义	综合了传统政治学注重研究制度的结构性变量作用力,以及理性选择理论注重研究行动者之间策略性互动的途径,以制度来理解结构性变量的作用,采用策略分析与制度分析相结合的方式	以理性人假设为起点,以行动者为中心的研究范式,即在不同的制度环境下,行动者会做出不同的选择,但追求利益最大化是其基本出发点和行为动机;行动者总是处于分析的中心,在制度环境构建的激励机制下通过理性选择或者精心算计来寻求实现利益最大化的策略
空间生产	空间具有社会性,一是占有空间并生产空间,二是社会关系促进空间的生产,社会和空间存在着辩证统一的关系	从本质上揭示了资本积累和城市空间生产同质化的辩证关系,当资本转向第二循环以后,大大刺激了城市物质环境的生产,促进了城市空间的扩张和城镇化进程,通过空间生产不仅消化了资本,同时也创造了新的需求,在一定条件下形成良性互动的状态

资料来源:笔者自制。

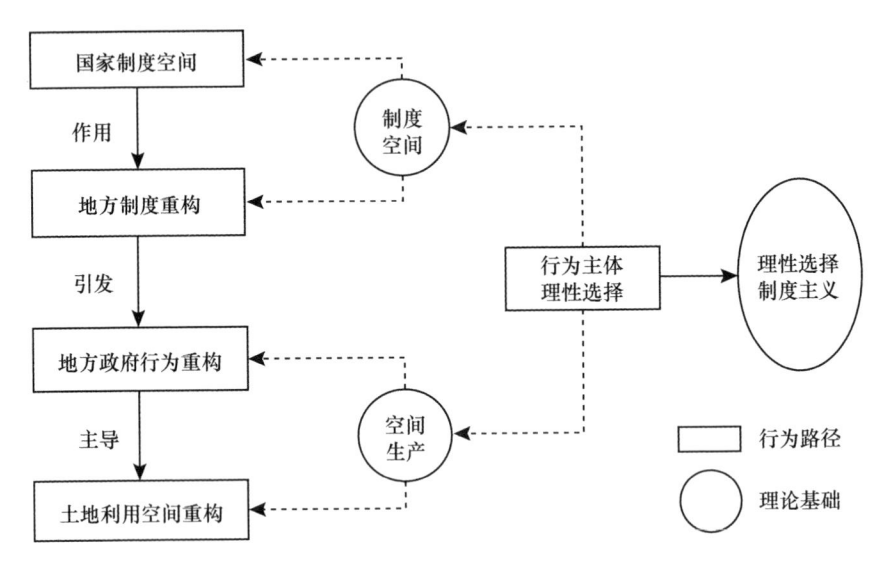

图 2-4 制度空间与城市空间演变的理论关联

资料来源：笔者自制。

第二节 理论逻辑：制度—行为—空间

新制度经济学是对经典经济学研究中制度要素的再扩展，将制度纳入了个体理性行为的约束框架。诺斯（1994）曾经指出，制度是一系列社会规则，建构了个体行为在政治、经济和社会等方面的约束与激励规则，以约束行为个体的相互关系。政治学研究受新制度主义转向的影响更是将制度因素视为政治行为选择的规制作用，将制度要素视为政治行为研究的重要变量，探讨不同制度背景下政治行为个体的理性决策（徐国冲，2012）。理性选择制度主义学者更是认为，政治行为主体同样具有追逐自身效用最大化特征，其面对激励性与约束性的制度构建能够进行理性选择，在满足偏好最大化的过程中具有高度的策略性。

新制度经济学将交易成本引入规范分析之后，打破了新古典经济学设想的政府中性"守夜人"的角色，正如科斯所讲"政府部门必须考虑各类制度安排的运行成本"（何一鸣、罗必良、高少慧，2014）。如此，政府开始被视为具有追求自身利益的"经济人"。布坎南等公共选择学派学者也认为行为个体在政治市场和经济市场中的行为具有相似性，他们的行为和动机从根本上讲都是基于利益的交换（Buchanan，1986）。交易成本引入规范分析之后，打破了长期以来对政府"仁慈型"的假定，政府也是一个追逐自身利益最大化的组织，政府将选择有益于本身效用最大化的行为策略。制度环境作为一系列经济、政治和社会规则以保障生产、交易和分配的进行，地方政府会根据制度环境的变化进行理性选择以采取不同的行为策略。

从当前国内外学者主流观点来看，制度变迁及地方政府行为演变成影响中国改革与发展的关键因素，而地方政府更是转型过程中影响城市土地利用的重要主体。但现有研究在讨论中国制度变迁及地方政府行为时，都将国家地理空间假设为"均质化"平面几何，然而中国的制度转型是建立在"试验性"的空间策略基础之上。在本书中，我们也将政府视为具有"理性选择"特征。那么在具体的"试验性"制度空间内，国家制度空间如何重构地方制度环境，地方政府又是如何基于制度理性重构其行为模式，其行为模式对土地利用空间重构产生了怎样的影响？

一　国家制度空间下的地方制度重构

在经济全球化的背景下，面对资本的全球转移，地区之间的资本竞争也越来越激烈，全球化机遇不会给一个地区太多的准备时间，地方发展的"机遇窗口"转瞬即逝。因此，在经济全球化影响下，诸多为应对发展挑战培育的竞争优势均进行了制度转型和政策调整，并引发了生产空间与制度空间的重构。但不同国家制度调整的幅度也不相同，那些经济制度相对完善的发达国家，其应对全球化的政策及制度转变只是市场制度框架下的"小修小补"。但对于转型背景下的中国而言，更具有自身的特殊属性：（1）在短时期内实现了由计划体制向市场体制的过渡，国家"自上而下"主导的一系列制度转型具有强烈的制度建构特征，并对地方政府行为产生了显著影响；（2）幅员辽阔与多层级的地理空间及巨大的区域差异，使得制度供给具有区域"差异性"和"等级制"特征，从而在地方上形成了不同的"体制"。

（一）国家转型的制度维度：经济制度与行政制度

从已有主流观点来看，转型国家经济问题的要害是支撑力和效率，而制度则是影响效率的重要因素。因而，转型国家所转变的并不是抽象意义上的"市场"，而是界定市场规则并与政治过程相适应的制度建构，这主要涉及组织机构、基础设施、法律体系、金融系统、竞争政策等诸多方面（Stark，1996）。在制度转型的过程中与实行"激进式"转轨方式的国家不同，中国采用"渐进式"转轨，并显著提高了经济效率。改革开放以来，中国的转型发展是从过去"集权、封闭"的计划经济运行体制，向"分权、契约"的市场化经济体制过渡。这一改变不单单波及了经济体制，并且包含政治、经济、社会等诸多领域的深刻转型，本质上讲是一次建构市场规划的制度重构过程，继而建构了新的激励与约束机制，更好地促进了资本累积、技术发展、财富增长与社会进步。这一改革和转型，促使了地方主义（Localism）的兴起和未来投资者的进入，打破了原有国家政权的单一格局。地方化分权造成了大批公共决策权力从中央转移到了地方，为构建地方集体利益创造了制度条件，从而使地方政府成为地方的"政权经营者"（杨善化、苏红，2002；张静，2000）。

20世纪70年代末以来，中国经济体制改革和政府权力重构，主要通过以下三个方面实现了国家政权的"地方化"：一是国家的行政管理权力逐渐下放，增进了地方发展的自主权，也就是经济职能，特别是财政职能由中央向地方（省、市、县、镇和乡等）逐级下放（Jin，Qian，and Weingast，2005）；二是行政组织结构调整，培育了地方利益，城市作为主要行政单位具有行政管理职能的相对完整性，形成了地方政府的"属地"特性（Ma，2002）；三是激励地方制度创新，构建起了地方竞争的环境，中央通过给予地方更大的创新权力，以依托地方的创新实现经济的快速发展。国家权力的下放，使得地方政府成为地方经济发展的主要推动者，具备寻求自身利益的强烈动机，还获取了巨大的行动空间（Wu，2003）。因此，地方政府角色也由原来中央在地方的命令执行者转变为国家利益在地方的代理者和谋求自身利益的行动者，成为地方发展的"理性"经济人。地方政府在追求发展中所采取的策略主要是借助市场化改革，通过权力来进行资源的合法化经营。但与一般自然资源取决于物理储量不同，地方政府能够经营的资源类型与数量取决于宏观经济环境以及国家的经济和社会政策因素。也就是，地方政府在制定发展策略时需要根据制度环境给定的发展条件而变化。

中国在经济制度层面进行了大量的改革"试验"，主要包括财税制度、金融制度、土地制度和产权制度。财税体制实现了由"统收统支"到"分税制"的转向，使地方政府在财政方面由依赖国家到不得不自找门路，同时财权上收、事权下放给地方政府带来了巨大财政压力。在金融体制方面，实现了从"第二财政"到"金融资本"独立的转变，银行作为地方政府钱口袋的体制被废除，地方政府必须"另辟蹊径"寻求发展资源。土地制度发生了由"三无"到"有偿使用"的转变，一方面集体土地所有制和土地国有化为地方政府发展创造了条件，另一方面土地有偿使用及非农土地使用权上收，使土地成为地方可以用来发展的核心资源。产权制度实现了由"一大二公"到"市场化"的改革，主要包括公有企业改制、城市公用设施市场化改革和住房制度改革。在经济制度以"放权"为主线进行改革的同时，中国的行政制度仍然保持了"政治集权"的特色，并形成了中央与地方纵向权力分工体系。在经济体制改革的同时，中央政府依然紧紧掌管着党政干部的人事任免权以实现对地方发展的强有力控制。如果说改革开放以前，强大的政治压力和意识形态宣传确保了地方行动者不折不扣执行中央决策的话，改革开放以来，正是由于新的激励机制的出现，避免了地方政府的消极无能。中央对人事任免权的掌控保障了中央具有足够的资源对地方官员进行惩罚和奖励，因而地方官员必须得紧紧跟随着中央政策的导向。有学者将中国的行政体制改革称之为"分权化权威主义"，中央在对地方发展进行定向分权的同时，通过建立新的行政管理机制实现对地方行政官员的行为约束（郁建兴、高翔，2012）。

（二）国家转型的空间维度："试验性"空间策略

中国制度变迁的另一个重要特征是国家地理空间并未被当作"均质化"的平面几何，而是将制度供给建立在"试验性"的空间策略基础之上，"空间"成为探讨中国制度转型的一个重要维度。何梦笔（1999）曾指出，众多转型研究都"均质"假设，制度转型是在一个国家空间范围内统一整体实施的，并且所构建的新制度适合于全部空间。在此基础上，何梦笔指出"国家和空间"是两个被长期忽略的剖析中国制度转型的维度：（1）在国家维度，应注意到制度与结构方面的差异性，中国的制度背景（初始条件）与其他国家相比具有差异性；（2）在空间维度，不同地区之间存在巨大的自然地理差异和经济发展差异，国家维度的转型制度在不同地区引起了不同的经济和政治反应（图2-5）。尽管强烈地认识到大国转型中"空间"的重要性，但何梦笔也未能对中国转型的"空间"因素进行进一步分析，而是认为"竞争性政府"可以作为国家转型研究的视角。他认为中国宏观层面的渐进制度供给是"均质"地在全国整体空间层面实施，各"地方"政府能在此基础上展开充分的"服务"竞争，以此促进各地区的经济增长。

实际上，中国宏观制度的渐进供给并没有"均质"地在全国同一时间实行。Brenner（2000）曾研究指出，全球化背景下在创造区域竞争力的过程中很多国家进行了"尺度选择"（Scale Selectivity）行为，也就是"将优势和重要性导向特定的空间尺度，同时忽略或者边缘化其他空间尺度的一种行为趋势"。改革开放过程中，中国制度供给的空间策略体现了对国内外形势的客观及时反映。在改革早期，为避免对传统社会主义意识形态造成冲击而引发"不必要的争论"以及社会保守势力抵制的麻烦，通过"划出一定特殊的区域"（如经济特区、开发区等）成为具有试验性质的"增量制度空间"，继而将试验性制度渐渐晋级为正式制度，并扩展到全国整体空间执行（如著名的土地有偿出让制度，1987年在深圳试行，1990年推广到全国）。从"六五"计划时期（1981—1985）开始，中国的区域发展政策发生了重大变化，"梯度发展理论"指导下的国家投资以发挥沿海地区优势为目标，同时给予特殊的经济决策权和鼓励外资的优惠措施。"八五"计划时期，中国区域政策开始关注经济发达地区与不发达地区的关系，并在"十五"计划时期明确提出了区域均衡发展的区域策略（朱文晖、张玉斌，2004）。近年来，为加快重点地区发展、落实国家战略，国家密集推出了自由贸易试验区、国家级新区、区域战略规划、综合改革试验区等多主题、多尺度的"试验性"制度空间。

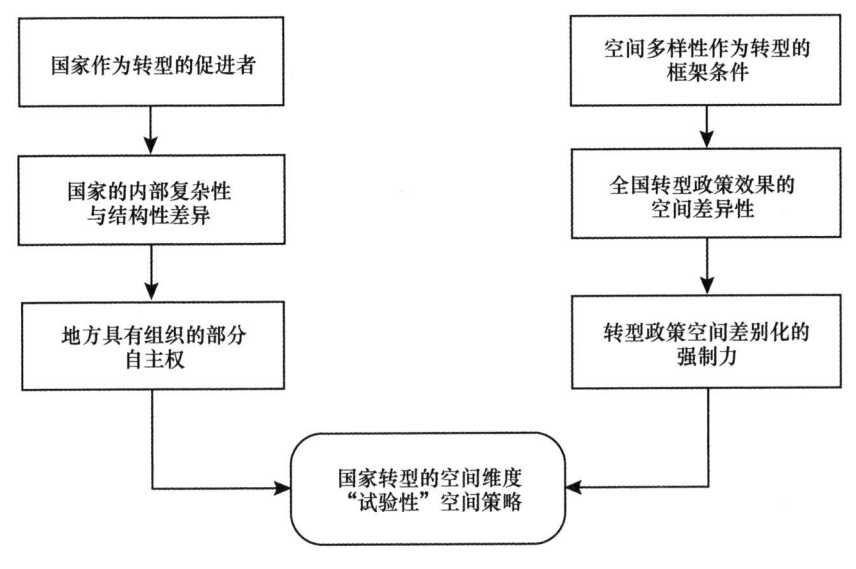

图 2-5　空间作为国家转型的维度

资料来源：根据何梦笔（1999）整理。

因此，中国制度转型过程中的制度供给是建立在"试验"的空间策略基础之上，这就使中国的制度环境具有了"空间层级"特征。根据制度空间概念内涵，"空间层级"制度与资本、技术、劳动等生产要素相连接将会形成局部制度空间，并由此在地方空间上产生了不同的"地方体制"。尽管中国通过梯度"试验性"的增量空间策略，使区域与地方行之有效地"融入"全球化，并培育了大量的专业化城镇和巨型城市。但这些"地方体制"并没有建立在严密周全的"制度化"过程基础之上，可能面临着制度供给与区域的制度需求如何匹配的问题，进而影响到区域经济的积累效率与空间绩效。表现为诸如"一放就乱、一收就死"的治理循环，或"撑死胆大的、饿死胆小的"负面激励。

二 制度理性下的地方政府行为重构

制度环境的变迁必然导致地方政府行为的重构，针对中国改革开放以来的制度变迁特别是经济上的"分权"和政治上的"集权"，大量研究进行了探讨并达成了一定研究共识。对于行政制度调整，学者们重点考察了制度环境对地方领导干部的激励和约束机制的设计，而其中地方官员以地方经济增长为重点的晋升锦标赛模式是理解行政激励和经济增长的重要线索；也有学者提出了"压力型体制"模式作为一种反向的强激励，在地方经济发展领域和社会管理领域都有着重要作用（周黎安，2007）。有学者认为强调财政分权的"特色财政联邦主义"和强调中央对地方控制的"分权化威权主义"的分析视角都不能对地方政府行为进行有效解释，必须考虑纵向和横向问责机制存在的缺陷，才能形成完整的分析逻辑（郁建兴、高翔，2012）。

在行政制度对地方行动者形成激励和约束机制的同时，也要注意经济制度给予地方行动者的政治和经济资源。因为在缺少行动资源的情况下，行动者即使最清楚自己的偏好和目标，也无法去实现它。那么，作为地方政府这样一个行动者，如何在特定的制度条件下寻求发展资源以实现其作为"理性人"利益最大化的目标呢？沈荣华、王扩建（2011）认为在制度变迁中，地方核心行动者（或地方政府中的主要决策者）作为理性的行为主体，既追求政绩最大化又追求地方利益最大化，同时由于无须完全承担决策失误的责任，具有机会主义动机，会不断争取更大的行动空间。总体来看，对于制度变迁对地方政府行为的影响，学者们达成了两点共识：（1）摒弃了官方说教中所声称的政府是大公无私和为人民服务的理想假设，将地方政府视为追求利益最大化的"理性人"，认为其行为逻辑与行动策略是在特定制度环境下理性选择的结果；（2）由于中国制度环境特别是政治体制的特殊性，以及制度供给的空间差别化，我们不能简单套用西方政体模型来解释中国地方政府的一系列行为。

（一）地方政府的"理性人"特征

在本书中，地方政府具有"理性人"特征，但也不是抽象的"理性人"，或者说简单地以"利己"或"寻求自身利益最大化"来概括其行为，而是应该放在一个特定的制度环境中去考察其行为表现。一方面，制度的激励与约束机制会强化其作为"理性人"的一些行为特征，比如在缺乏足够激励的情况下，地方政府可能会满足于"见好就收"甚至"得过且过"，也可能在强激励条件下表现得积极进取，甚至表现出更为极端的行为特征。同时，与其他行为主体之间的竞争也会间接影响其行为选择。另一方面，制度界定了行动者的活动空间范围，国家发展过程中每次制度或有关政策调整，实际上都是对城市可利用发展资源的调整，直接影响城市政府的行为策略算计。因此，地方政府的行为其实是精心算计、以寻求在特定的行动空间内实现利益最大化的结果。尽管个体（领导干部，特别是主要决策者）与集体之间存在利益上的不完全一致，但我们倾向于将地方政府视为一个整体，从宏观视角来考察地方政府的共性特征。

（二）地方政府行为的动态变化

中国的制度环境一直处于动态变化过程之中，特别是1979年以来，"摸着石头过河"的转型模式使中国制度环境远未到达一个相对稳固的状态，此外除去正式制度调整之外，大量的部门法规、规定、通知等也频繁出台，"动态性"可以说是中国制度环境特有的现象。同时，制度动态变化的空间差异性，形成了不同的地方发展体制。基于地方政府"理性人"特征，随着制度环境的动态变化，其行为也将随之演变。特别是在国家制度空间下的地方兼具制度要素重构和地方政府行为重构的特征，可以更好地揭示地方政府行为变迁背后的逻辑，发现土地利用空间重构背后的发生机制。同时，也有助于合乎逻辑地预测其未来的可能走向，尽管我们无法按照自然科学研究那样预测事态演变的趋势，但可以尝试通过国家制度空间下的地方行为重构发现地方政府行为的"线性"变化逻辑。

三 地方政府行为主导下的空间重构

在国家制度空间下地方政府的行为重构将以"空间生产"为目

标，其行为将推动城市发展及空间快速重构。因此，地方政府行为是搭建制度作用于空间的桥梁，地方政府是推动土地利用重构的主导力量，其行为策略又是制度环境直接作用下的产物。在国家制度空间下地方政府不仅受到中央政府的政治激励，还被赋予具有优势的政策支持，这将使其有足够的动力也有足够的资源条件去推动城市空间生产。这种情况下与其他力量如企业、民间力量相比，地方政府无论在行政动员动力、资源掌控能力等方面均占据无可比拟的优势。另外，地方政府是对制度环境反应极其敏感的行动者。长期以来国家制度环境的多变以及模糊化，使得地方政府在应对国家政策变化、及时调整行动策略方面积累了足够的"经验"，"抢抓机遇、用足政策"的行为取向具有典型特征。再者，地方政府的空间规划、土地征收、出让、融资等行为对土地利用影响最直接。地方政府不仅可以通过行政行为直接介入城市物质环境建设，同时可以通过土地征收、储备、出让、政策制定或与资本合作等方式，直接控制城市物质环境的建设。

吴缚龙（2008）提出，如果要理解中国正在发生的城市革命，就必须检验城市空间的角色，认为当今城市的转变是响应整个积累机制的变化而发生的，积累机制的改变加剧了对空间资源的争夺，造就了一种特殊的"不均衡发展"的模式。有学者基于"空间生产"视角阐释了中国城镇化过程中权力、资本和空间的复杂关联，认为我们国家自然地理差异性和区域发展的差异，使得权力运作模式、制度转型方向和全球化趋势成为决定中国城市空间模式的重要因素（杨宇振，2009；张庭伟，2002）。改革开放至今，中国以自身独特方式融入了全球化，权力与资本的共同作用极大地推进了城镇化的进程。殷洁、罗小龙（2012）对空间生产的概念进行了进一步延展，提出了"政治—制度空间的生产"概念，作者将之命名为"空间的生产（Ⅱ）"以示与传统意义上社会—经济空间的生产——"空间的生产（Ⅰ）"的区别。在社会—经济空间的生产过程中，权力会帮助资本维持稳定的生产关系和推动城市建成环境的生产，但为了使地方更好地融入全球生产网络，会进行抽象的政治制度空间的生产。在城市层面上，设立政策特区（自由贸易区、出口加工区、经济技术开发区、科技园区等）为资本循环提供与外界不同的特殊制度空间，以更好地吸引投资；在区域层面上，以跨界的区域、拓展的都市区、城镇群等空间形式，形成一个特定的社会—经济空间单元，构建起新的管治层级，"生产"出新的制度空间，以消除该区域内各类要素流动的障碍，加快生产—消费循环。

在国家制度空间下的地方，权力与资本的关系与西方国家有着显著不同，不仅政府与企业（资本）难以截然区分，甚至资本本身也非西方市场化国家的企业或民间资本，有着更多政府垄断的影子。在资本主义国家，从"空间中的生产"到"空间的生产"转向是生产力发展到一定程度的结果，或者说是"现代性"出现的一个标志（大卫·哈维，2009）。具体说，资本由初始循环转向第一循环的前提是相对于现有的生产和消费需求而言，资本和劳动力的明显过剩，从而促使资本转向长期固定资产特别是城市建成环境的建设。由此，我们可以看出，在西方市场化国家，空间生产的出现是资本在逐利本性驱动下的理性选择，有着内在的经济逻辑。在中国，特别是国家制度空间下的地方城市，空间价值属性由国家工业化的场所到积累载体的演变是伴随着制度调整而出现的。因此，我们可以认为，在国家制度空间影响下，地方城市空间生产现象的兴起并非完全是资本和劳动力过剩的结果，可能更多是制度建构"驱赶"所致，以及地方政府"理性选择"的结果。在国家"试验性"政策支持下，地方政府掌控着大量的行政资源和发展资源，与西方国家所谓的"政企结盟"相比，中国的地方政府本身将成为一个规模庞大的垄断性的公司，表现为权力与资本结合的一种特殊形式。

第三节　理论框架：作用与响应

一　国家制度空间对城市发展及土地利用的作用

国家制度空间对城市发展及空间演变的作用主要表现为：（1）国家通过"试验性"制度重构地方发展的"小气候、小空间"，使得地区差别被政策、规定等制度性因素重构；（2）地方发展制度环境的变化作用于地方主体——地方政府及其空间行为变化，主要包括：行政管理调整、空间规划编制、政策创新利用、土地垄断开发及空间营销等方面；（3）地方政府基于制度理性的空间行为变化，从而实现城市土地利用的形态扩展和功能提升并与整体响应的协同。改革开放以来，中央政府通过尺度选择将国家"试验性"制度作用于特定的地理空间，以促进城市用地效率与功能的提升、培育增长极、实现国家战略便是国家制度空间作用于土地利用重构的理论体现和实践经典。

（一）"作用"的表征

国家制度空间作用于城市发展及空间演变的表征，包括制度重构对地方主体行动空间和土地利用实体空间的影响和重构。在转型经济背景和多维制度系统下，地方政府基于制度理性会根据外部环境的变化不断调整行为策略，实现自身利益最大化。改革开放以来，中国"中央与地方"的关系始终处于不断变化之中，国家制度环境决定了地方政府的行动空间。国家制度作用于"试验性"局部空间，一方面使地方政府具备了"先行先试"的行为特权，另一方面国家在土地、财税、金融等地方重点发展资源方面的支持扩大了地方政府行动的空间。强激励与弱约束的制度安排重构了地方政府的行动空间，强化了地方"增长主义"的发展倾向和"激进冒险"的行为特征。国家制度下的"试验"空间主要发展目标是集聚人口和产业，快速提升城镇化水平。也即是，国家制度空间将促使城市用地的存量再生和大规模的增量扩展。存量再生主要是指城市日益衰败的老工业区、老厂房、老建筑和传统产业空间，将适宜地改造为商务和居住等高端功能，提升土地利用集约化水平和功能再造。增量扩展主要是指在城市边缘和外围择址新建的工业园区、科学园区、商业新区、会展交流空间等，不仅增加了城市产业的发展空间，而且改变了原有城市土地利用形态。

（二）"作用"的本质

国家制度空间作用与城市发展及空间演变的本质，也即国家制度空间下地方政府的行为响应和空间重构响应，是指国家制度安排"在地化"过程中对地理空间范围内各方面的影响，最后引发城市发展及空间演变的程度和效应（图2-6）。这种"效应"取决于制度平台的构筑以获得产业、资本、信息等要素的有效集聚，发挥天然地理区位的优势。国家制度空间的效应主要包括制度所带动的多级传递和反馈循环过程，通过制度优势构建出要素收益优势，生产要素按制度空间所勾勒的落差而流动，使其获得制度性的资源集聚，从而产生多重的集聚效应，实现优于周边相似地区的经济和社会发展。

国家制度空间影响下有助于城市形象重塑和矛盾改善，如产业、资本和人口的集聚需要包容性、多样性和宽松的城市环境，因而有利于城市形象和矛盾的改善。为吸引全球化背景下快速流动的资本，需要更聚焦于产业发展对区域和地方发展的带动、自然环境与人脉延续、景观改善、空间结构优化和功能提升，以改良生产关系。这一系列重构效应并非城市自然发展演变，是被国家制度空间所驱使，并被地方政府按照"空间生产"的需求而利用。在经济发展和区域竞争态势瞬息万变的全球化时代，城市物质空间的惰性和相对滞后性往往会阻碍地区的发展，而国家制度空间的建构为地方发展形成了足够的制度激励和行动资源，这就使地方政府积极主动地去重构城市空间，以参与全球化竞争。因此，国家制度空间下的地方政府主导的产业园区、科技园区、商业空间甚至整体通过项目活动的空间生产，使得制度效应成为城市发展的客观实在。

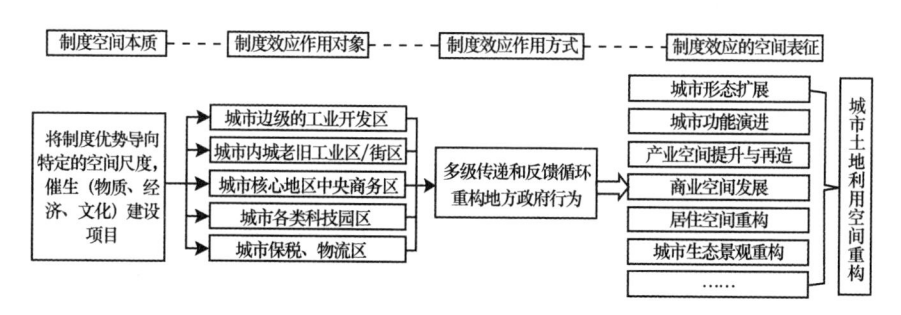

图2-6　国家制度空间的作用本质

资料来源：笔者自制。

二 城市土地利用对国家制度空间的响应

城市土地利用对国家制度空间的响应，表现为地方政府积极主动的行为重构创造符合国家战略要求能够参与全球竞争的城市空间，集中体现在对城市空间资源的管理、开发和经营。城市土地作为地方发展的核心资源，在国家制度空间给予行动空间的前提下，地方政府必然进行行政管理调整，一是为强化其经营职能；二是扩大其所能控制的土地资源。在国家制度要素的影响下，地方政府都以成立管理委员会的形式实现行政管理权的水平或垂直转移，并造成管理空间的边界重构。但在空间行政管理上仍然存在复杂关系，特别是在以空间资源为主要发展动力的推动下，仍然需要以调整空间规划的方式从法律和程序上认可这种空间发展权力。在土地开发和项目建设过程中，对一般企业来讲，大规模投入城市物质环境生产具有巨大的风险性，不仅难以找到合理的盈利模式以保证投资回报，同时面临着政府换届及政策调整的不稳定性。由于地方政府掌控辖区内的土地资源以及土地使用的决策权，可以将空间作为一个整体来进行营销，虽然投资风险巨大，但经由空间生产带来的资本增值可以通过长期的工商税收、土地出让收入回到地方政府手中。

同时，在国家制度空间下地方发展要在较短的时间内实现工业化与城镇化，同时还要发挥职能引领带动和模式创新的示范作用。这种时空压缩与引领带动将造成地方发展过程中问题的复杂性和艰巨性，需要空间规划在战略引领和综合实施方面发挥作用。这就需要从规划的理念、内容与体系、规划的实施与监测评估等层面予以创新和完善现有城市规划理论与管理决策体系，创造出适用于国家制度空间下的空间规划理论、技术和决策支持系统。综观现有制度空间的理论基础及相关研究均未涉及制度重构背景下的城市规划响应，但面对制度环境的变化，地方行动者在实践中积极创新了规划的组织方式、规划内容、技术方法体系与规划管理体制（图2-7）。

三 理论框架

借鉴制度空间和理性选择制度主义的学理阐释，建构"制度空间—行为选择—空间重构"的分析框架。首先，从国家统一的行政制度和经济制度，以及中央政府给予国家级新区的特殊政策等方面，来解构国家级新区发展的"制度空间"。其次，以"理性选择"的视角来考察政府、企业和公众的行为，分析国家制度空间的激励与约束机制对主体行为特征的塑造与强化。最后，对制度空间、行为选择和空间特征进行交互式分析（图2-8）。

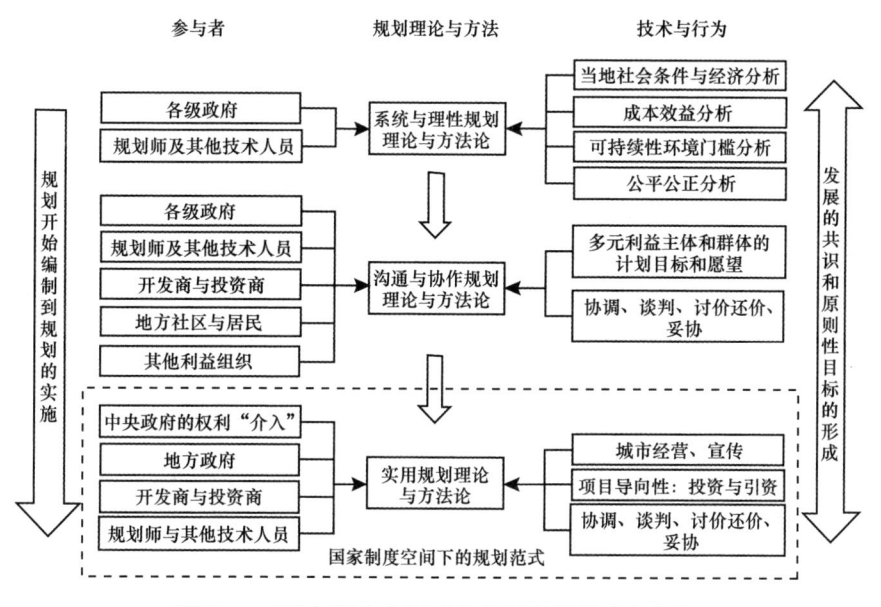

图2-7 国家制度空间下的空间规划范式与框架

资料来源：根据于立（2005）修改绘制。

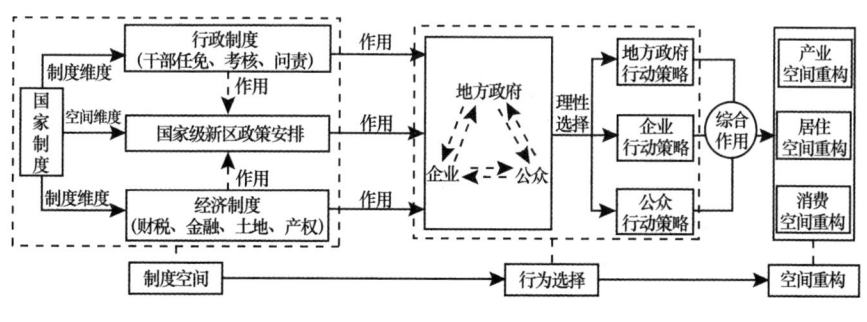

图2-8 理论框架

资料来源：笔者自制。

第三章

国家制度空间新兴地理与政府行为响应

改革开放以来，中国发生了大规模的制度转型。在政治领域，意识形态之争与阶级斗争让位于"发展是硬道理"；在经济领域，由封闭、集中的计划经济转向开放、分权的市场经济，逐步融入全球化生产过程中；在基层管理方面，由过去的单位制向城市社区及城市整体服务配套转型。值得注意的是，中国的制度变迁并非"均质"地在全国统一整体实施，而是建立在"试验性"空间策略的基础之上。因此，国家制度空间并非"无差别"地作用于区域或地方而是具有显著的"空间层级"特征，进而形成了不同的"地方体制"。在对国家制度空间分析时，我们将地方政府视为"理性人"，考察其在特定的国家制度空间下的行为取向。在中国改革开放过程当中，地方政府虽然饰演了重要作用，但其行为特征仍然取决于国家层面的经济和政治制度。

本章将从制度和空间两个维度对国家转型及政府行为响应展开探讨，一是从国家制度变迁的制度维度探讨经济制度和行政制度的作用机理，以及地方政府的行为响应策略与模式；二是基于中国制度变迁的空间维度，探讨"试验性"制度空间的设立逻辑、发展效应及对地方政府行为的影响；三是从这两个维度出发，从一个完整的视角来清晰展示国家制度空间的时空过程及其对地方发展体制的重构，以及地方政府的行为取向。

第一节　国家转型的制度维度与地方政府行为响应

一般而言，地方政府以及官员追逐经济或政治利益是一种"本能"的行为，但由于受到外部条件制约，如法律、道德等的约束，其自然的本能会受到相当程度的制约。20世纪80年代，西方国家进行了行政改良运动，被学者称之为"新公共管理"，对地方政府的分权化是重要领域。这一行政管理革新激活了地方政府发展经济的主动性，因而更表现出一些原本属于企业的追求利益的特性。但是居民的"以手投票""以脚投票"对地方政府既提供了一定的激励也形成了约束，即便地方政府有了相当的自主权，但由于受到议会、地方民众、媒体等多方面的制衡，其行为也受到了相当大程度的约束。总体来讲，虽然西方地方政府在20世纪80年代以来也逐步采取了较为积极的发展策略，但其行为更具"温和"性。相比而言，制度转型背景下中国地方政府的发展行为更为"积极"。

主流观点认为，中国改革开放以来经济增长奇迹的发生与地方政府和政府官员的激励紧密相关。改革开放以前，强大的政治压力和意识形态宣传是确保地方政府不折不扣地执行中央决议的主要原因；改革开放以来，正是由于建立了新的激励机制，才唤起了地方发展经济的主动性和积极性。经济上的放权刺激了地方政府逐利的动机，行政任命制与政治锦标赛进一步刺激了地方政府发展的愿望。经济制度改革所下放的发展资源和政治环境下的行政规引对地方政府的影响缺一不可，应该将两者联系起来考虑。

一　全球化背景下的国家改革与转型

（一）全球生产组织方式转变与国家治理变革

全球化时代，在全球经济联系日趋紧密、竞争日趋激烈、市场因素多变、消费需求多元，以及资本周期的波动等诸多因素影响下，生产组织方式转向了"后福特主义"。福特主义生产的特点是产品的所有工序都在一个高度垂直整合的大公司之内完成，利用内部规模经济，大规模批量生产标准化的产品，其局限性被流水作业的装配生产技术、元件和材料的充分标准化，以及价廉而丰富的能源所克服（克利斯·弗里曼、罗克·苏特，1997）。20世纪70年代以后，跨国公司出现了将原来内部生产的配件转向外部采购的世界性趋势，过去等级式的、垂直一体化的福特主义生产模式面临着危机。随着市场的饱和以及消费偏好的多样化，采用批量生产系统的企业专注于生产标准化的产品，已无法适应这种多样化的市场需求（Piore and Sable，1984）。在此背景下，基于市场快速变化与移转风险的要求，后福特主义的"弹性"生产模式更具有灵活性。

随着经济全球化的深化，科学技术的进步，以及交通通信等成本的迅速递减，企业的跨国生产与布局阻力不断降低，并使得资金、人才、技术等生产要素的跨国流动成为趋势，很多国家被卷入了大规模国际分工之中。在全球性企业的组织下，商品生产所需要的工序与区段，渐渐被拆解在不同国家与区域的地理空间上进行，形成以工序和区段为特征的全球性分工。这种产品内分工将管理、生产、销售等工作以及将生产制造中的每一个过程予以分开，在不同国家或地区进行生产与贸易，形成的"全球生产链"将分段的生产组织串联在各个层级的地理空间之上。在对这种地理空间现象观察分析的基础上，有学者将这种地理空间视为由"全球流"所构成的动态体系，全球化背景下处于主导地位的生产组织逻辑是"流"，而传统的地理空间建构将附属于"流动空间"（曼纽尔·卡斯特，2006）。也有学者反对这种构思，认为世界资本主义牢固根植于区域生产综合体中，并在全球产生着持续不断的不平衡发展（Amin and Thift，1992）。这种全球化趋势使得经济一体化水平越来越高，并长期扎根于全球一系列区域经济"列岛"（或全球城市区域）之中，这些列岛是相对繁荣的增长和发展中心构成的空间（Scott，1996）（图3-1）。

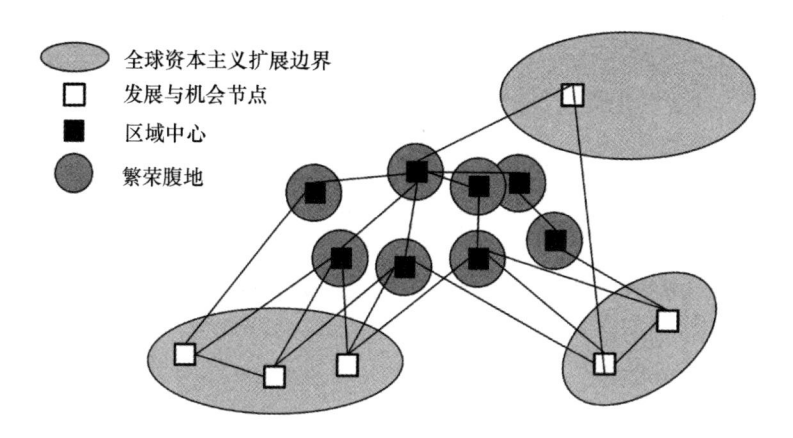

图 3-1　全球化背景下的生产组织与区域发展的地理图景
资料来源：根据 Scott（1996）整理。

"全球生产链"在地理空间上重构，使得某个国家的政治、经济、社会等方面都受到其他国家的影响，并且存在着相互依存和错综复杂的关系（Pralash and Hart，1999）。经济全球化过程中资本的转移和流动，使中央政府越来越不可能有效组织和协调特定的生产和再生产，只能借由地方政府统筹和协调（陈振光、胡燕，2000）。在国家职能转型过程中，地方政府纷纷摆脱了传统国家机制约束，在全球化资本张力和区域竞争的压力下，积极参与到全球经济发展之中。这种变化造成了传统民族国家角色的转变，也重新界定了地方政府的角色定位。在此背景下，国家制度改革渐渐成为遍布西方发达国家及诸多亚非发展中国家的全球性现象。一些学者认为，这是在经济全球化的今天，国家和社会权力的性质发生了巨大变化，当局为应对全球化而选取了一条新式发展路径（孙柏瑛，2004）。总体而言，面对经济全球化的深化和挑战，发达的资本主义国家（中国也是如此）普遍进行了政府角色重塑和治理变革，逐步引发了世界各国政府改革潮流，这些改革包括国家权力的上收与下放以及政府与市场在资源配置方面的作用（Farazmand，1999）（图 3-2）。

（二）中国的市场化与分权化改革

经济全球化与资本主义的扩张，也改变着那些计划经济国家的制度基础。"二战"后，凡脱离国际市场，实行封闭性经济的国家，

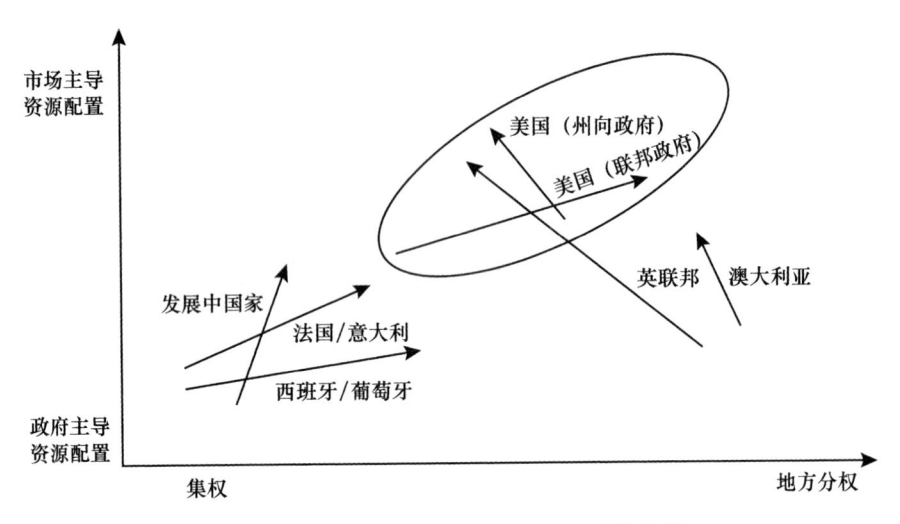

图3－2　全球化背景下国家转型的总体趋势

资料来源：根据孙柏瑛（2004）整理。

都是以落后告终（胡兆量，2000）。那些以重新寻求经济增长和社会福利为目标，从计划经济向市场经济过渡的国家，发生了备受关注的"国际政治经济"事件。而在这一过程之中，中国的改革开放与快速经济发展更是被世界所瞩目。

改革开放以前，中国所采取的是模仿苏联的计划经济体制，所有发展行为由中央直接协调，使得地方发展的自主决策权力非常小。改革开放后，中央对发展资源的直接计划调控无法适应市场的快速变化，必须通过地方化分权方式进行管理，从而间接地实现国家发展意图。新中国成立之后，中国行政管理结构渐渐形成了地域性原则（即"块块"）为主、功能或专业性（即"条条"）为辅的"多层多等级模式"结构（Qian and Xu，1993）。中国的"政治上集权、经济上分权"的行政管理改革模式以及以"块块"为主的管理体系，不仅保证了中央政府法律、政策的高度统一，这也给地方政府必要的自我管理能力，增强自主性、灵活性和地方发展的积极性。20世纪70年代末以来。中国的改革与转型，促使了国家政权的"地方化"促进地方自主发展。

国家权力向地方政府下放，使得地方政府不但主导地方经济发展还变身为地方利益的代表,从而促进了政权"地方化"进程,不仅激发了地方政府发展经济的积极性还赋予了其巨大的行动空间。因此,地方政府角色也由原来中央在地方的命令执行者转变为地方发展事务的代理者和追求经济效应的积极行动者,具有"理性人"特征。

二 经济制度与地方发展的行动空间

通过前述分析,我们可以看出,实现经济利益和政治利益的最大化,已经成为地方政府的首要目标,而借助行政权力对辖区内可以掌控的资源进行有效的经营则是地方政府的主要手段。地方政府虽有发展的动机,但是制度环境给定的发展条件(或者行动空间)则决定了地方政府的发展策略。

(一)财税体制改革

新中国成立后,国家在财政计划上执行"统收统支",金融策略上执行"统存统贷",土地无偿使用,劳动力无法自由流动,这些计划经济体制在一定程度上限制了地方政府利用土地、劳动力和资金进行自主经营的可能性。在这一阶段,虽然财税分配方式上屡经调整,但基本维持计划经济体制的"一大二公"特征,即中央政府对财政收入和支出具有绝对的权限,当地政府没有权力对财政收入进行支配,甚至不构成独立的财务主体。改革开放以来,中国财政和税收制度的变化调整总体上是遵循"放权、收利"的途径,在不断扩大地方经济发展自主权以及地方建设、管理事务权的同时,不断调整中央与地方的税收分层和财政支出分层,最终确立了中央与地方相对稳定的"分税制"制度体系(表3-1)。

表3-1   中国财政体制改革的主要历程

时间	改革名称	主要内容	影响
1978—1979年	试行"增收分成、收支挂钩"	选择部分省市试行,每年核定地方收支指标,按指标确定留成比例,总额分成一年一变;增收分成比例三年不变,不同地方不同比例	建立以地方财政权责相结合的财政分配关系,调动了地方积极性

续表

时间	改革名称	主要内容	影响
1980—1984年	划分收支、分级包干	按经济管理权限划分中央与地方的收支范围，收入按类别分成，支出与企事业单位隶属关系挂钩	建立由"条条"为主转向"块块"为主的财政分配关系，进一步调动了地方积极性
1985—1987年	划分税种、核定收支、分级包干	按"利改税"后的税种划分收入，分中央固定收入、地方固定收入和中央地方共享收入；按隶层关系划分中央与地方的财政支出，地方以收定支，自求平衡，包干使用	推行经济性分权为主导的财政分配关系，导致中央财政收入持续下降
1988—1993年	包干财政管理体制	包死上缴基数、超收多留	—
1994年至今	实行分级分税财政体制	在中央与地方之间进行事权划分，确定各自的支出范围；划分税种，设立中央税、地方税、中央地方共享税	建立以规范制度为基础的财政分配关系，使得财权上移、事权下移
	1997年：调整证券交易税分享比例	逐步调整证券交易税在中央与地方间的分享比例最终调整为97∶3	强化中央集权的财政分配关，增加了中央财政收入，增强了中央的宏观调控能力
	2002年：调整企业所得税分享比例	改变按隶属关系划分企业所得税，实行按统一比例分享	进一步推行规范化的分级分税体制
	2004年：调整出口退税负担机制	2004年将出口退税改为由中央与地方共同承担。承担比例为75∶25，2005年改为92.5∶7.5	减轻了中央负担，加剧了地方财权与事权的不平衡
	2012年：营业税改增值税试点	将交通运输、邮政服务等部分现代服务业纳入营业税改增值税试点	减少了营业税重复征税，促进二、三产业融合发展

资料来源：根据何秋仙、楼迎军（2008）整理。

在20世纪80年代中期的财政责任制建立以后，地方政府可以获得超过承包基数的部分作为财政收入，同时乡镇企业利润也可以进入地方政府的口袋。这种财政体制激起了地方政府发展国有企业的积极性，只要多办、办大"地方"企业，地方的经济总量和财政收入都会快速增加（周飞舟，2010）。而且税收与企业的投资、规模相关，与企业盈利没有直接关系，只要能不断扩大企业生产规模，税收就能够跟着增加，这也意味着地方政府收入增加了。这一时期，中国各地经济发展的主要贡献者是地方国有企业和乡镇企业。地方政府作为企业所有者可以获得企业利润，因而其有强烈的积极性去扶持地方企业发展，乃至利用其行政权力限制私营企业。在此期间，地方政府还通过隐藏利润、补贴贷款、免费甚至直接财政补贴来支持地方国有企业发展，有些地区甚至直接实施地区保护主义政策。

从20世纪90年代中期以后，两个根本因素改变了地方发展国有企业的热衷：一是由于前一阶段各地争相发展国有企业造成了产能相对过剩以及深化市场改革的共同作用；二是由于"分税制"财政体制的执行。这两个方面的改变，使地方政府角色渐渐从地方国有企业的所有者，转变为地方空间范围内所有企业的税务征收者。分税制以后，一个最直接的转变是在总财政收入中地方的占比大幅度降低（表3-2）。其中最大变化是企业增值税变为共享税，由于增值税属于流转税类，只要企业有进货和销售，无论是否盈利都会进行征税，对于那些经营状况不好的企业是相当大的负担，加之增值税由国税系统进行征收，地方政府无法插手进行干预。在这种情况下，虽然中央出台的出口退税政策对区域内较好的企业发展具有激励作用，但地方政府创建工业企业的积极性受到显著影响（周飞舟，2006）。在此背景下，地方政府由过去依靠企业利润转变为依靠以营业税为主的其他税收，也使地方政府对于土地开发和扩大基建规模的热情高涨。当然，这些变化与城镇住房制度改革、土地有偿使用制度建立、加工制造业的迅速发展等因素密切相关。在这一宏观背景下，土地开发及相关收入成为地方政府最主要的收入来源。

表3-2　　分税制后中央和地方财政收入及支出划分安排

划分类型	内容安排
中央财政支出	国防费、武警经费、外交及援外支出、中央统管的基本建设投资、中央直属企业技术改造及新产品试制费、地质勘探费、中央行政管理费，归中央安排的支农支出，归中央负担的国内外债务还本付息支出，由中央负担的公检法支出及文化、科技、教育、卫生等各项事业费支出
地方财政支出	地方行政管理费，地方公检法支出，部分武警经费及民兵事业费，地方统筹的基本建设投资，地方企业技术改造及新产品试制费，地方支农支出，城市维护和建设经费以及地方文化、教育、卫生等各项事业费支出，另外价格补贴和其他支出
中央财政收入	关税，海关代征消费税和增值税、消费税，中央企业所得税，中央企业上缴利润，地方银行和外资银行及非银行金融企业所得税，铁道部门、各银行总行、各保险总公司等集中缴纳的收入（包括营业税、所得税、利润和城市维护建设税）等
地方财政收入	营业税（不包含铁道部门、各银行总行、各保险公司集中缴纳的营业税），地方企业上缴利润，城镇土地使用税，耕地占用税，土地增值税，国有土地有偿使用收入，城市维护建设税（不包括铁道部门、各银行总行、各保险总公司集中缴纳的部门），固定资产投资方向调节税，房产税，车船使用税，印花税，屠宰税，农牧业税，农业特产税，契税，遗产和赠予税等
中央与地方共享收入	增长税：中央分享75%，地方分享25% 企业和个人所得税：中央分享60%，地方分享40% 资源税：大部分归地方，海洋石油资源税作为中央收入 证券交易税：中央分享50%，地方分享50%

资料来源：根据《国务院关于实行分税制财政管理体制的决定》（国发〔1993〕85号）整理。

（二）金融体制改革

新中国成立后，为了对稀缺的金融资本进行集中控制以开展经济建设，中央政府将金融机构作为一个核算结算的工具，以实现对金融体系的严格控制、在长期低利率的情况下为工业建设供给低价资金（曹远征，2008）。在1985年全国实行"拨款改贷款"后，城市建设资金由财政拨款转变为向银行贷款，这在调动地方政府发展经济积极性的同时，也使得其获取地方发展所需的资金的方式发生了变化。在早期，中国的金融改革相对滞后于政府和企业改革，以及对金融与财政并没有在严格意义上区分。而这时银行系统存在的贷款差直接用国家财政弥补，而国家财政不足和地方国有企业的损失，也是直接或间接地通过透支银行系统来解决（王建梅，2008）。同时，银行系统自身也存在诸多问题，比如激励机制不到位、产权不清晰等，这都为地方发展过程中争取银行信贷并转移改革成本提供了条件（巴曙松、刘孝红、牛播坤，2005）。在此期间，地方政府可以对银行系统进行足够的行政干预，甚至可以通过管理措施从当地银行获取大量信贷资金，流向企业或基础设施建设项目；反过来，地方政府又从发展企业中获取了大量的财政收入。这时企业已经演变成了载体，地方政府借助发展企业的名义来获取几乎免费的银行资金才是真正的目的。

由于地方政府对银行系统的行政干预，使大量的银行信贷被地方用于扩张经济规模、建设新项目。一定程度上造成了银行对地方经济投资的大量坏账。在此情形下，中央政府已不能再任其发展，进行了相关政策调整。一方面，中央政府开始对国有银行进行商业化改革；另一方面强化金融监管，地方政府越来越难以控制国有银行的信贷资源。然而，地方将注意力转移到了当地控制的银行，使地方控股的城市银行几乎成为"地方财政部门"。地方政府可以很容易获取商业银行的资金，用于地方财政融资，最终导致这些银行大面积亏损或接近破产。1998年以后，中央政府继续强化对金融资本的管控，将基层商业银行的权限进一步上收，如此地方政府直接从银行"拿钱"以发展地方经济的路子已经行不通了，必须"另辟蹊径"寻求发展资源。

长期以来，中国促进经济增长最直接的手段就是投资。随着金融系统的"独立"，对地方政府发展至关重要的金融资本被上收到中央政府手中，此时引进外部资本成为支撑地方发展的重要手段。20世纪90年代前期，城市发展对于流动性资本竞争仅仅发生在特定地理空间内，这些地理空间都是具有强烈政策性导向的低价，比如沿海经济特区和改革试点城市等。随着财税和金融体制的改革，地方政府为促进当地经济的发展，需要在有限资源和日益增强的要素流动下，为当地吸引更多的外部投资。当然，2008年的国际金融危机所带来的全球经济形势变化，再次促使了国家拉动内需、放松信贷政策的出台，地方政府更是抓住机遇，各类融资平台迅速出现并快速扩张，借助土地进行融资，而且规模巨大。

（三）土地制度改革

新中国成立以来，国家为了集中财力支持工业化建设，对城市和农村土地采用了全面管制的政策。就农村土地而言，新中国成立初期通过土改实现了短暂的农民土地所有制之后，旋即通过社会主义改造将土地从农民手中回收到集体手中（程雪阳，2010）。同时，借助土地集体所有制、户口制、粮食"统购统销"等一系列制度的配合，国家从农村土地与劳动力中获取了大量财富用于支持国家的工业化积累（党国英，2005）。从城市土地资源看，新中国成立初期，通过没收封建地主阶级、国民党政府等在城市中的土地，首批城市国有土地被建立起来。随后又陆续通过没收和征用将城郊土地转为国有，并接着对资本主义工商业进行社会主义改造，这一系列措施大大增加了城市中国有土地的占比，而所剩下的私有住房用地，在"文革"期间也被收为国有。通过运动式甚至暴力手段实现的"二元化"土地所有制，不仅降低了国家发展初期实现工业化积累的成本和周期，又为近年来地方政府基于土地的城市发展模式打下了坚固基础（表3-3）。

表3-3　　　　　　　　中国土地所有制

土地所有制	内容	所有类型
国有土地	除法律规定属于集体所有的城市土地；依照法律被征收的土地；依照法律属于国家所有的名胜古迹、自然保护区的土地；依照法律被没收、征收、征购、收归国有的土地；法律规定由集体所有的森林和山岭、草原、荒地、滩涂以及全部矿藏等土地资源；国营的农场、林地、牧场、渔场等农业企业和事业单位所使用的土地；国家拨给国家机关、部队、学校和非农企业、事业单位使用的在农村的土地；国家拨给农村集体和个人使用的国有土地	国务院代表国家行使所有权，国务院及各级政府的土地管理部门行使管理职权

续表

土地所有制	内容	所有类型
集体土地	农村和城市郊区的土地；除由法律规定属于国家所有的以外的土地；宅基地和自留地、自留山；法律规定属于集体所有的森林、山岭、草原、荒地和滩涂等	乡镇、村或村民小组

资料来源：根据《中华人民共和国土地管理法》（1986年6月25日第六届全国人民代表大会常务委员会第十六次会议通过，2004年8月23日修正）整理。

不过巨大的土地资产并非一下子落入地方政府的口袋，地方政府开始从土地资源中获益是在财政包干制之后。随着市场化改革，巨大的市场需求开始释放，地方政府看到了这种需求，但在20世纪80年代初启动工业化时，地方政府不可能像国家那样直接剥夺农村劳动力，只能通过廉价的农村劳动力和几乎免费的集体土地新办乡镇企业，而企业上缴利润以及超出包干基数的财政收入直接进入地方政府口袋。可以说，地方政府第一次在地方工业化进程中间接利用土地资源获得了巨大的收益。由于乡镇企业的快速发展，乡镇土地利用开始处于失控状态，中央政府出于对粮食安全的担忧，于1986年中共中央、国务院关于加强土地管理、制止乱用耕地的通知（中发〔1986〕7号）进一步强调凡乡镇企业用地，必须按照国家规定分别报送县级或以上人民政府批准。国家对非农土地使用权上收显然旨在保护耕地、加强土地的规范化管理，但意外后果却是为地方政府掌控土地资源、实现巨大的土地资源资本化创造了条件。从此以后，按照法律规定只有市级或县级政府才具有征地权力并享受绝大部分土地转换收益（杨帅、温铁军，2010）。程雪阳（2010）曾指出，中国只具有已成为或将成为"国有土地"的集体土地，并不具有真正意义上农民集体所拥有的土地。

在非农土地使用权被上收的同时，中国市场化的土地有偿使用制度渐渐形成，恢复了国有土地的商品属性，使中国的土地管理进入了"资产化"阶段。随着市场化制度的建立，地方政府除了获得土地使用权出让金收入外，还可以从土地使用权转让中获得相关税费，与土地出让相关的一系列收入成为地方财政的主要来源。土地使用权有偿使用的方式将地方政府在城建方面的投入以地租的形式予以回报,以投入土地的再开发和利用。客观上讲,这一政策对于促进城市建设和城市空间资源的合理配置是有利的。但由于税收制度的调整使得各级政府之间财政收支比例发生了较大逆转,地方发展过程中相对应的事务性财政支出增加而税收留存则相对降低,客观上迫使地方政府将地方财政收入的来源由寄托于地方企业的税收被迫转移至城市建设带来的收入(图3-3)。

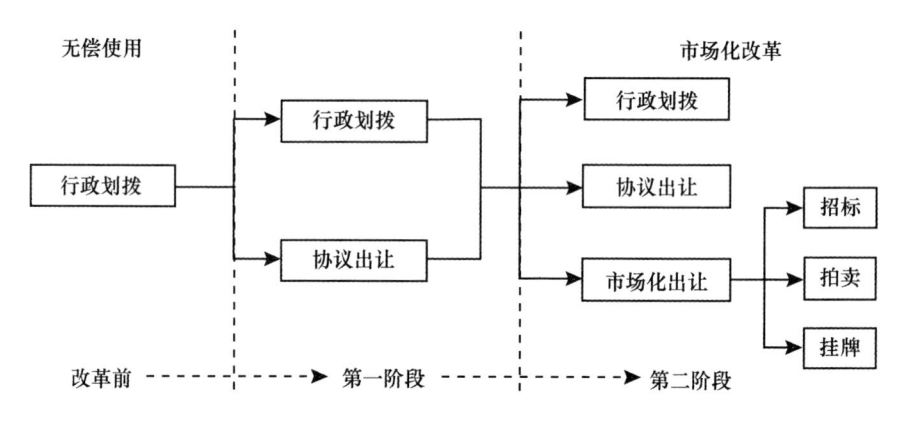

图3-3 土地有偿使用制度的设立过程

资料来源:笔者自制。

综合来看,从新中国成立以来的土地改革到改革开放以来的土地有偿使用制度的确立及二元化土地制度的强化,我们可以清晰地整理出一条土地被地方政府掌控的历史脉络。至此,土地已成为地方政府促进地方发展的核心的资源,承担起了服务城镇化和地方政府资本积累的双重职能。

三 行政制度对地方政府行为的规引

经济性分权为地方政府发展提供了广阔的行动空间,并逐步对政治性放权造成了现实压力和动力。理论研究和发展实践表明,地方政府的发展功效对中国经济的高速发展起到了至关重要的作用,而地方政府功能的施展又依赖于地方行政官员,尤其是地方核心官员的行为策略和行动绩效。在经济制度改革同时,中央政府仍旧对地方人事干部的任免权进行强有力的控制，由于"激励"性制度设计和"问责"机制的有限性，更助长了地方政府的发展主义倾向。

（一）"政治激励"的制度设计

周黎安（2007）提出的官员晋升锦标赛较好地解释了改革开放以来，特别是分税制以来地方政府为何有如此高热情推动地区经济增长的激励机制问题。当然这只是一种行政管理模式，只是对地方官员的考核准则发生了变化，这种行政管理模式对地方官员产生了强烈的激励效应，使得他们为了晋升而不得不在政绩上与其他竞争者进行激烈的竞争。由于对地方官员的政绩考核高度依赖于某些可量化的经济指标，这就很容易激励地方政府注重经营和发展经济而忽视公共服务的提供和社会事务的管理，也容易导致地方政府为了政治利益不计成本和效益（张文君，2011）。加之官员任期制的关系，迫使官员要在短期内迅速展示政绩，从而热衷于那些能够"短平快"实施并且能够形象展示经济发展成就的城建项目。

如果说晋升锦标赛是一种正向的强激励的话，"压力型体制"可以视为一种反向的强激励（杨雪冬，2012）。压力型体制的核心机制是"政治动员"，主要表现为落实上级政府某些重要任务，将其上升为"政治任务"，促使下级政府部门全力执行，并给予政治上和经济上相应的激励和惩罚。将晋升锦标赛与压力型体制联系起来考虑，可以完整地分析地方政府的政治激励，对于地方官员来说，或多或少总会面对正向激励或反向激励的影响，甚至两者兼而有之。在这种情况下，通过将压力向下层层传递影响整个部门决策，进而构成了地方政府的总体行为特征，可以说正是这种扭曲的激励机制使得地方政府行为发生了重大的转变。

（二）"有限问责"的制度缺陷

由于中央政府在下放权力的过程中，未能同时建立起有效的"自上而下"的监控机制和地方内部的权力监督制衡机制。这就造成了地方政府行为不仅在一定程度上脱离了上级政府的监督和问责，还在一定程度上脱离了地方内部的体制约束（沈荣华、王扩建，2011）。上级政府人事任免权是对地方官员进行监督和控制的主要手段，依托人事控制权"自上而下"的问责机制的是上级政府的干预手段，但由于"下管一级"体制缺陷，使上级政府对下级政府很难进行完整的考察，无法对地方政府和主要官员做出客观的评价。正是这种监督问责机制本身的缺陷，上级政府难以对下级政府行为进行及时纠正，过度依赖"自上而下"的问责机制反而弱化了地方行为的外力约束。一种理想的地方政府监督模式，应该是在地方内部形成权力监督制衡，但在地方内部监督机构对公共政策制定仍然缺乏实质影响力，人大对很多政府决策要不"睁只眼闭只眼"要不只是履行某种法律程序而已。也就是说，由于缺乏有效的"以手投票"机制，地方政府只要应付好上级政府检查即可，无须对地方民众（其直接的服务者）的偏好做出反应。既有的社会保障制度、就业竞争的压力等事实上也断绝了一般公众"以脚投票"的可能。

综合来看，目前中国的地方内部的横向问责机构具有很大的局限性，影响了其监督职能的发挥。中央政府以人事任免权为核心的纵向问责由于信息不对称等因素，也很难发挥良好的效应。问责机制存在缺陷，扩大了地方发展过程中的行动自主性，使得地方官员任期内的经济增长效益最大成为主导逻辑，城市投融资平台剧烈扩张就是很好例证。从国家有关法律法规来看城市债务扩张是受到严格监管的，《中华人民共和国预算法》等对地方发展过程中的财政赤字、债券发行、融资担保等都是严格控制。然而，由于制度环境的相对"软化"，地方政府依然可以利用政策漏洞来实现地方债务的扩张。比如成立各种名目地方政府投融资平台，通过土地或者政府资产抵押进行融资，由于地方政府不担心破产，尽可能将偿还时间向后拖延，或是指望着下任政府买单或在不可收拾时由上级政府买单。

四 理性选择下的地方政府行为响应

地方政府具有"理性人"特征，根据外部环境的变化不断调整发展策略，实现地方发展利益。在中国制度转型的过程中，地方政府抓住机遇谋求地方发展，其发展模式又经历了转变。

（一）地方发展模式的转变

改革开放以来，中国"央地"间关系始终处于不断变化之中，但基本上两者均是围绕"甩包袱、争资源"而展开博弈。20世纪80年代初实行的财政分级承包体制,实际上是中央财政甩包袱之举,但地方政府很快发现了政策漏洞,造成中央财政被严重削弱(张光,2009)。分税制的推出明显强化了中央的财力,但地方政府很快从土地经营中找到新的收入来源。企业改制所谓"抓大放小"、土地政策的不断调整等,均是"央地"不断博弈的结果,但地方政府总是能够抓住政策漏洞、另辟财路。

从改革开放四十多年来的历程可以看出,中央与地方的博弈导致政策变动极其频繁。在发展作为导向的行为特征支配之下,频繁的制度环境变迁反而强化了地方政府"抢抓机遇、用足政策、争夺资源"行为逻辑。在改革初期,争夺资本和劳动力等流动性生产要素并不是地方政府竞争的核心内容。这一阶段的地方国有企业和乡镇企业成为驱动中国经济发展的主要动力。地方政府作为地方国有企业的管理者和所有者,其可以通过各种手段瓜分企业资源,因此其有强烈的积极性去扶持这些企业的成长,有时甚至利用其权利来限制私营企业发展。总体来说,在20世纪90年代初期的资本争夺区域竞争的存在,只有在一个有限的范围内,主要的沿海经济特区、改革试点地区等带有很强政策导向的区域。在此期间,地方政府为了经济发展和财政收入都有强烈的动机去使用各种手段来支持其所有的国有或集体企业,包括隐藏的税费和信贷补贴等收益补贴性政策,甚至直接实施地区保护主义政策。

从20世纪90年代中期以后,两个根本因素改变了地方政府之间的竞争模式:一是源于改革初期制度释放刺激下各地争相发展所造成的生产过剩和新一轮市场化改革的共同作用;二是"分税制"改革的实施。这两方面的变化,使地方政府的关注点由过去对经济发展起重要作用的国有企业、乡镇企业转变为流动性的企业,其角色也转化为了当地企业的征税者。在这个过程中,市场化改革强化了对流动性要素和国内市场的整合,分税制对不同层级地方政府间的财权和事权进行了重新划分。在这种制度安排下,地方政府需要吸引更多的投资,以更好地增进地方经济发展,特别是资源的有限性和经济要素的流动性更加剧了这种竞争(图3-4)。

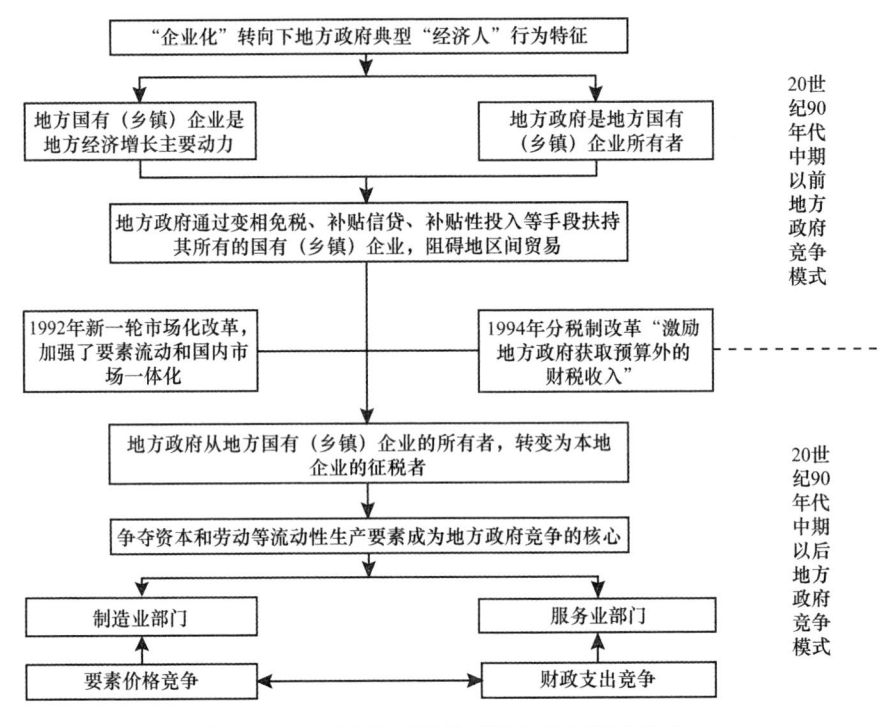

图3-4　制度转型背景下地方发展模式转变

资料来源：笔者自制。

（二）依赖土地的竞争策略

总体来讲，在中央向地方分权和市场取向的制度体系影响下，同时受到经济全球化的影响，中国地方政府发生了"企业化"的转向，又由于中央问责机制的缺陷形成了"软约束"的制度体系，进一步扩大了地方政府的竞争行为。经济制度改革不仅使地方政府掌握了推动地方发展的资源，还具有了一定的行为自主权；政治集权背景下以经济建设为主导的政绩考核和压力体制强化了地方政府竞争。另外，财税体制改革后财权上移、事权下移导致地方发展存在巨大压力，税收手段的缺乏使地方无法单纯依靠税收和投资开展竞争。而中国特殊的城乡"二元"土地制度和建设用地有偿使用制度，使土地资本全部转化为了地方土地财政（图3-5）。在"企业化"转向的背景下，正是依靠土地的空间生产过程，增加了地方财政行为的灵活性和针对性,实现了要素价格竞争和财政支出竞争(颜燕、刘涛、满燕云,2013)。

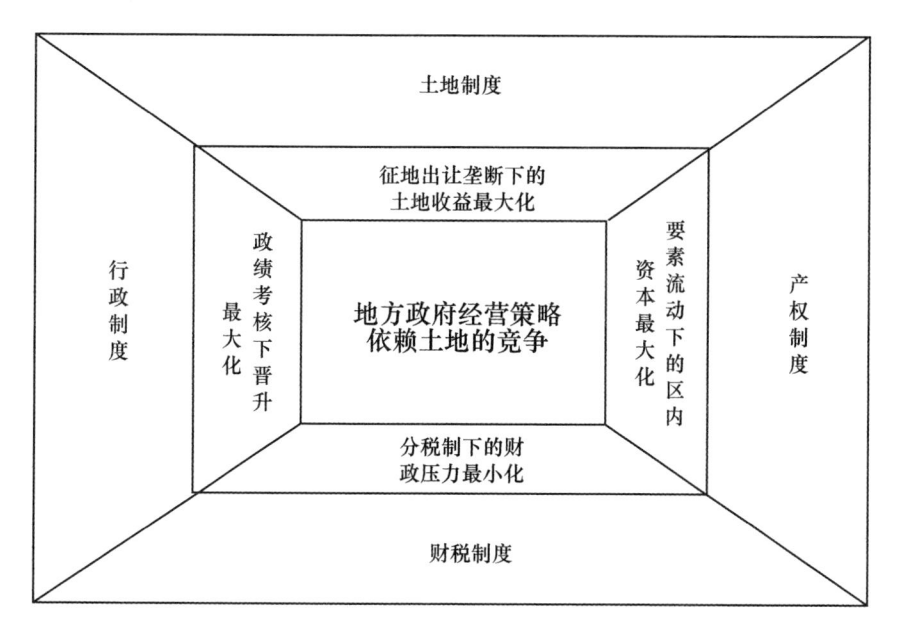

图 3-5 地方政府"制度—行为"选择模式

资料来源:笔者自制。

在现有经济制度和行政制度的作用下,地方政府依赖土地竞争能够显著驱动经济增长(图3-6)。首先,以较低的价格将农村集体土地转为国有土地,进行抵押融资,进行开发储备。其次,采用低价出让工业用地的方式吸引流动性比较强的制造业等基础产业,进而对服务业产生溢出效应;同时,采取高价出让商业住宅等经营性用地的方式获取高额的土地出让收入,以此进行银行还贷并进一步投入城市基础设施建设。最后,达到推动经济发展改善城市形象的目标,实现政治晋升。"空间生产"逐渐成为推动城市发展的主要力量,土地财政支撑着城市发展的资本循环。

地方政府积极主动地推动发展,确实可以在短期内实现经济的高速增长,但也带来了一些负面影响。考虑到发展的机遇稍纵即逝,地方政府不仅"用足"政策,同时每次都将资源的挖掘放大到极限。这种行为虽然能够在短期内创造发展的奇迹，但是一旦某些资源被下放到地方政府手中，在很短的时间之内与之相关的行业必定会发展过热，直至出现严重的泡沫难以为继。近年来，针对地方政府土地开发过热所带来的负面问题，中央政府逐步上收了地方发展的土地审批和规划审批，并对地方债务加强了监管。

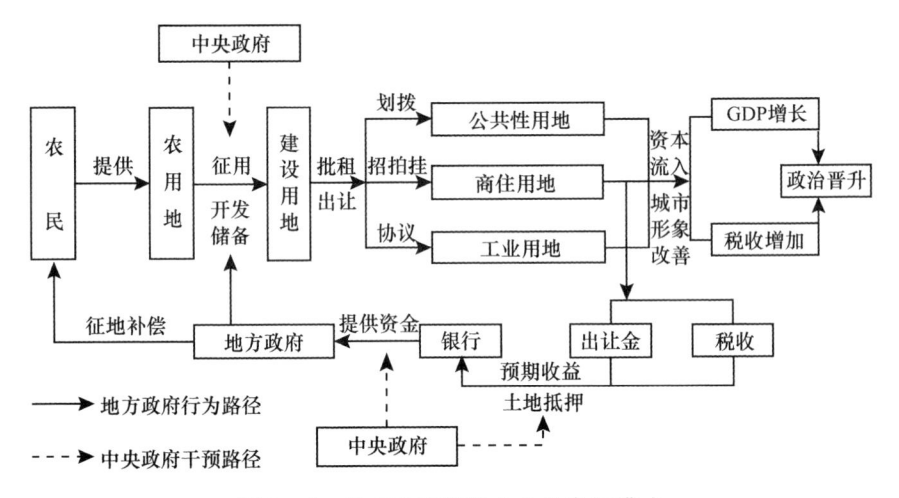

图3-6 地方政府依赖土地的发展模式

资料来源：笔者自制。

第二节 国家转型的空间维度与"试验性"空间策略

在快速变化的全球化时代，中国进行了大规模的制度转型与治理变革，但在转型过程中国家地理空间并没有被当作"均质化"的平面几何，而是建立了一种"试验性"的空间策略。这种"试验性"制度供给与空间策略，一方面保障了中国改革的渐进式与稳定；另一方面也创造了带有试验性质的增量"制度空间"。组织构建"制度空间"与流动性的资金、劳动力的结合与重构，能促进地方空间或区域能有效地"嵌入"全球资本循环，从而被纳入国际产业分工体系。改革开放40多年来，中国成功造就了一批"试验性"

制度空间，促进了城市和区域的发展。本部分将中国"试验性"空间策略、发展历程及其效应进行分析。

一 国家转型的"试验性"空间策略

全球化使生产组织在更大的空间尺度上进行分散和整合，通过跨国公司实现了"全球—地方"的联结。这就使企业布局超越了国家和地区的界限，在全球尺度范围内寻找那些"适宜企业落地的区位"。同时，开放的"地区"也在寻找"合适的落地企业"，甚至为吸引外来投资展开激烈的区域竞争。尽管，在传统的全球经济地理空间分布中，存在一定的经济地理层级，但快速全球化浪潮与全球产业重组，打破了过去较为缓慢的或依赖"内生演化"的区域经济层级结构（Dicken, Kelly, Olds, and Yeung, 2001）。全球生产空间的层级化给财富积累带来了重大影响，城市化发展和国家管治不再仅仅聚焦在国家空间尺度，而是呈现出了一些新的超国家和次国家空间。区域和地方被广泛认为是经济全球化背景下最适宜进行资本积累的空间尺度，流动性的资本穿透多个层级尺度促进了多中心城镇体系的形成。在亚太地区许多发展中国家，产生了诸多开发园区、科技园区等新型产业空间，并同大城市一起形成了巨型城市区域。

对于转型期的中国而言，与之类似的尺度选择同样在发生。在体制转轨过程中，中国所采用的"渐进式"过渡，同时基于对中国巨大区域差异的现实认知，把制度供给建立在"试验性"空间策略基础之上。Brenner（2000）研究指出，在创造区域竞争力的过程中，很多国家进行了"尺度选择"（Scale Selectivity）行为，也就是"将优势和重要性导向特定的空间尺度，同时忽略或者边缘化其他空间尺度的一种行为趋势"。改革开放后，国家"试验性"空间策略是对经济全球化发展客观及时的响应，中央政府进行了一系列的尺度选择行为。国家通过"渐进式"空间尺度选择，逐渐形成了由开放经济区、策略性经济带、经济特区、国家级新区、自由贸易区等多尺度的空间生产格局。通过这些"试验性"制度空间与"差别性"制度供给，使中国有效"嵌入"全球资本循环，有效促进了经济的快速发展，培育了诸多新兴产业空间和巨型城市的快速崛起。

二　国家制度空间的发展历程

（一）区域发展政策

改革开放初期，在经济问题日益严重以及周边国家与地区经济日益崛起的压力下，十一届三中全会决定以"经济工作"为中心，并以改革开放为基点，正式提出了一个以门户开放、吸引外资和进入全球国际市场的经济改革计划。经济转轨的转变，给区域发展政策带来了根本的改变，开始强调投资效率的地区差别，优先发展经济效应较高的地区。随后，中国地区发展和经济布局的方针政策，渐渐转向强调效率与质量为重点。为创造易于资本积累和经济发展的空间，传统"封闭""计划"的制度体系已不能适应，全球市场的分散信息促使中央必须进行相应的经济制度转型。因而，需要在这些先行发展的策略性的东部沿海地区，进行相应的以市场为导向的相关经济制度供给。1979年，国家正式批准广东、福建两省执行相对灵活的经济政策，特别是在引进外部资本的过程中，这些灵活性主要包括：财政和外汇执行定额包干；物资和贸易采取市场调节和国家计划单列；率先试办经济特区（陆大道、薛凤旋，1997；陆大道，2003）。1980年，中央在广东与福建陆续创建四个经济特区，并赋予它们众多的优惠政策。

在"梯度发展理论"指导下的国家投资以发挥沿海地区优势为考量，同时给予特殊的经济决策权和鼓励外资的优惠措施。20世纪80年代初，为进一步扩大开放后的空间积累效果，随后的针对外资开放政策进一步扩大到14个沿海港口城市。沿海港口地区采用特殊政策，如扩大发展权限，准许外部资本进行投资并赋予相关优惠政策待遇，并在这些地区创办经济技术开发区，以引入国家急需的先进技术。在这之后，中央政府又将沿海经济开发区扩展到长江三角洲、珠江三角洲和福建沿海地区。随着对外开放的范围继续扩大，国家在沿海开放城市批复了国家级开发区，不断地强化沿海城市在改革开放中的战略地位。"八五"计划时期，中国区域政策开始关注经济发达地区与不发达地区的关系,开放政策由20世纪80年代主要聚集于东部地区渐渐向中西部地区转移,内陆地区逐渐开放。中央相继设立了陆上边境城市、长江沿岸开放城市,以及沿边和内陆省会开放城市(胡兆量,2000)。

东部沿海地区在国家政策供给、自身经济基础与区位优势的情形下,逐渐参与到全球化分工之中,外向型经济也得以迅速发展。中西部地区在中国开放过程中,由于地理区位和制度供给的"双重落差",不但没有从全球性产业分工中获得利益,其发展禀赋反而因东部开放性制度供给遭受了阻碍(杨祖义,2006)。在此背景下,"十五"计划提出"实施西部大开发战略,加快中西部地区发展,促进地区经济协调发展"的指导方针。21世纪以来,国家先后实施西部大开发、振兴东北老工业基地和促进中部地区崛起的区域发展战略,以期通过相关政策优惠与国家投资力度,缩小东西部差距。这表明中国在加入经济全球化的大潮中,已进入全面开放阶段。

(二)国家战略性地区

近年来,为加快重点地区发展,以及主要发展和改革战略的实施与深化,中央政府频繁推出了"国家战略性"地区。按设立主题可以分为:提升区域国际竞争力、促进关键地区发展和转型、构建可持续的发展模式、促进区域合作的深化与开放、探索发展模式转型五种类型。按空间尺度,可以分为国家级新区、综合配套改革试验区和区域战略规划三类。目前"国家战略性"地区在空间层面已经表现出东中西部地区相对平衡发展的态势,并且中央层面关注的焦点已开始向中西部倾斜。目前,国家通过"差别性"空间制度供给,将对外开放政策和先行先试经济政策,由"点到线再到面"地基本覆盖到全部区域空间范围,并形成了由开放经济区、策略性经济带、经济特区、国家级新区、自由贸易试验区等多主题、多尺度的制度空间(表3-4)。

表3-4　2009年以来国务院批复的国家战略性区域规划

区域规划名称	地域范围	批复时间
广西北部湾经济区域发展规划	广西壮族自治区部分地区	2008年1月
珠江三角洲地区改革发展规划纲要	广东省部分地区	2009年1月
关中—天水经济发展规划	陕西省、甘肃省部分地区	2009年6月
辽宁沿海经济带发展规划	辽宁省部分地区	2009年7月
促进中部崛起规划	山西省、河南省、安徽省、湖北省、湖南省	2009年9月
中国图们江区域合作开发规划纲要	吉林省部分地区	2009年11月
黄河三角洲高效生态经济区发展规划	山东省部分地区	2009年11月
鄱阳湖生态经济区规划	江西省部分地区	2009年12月
皖江城市带承接产业转移示范区规划	安徽省部分地区	2010年1月
长江三角洲地区区域规划	上海市、江苏省和浙江省	2010年5月
成渝经济区区域规划	四川省和重庆市部分地区	2011年5月
陕甘宁革命老区振兴规划（2012—2020年）	陕西省、甘肃省和宁夏回族自治区	2012年3月
中国东北地区面向东北亚区域开放规划纲要（2012—2020年）	黑龙江省、吉林省和宁夏回族自治区	2012年7月
宁夏内陆开放型经济试验区规划	宁夏回族自治区	2012年9月
京津冀协同发展规划纲要	北京市、天津市、河北省	2015年4月
长江三角洲区域一体化发展规划纲要	上海市、江苏省、浙江省、安徽省	2019年12月
粤港澳大湾区发展规划纲要	香港、澳门、珠三角九市	2019年2月

资料来源：根据（张京祥，2013）修改整理。

（三）国家级新区

在中国"试验性"制度空间演进的过程中，20世纪80年代的经济特区和20世纪90年代以后由中央政府命名，并赋予政策和体制机制上相对特殊的国家级新区是具有"中国特色"的制度空间（表3-5）。国家级新区可以通过诸多制度资源、建设项目和外部资本投入，并给予创新示范要求，促进其高速发展。改革最初的经济特区以及后来的诸多国家级新区以"差异性"的制度和支持，成为带动更大区域范围发展的引擎，成功撬动更大区域快速发展。中央政府设立国家级新区都要求成为改革试验先行地区，成为区域乃至国家的"中心""基地""门户"；对新区提出区域辐射带动的要求，经济与产业职能要求，制度、模式的创新和示范要求。总体来看，中央政府对国家级新区的要求可以解读为通过发展高端战略性功能，以及创新示范来发挥区域辐射带动作用。

国家级新区的创建皆源于不同的国际经济形势和国家发展情况，经济特区的设立是结束"文化大革命"所带来的经济衰退。浦东新区的设立是在邓小平南方谈话之后，成为重返改革开放和市场经济路线的标志，推进了上海和长三角的开放进程，继而形成国家沿海地区整体开放态势。滨海新区的设立，是中央政府作出的"战略机遇期与矛盾突出期"的判断，为应对全球化出现的新机遇，并带动京津冀地区快速发展。重庆设立直辖市是中央从空间层面关注西部地区发展的标志，并为之后成都和重庆的快速发展奠定了行政管理架构。国家在提出重庆城乡统筹试验区之后，设立了重庆两江新区，推动成渝地区快速发展。

表3-5　　　　　按空间尺度划分的三类制度空间比较

	空间范围	设立目的	特点
国家级新区	以千平方千米计	国家重点支持开发的区域，培育新的经济增长极	具有改革先行试区、新产业集聚区等特征，更具操作性，具有"细化""实化""差别化"的特点
改革开放试验区	范围比较大	为深化体制改革进行试验，为更大范围的改革进行探索和积累经验	空间范围大，难以操作
战略性区域规划	跨行政区	根本目的是促进区域科学发展	更具弹性，难以操作

资料来源：笔者整理。

近年来，在中央政府与地方政府的双重诉求下，催生了"国家级新区"的设立浪潮，从2010年至今，中央政府密集批复了17个国家级新区（图3-7）。从区域发展背景来看，2008年至2017年，

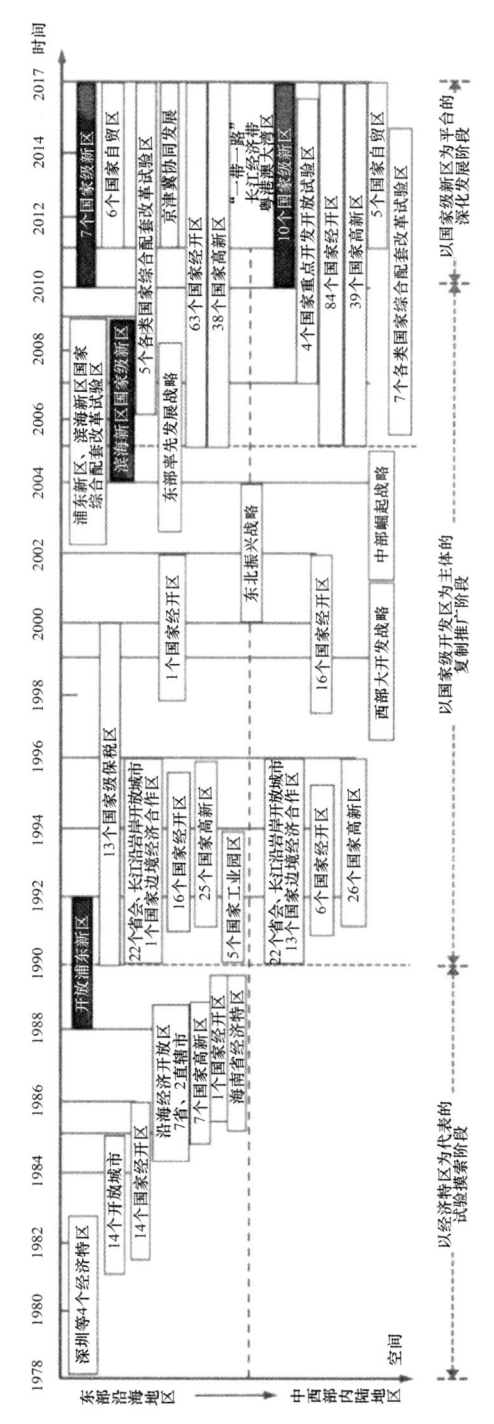

图 3-7 国家级新区设立及重大空间战略

资料来源：笔者自制。

面对区域一体化、区域发展战略落实和转型发展的要求，中央政府已经批复了50多个国家战略区域。在这一过程中，为使国家级新区发挥更大尺度战略区域发展引擎和政策发力点的作用，客观上激发了中央政府通过设立国家级新区的积极性。2005年以后，中央政府一方面加强了对区域、地方发展的干预与控制，上收了一系列地方发展权力；另一方面又通过积极批复"国家级新区"并赋予一定的要素投入和制度创新权力，以实现区域经济格局的重构。在这样的背景下，对于区域和地方而言，一方面在全球化和市场化过程中地方发展对中央直接投资的依赖程度不断减弱；另一方面国家对一些涉及地方发展的关键权力和资源控制收紧。因此，地方政府更加渴求得到制度创新的空间，以及国家对重要发展资源和要素放松管制的空间，对于设立"国家级新区"尤其热衷并积极向上争取。

目前，中央政府已经设立了上海浦东新区（1992年）、天津滨海新区（2005年）、重庆两江新区（2010年）、舟山群岛新区（2011年）、甘肃兰州新区（2012年）、广东南沙新区（2012年）、陕西西咸新区（2014年）、贵州贵安新区（2014年）、青岛西海岸新区（2014年）、大连金普新区（2014）、成都天府新区（2014年）、长沙湘江新区（2015年）、南京江北新区（2015年）、福州新区（2015年）、滇中新区（2015年）、哈尔滨新区（2015年）、长春新区（2015年）、赣江新区（2016年）、雄安新区（2017年）19个国家级新区，以推进地方制度改革和创新探索。"国家级新区"起步于不同的国际经济背景和国家发展阶段，可将其设立发展总结为四个阶段（表3-6）。

表3-6　　　　　　　国家级新区设立的需求和任务

	20世纪90年代浦东新区	2000年滨海新区	2010年两江新区	2011年至今16个国家级新区
国际背景	资本全球化与全球贸易体系的建立	全球化的新机遇	国际金融危机	后金融危机；经济全球化调整

续表

	20世纪90年代 浦东新区	2000年 滨海新区	2010年 两江新区	2011年至今 16个国家级新区
国内需求	引入全球资本，加快融入全球市场	加入世界贸易组织；东方主导的发展战略	扩大内需；中国东部、中部和西部地区的均衡发展	新常态；经济转型；"一带一路"；全面开放与区域协调发展。
导向愿景	融入全球化前沿；区域增长极；促进沿海开放	自主创新；国际竞争力；区域增长极	区域增长极；促进中心城市和城市群发展；优化区域发展格局	区域增长极；开放窗口；探索创新发展与绿色发展

资料来源：笔者自制。

改革开放初期，经济特区的设立是在国家经济低迷、百废待兴的时刻，所做出的挽救经济危机的举措。当时的全球分工主要是面向劳动力市场和原料产地，而深圳经济特区凭借毗邻香港的优势，其在引进外资和技术、行政体制改革、企业制度建设、土地有偿使用等方面进行制度创新突破，引领了珠三角城镇群的发展。在国家转型的过程中也逐步走向了区域化，通过前海新区、深港互动、构建大珠三角等行动，从最初的制造基地正在向"国际城市"甚至"全球城市"转变。

第二阶段是引入全球资本，嵌入全球化阶段。20世纪90年代初期，资本全球化与全球贸易体系已基本建立，中国也提出了东部沿海对外开放。浦东新区的设立是为了引进全球资本，加快融入全球市场，并由此带动了整个长三角全面对外开放，实现经济快速增长。浦东新区成立初期，其发展职能主要侧重于金融、航运和高端制造等方面，重点建设陆家嘴CBD、保税区、金桥开发区、空港和集装箱港；进入21世纪以后，浦东新区产业功能集中在高端制造业、商贸、科技创新和服务业的转型升级，在国际交往功能方面始终走在前沿。1997年亚洲金融危机以后，全球化出现了新的机遇，并且受第三次科技革命的影响，现代制造业在全球布局。在此背景下批复了滨海新区，一方面推动中国制造业的自主创新和提升国际竞争力，另一方面带动了京津冀地区的快速发展。滨海新区的职能重心是跨国合作的高端重型制造业和国家战略性产业，试图在全球装备制造业转移的背景下，通过引进、吸收、转化，推动国家战略性产业的突破。

第三、第四阶段是为应对国际国内发展环境的变化，国家对发展路径与经济结构进行了重大调整，空间战略逐渐转向内陆、中西部和东北部地区。同时基于宏观调控、区域协调发展和激发国内发展动力的需要，通过一系列政策的出台和酝酿，进而推出了重庆两江新区、广东南沙新区、舟山群岛新区、西咸新区、贵安新区、青岛西海岸新区、大连金普新区和成都天府新区。这是启动内需和经济转型背景下的区域空间生产策略，通过"国家级新区"推进国家战略区域的改革与转型，提升发展。2015年，长沙湘江新区成为"一带一路"倡议的一部分，成为一项国家战略。目前，三个宏观区域的国家级新区的分布仍然相对不平衡：东部地区9个，西部地区6个，中部地区4个。中部地区的国家级新区的数量不仅最少，且其国家级新区的土地面积也相对较小。尽管国家级新区的空间分布应该遵循"一个省或市有一个国家级新区"的规则，但也有明显的例外，比如有的省有多个国家级新区，如长江三角洲地区和京津冀地区。在京津冀地区，2017年批准的雄安新区是为了缓解北京的压力，促进京津冀地区的整合（Zou and Zhao, 2018）。在浦东新区之后，2011年成立的舟山群岛新区和2015年成立的江北新区也是为了促进长江三角洲地区的内部整合（Yang, Li, Hay, and Huang, 2019）。虽然只有南沙新区在珠江三角洲地区，但因其被赋予了整合和促进新成立的粤港澳大湾区发展的特殊使命，导致其政治抱负远比地理覆盖范围要大。

三 国家制度空间的空间生产

在制度转型过程中，中央政府通过"试验性"空间策略并借由一种"经济分权和行政任命制相组合"的制度形式，经济的剩余分享权和控制权分权下放至各地方（洪银兴、刘志彪、范从来，2002）。同时，将政治权力集中于上层结构，中央保留对地方领导任免的集权，以期实现对转型过程中区域空间生产的调控。由于中央政府的"差别性"制度供给，促进了中国区域发展的不均衡态势，使沿海与内陆在市场化程度、经济发展和城镇景观等方面存在明显差距。另外，由于不同时期的区域特殊性，使"特殊政策、灵活措施"等与宏观制度的结合和互动也造就出中国不同的区域空间发展模式。

国家宏观层面的制度变迁大幅扩大了地方的调控权与积极性，同时也打破了过去单一指令计划下的国家预算投资与传统国营企业垄断的局面，使得市场、外资与个体经营的力量得以激活。在这样的宏观制度转变背景下，相应的制度供给则是按照"沿海到内陆、新区到城市再到区域"的地理空间顺序渐次推进。通过"差别性"空间制度供给，可以实现中国城市与国际资本和市场的快速接轨，并依托这些策略性"试验"空间生产，参与到经济活动的全球化分工中，以顺利达到对外开放与积累财富的目的。

尽管中国通过"梯度试验性"的"增量"空间策略，成功"嵌入"了全球化，并成功造就了一批区域新兴产业空间与超大城市的崛起，但这种以经济发展为中心、追赶型经济发展模式与"自上而下"的渐进式制度供给并没有形成周密的制度过程。因此，这种模式不仅面临着区域差异极大的各类经济主体对制度的接受与认同与否难题，而且在地理层级较多的空间现实下，也面临着制度供给与区域的制度需求匹配与否难题。这种难题表现为"一放就乱、一收就死"的治理循环，或"撑死胆大的、饿死胆小的"负面激励，进而影响到区域经济的积累效率与空间绩效。

资本、信息、技术在全球流动，而地方的生产组织深深地扎根于地方制度背景。地方政府经过中央政府的放权和市场化改革成为独立的利益主体，为了更好融入全球生产体系，拥有更强的动机寄希望于制度创新来促进地方经济发展。改革试验的地区往往可以在担当很少成本的情况下获取改革的收益，但由于准入壁垒的存在，要实现"差别性"制度供给战略下未来的制度收益，必须获得优先进入制度创新权。在现行体制下，地方政府作为地方发展的"代理人"，也是代表地方与中央政府进行沟通的行政代理人，有动机也有能力为地方经济发展而争取制度创新的权力。对于国家级新区，空间生产策略应通过地域组织和空间生产安排，以降低区域产业分工网络中的交易费用，来实现区域发展的要素集聚和产业集群。因此，这就需要通过制度建构、治理重构、规划整合和财税安排来构建其空间生产策略体系（图3-8）。

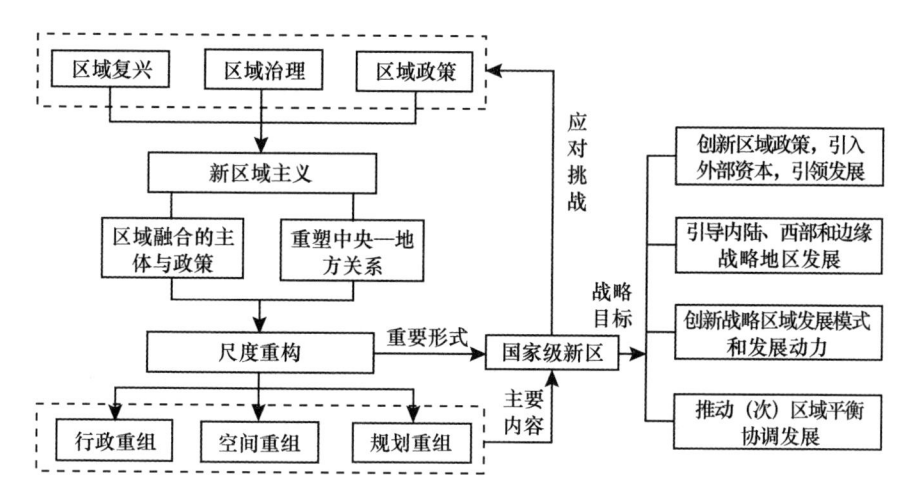

图3-8 区域战略、尺度重构与国家级新区的内在联系

资料来源：笔者自制。

（一）国家级新区空间生产的制度建构

国家级新区的设立，可以在一定程度上重构国家战略区域的制度架构。在全球化背景下，区域虽然成为国家资本积累的最适宜空间单元，但在市场化和分权化的影响下，地方政府的"企业化"转向在很大程度上弱化了"区域"的地位和作用。尽管区域层面出现了各种主题的区域规划以及相应的协调性组织，但由于成员间缺乏内在需求耦合，以及制度建构层面缺乏必要的保障，区域内部仍是竞争大于合作。当前在节能、低碳和生态安全的影响下，运输成本已成为制约全球生产与消费空间格局的重要因素，经济活动在区域内进行集聚和布局的趋势也愈发明显。这主要表现在两个方面：一方面体现在生产与消费的空间关系，更强调区域性消费市场与产业集群；另一方面体现在生产环节的水平布局与垂直布局，在区域内部的集中布局选择。因此，国家战略区域的制度架构要打破区域内

部的恶性竞争，实现区域内部产业集群和要素集聚，以实现区域发展的低成本战略和产品差异化战略。

国家级新区具有副省级（或正厅级）管理权限，其设立可以打破区域内部恶性竞争的困局，构建区域协调合作的制度框架。一方面"国家级新区"的职能发展应具有高端化、战略性特征，使其在区域中成为经济与产业发展的源头和龙头，强化其辐射带动作用，以降低区域产业分工网络中的交易费用；另一方面"国家级新区"的设立，应实现其所在城市治理层级的跃迁，重构区域空间生产格局，并通过对区域增长极的调控力加强，来促进区域发展的协调与认同。

（二）国家级新区空间生产的治理重构

近年来，国家开始关注设立"国家级新区"等刚性尺度重构手段的运用。国家级新区作为应对发展挑战的区域空间生产策略，一方面可以使中央政府直接对其进行发展干预和调控，体现了"中央集权"的特征；另一方面，其在空间发展、项目审批和制度创新方面获得了较大自主权，在一定程度上表现出了"地方分权"的特征。中央政府设立国家级新区都要求其成为改革试验先行地区，成为区域乃至国家的"中心"，提出了经济与产业职能的辐射带动，以及制度与模式的创新要求。因此，国家级新区要成为区域发展的引擎和政策发力点，需要创新治理模式，在加强中央直接管控的同时，保留一定的发展自主性。

国家级新区作为由中央政府批准设立的特殊政策区，其设立与发展本身就是一个尺度重构过程，涉及定位调整、区划重构、管理主体建构及各级行政主体（中央政府、省级政府、市级政府及其所辖区/县级政府）之间权力关系的调整。基于尺度重构视角，国家级新区治理尺度建构是各级行政主体通过刚性或柔性的手段在新区的职能定位、空间区划、行政主体、权力配置等方面进行变革的作用过程（图3-9）。由此，国家级新区形成了一个新的跨界联合地域组织，并叠加了多个不同尺度、跨行政区边界的现有地域组织。同时，国家级新区所建构的这种治理尺度具有不确定性和动态变化性。

全球化背景下的资本去领域化与再领域化，以及国家权力理念与模式的革新，正是国家级新区设立与发展的宏观动因。因而，中央政

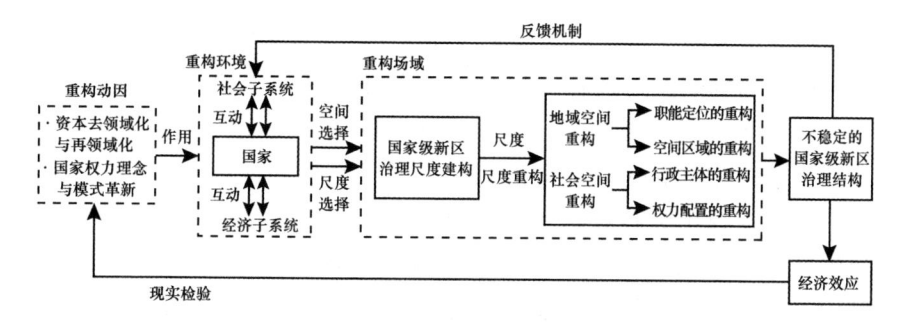

图 3-9　国家级新区治理重构逻辑

资料来源：笔者自制。

府给予的制度供给、政策支持和权限许可等，赋予了国家级新区治理尺度建构的"合法性"，目的是提升国家新区的治理能力，以使其更好地附着流动化的全球资本。然而，在中国现行体制下，每个行政单元都有维护自身发展利益的地域逻辑，即对各自辖区发展的需求及具体策略选择。因而，国家级新区治理尺度建构能否实现地域发展逻辑的统一，即减少新治理主体与既有治理主体的冲突与矛盾，将决定着其治理效率的高低。而低效率的治理可能使国家级新区的开发建设和招商引资无法形成合力，进而难以实现促进经济增长和引领区域协调发展的目标。因而，需要对国家级新区建构的治理尺度开展基于经济效应的评价，进而对尺度重构的过程与策略进行反馈。

　　围绕职能定位的权力尺度上移和下移并非"漂浮"或"虚无"，而必须附着在具体的地理空间中。因而，空间区划的重构不仅是国家级新区设立的基础，还是打破既有区域并实现以"多尺度、多主体、套叠化"为特征的社会空间建构的首要环节。根据区划重构所涉及的既有行政区划类型与数量的不同，国家级新区可分为"市地型"、"市县型"和"市区型"（图3-10）。"市地型"是指国家级新区的空间范围已经超出了单一地级市的行政边界，至少跨越了两个地级市，由不同地级市的市辖区、市辖县（或县级市）共同组成。"市县型"是指国家级新区处于同一个直辖市或地级市的行政区之内，但其空间范围至少涵盖一个市辖县或县级市。"市区型"是指国家级新区处于同一个直辖市或地级市的行政区之内，并且其空间范围全部由市辖区构成。近年来，伴随着国家级新区数量的不断增多，打破地级市之间行政边界的"市地型"国家级新区也逐步成为常态。

从内部空间区划来看，不同于早期开发区的工业发展和吸引外商投资，当前国家级新区已包含多样化的经济功能。为承载这些经济功能，国家级新区内部被区划为多种类型的功能区和政策区。例如，为了支撑中央政府赋予的职能定位，两江新区内部区划出了保税港区、工业园区、生态新城、金融商务区和自由贸易试验区等。其中，两路寸滩保税港区涵盖了保税仓储、物流、商品展示与贸易等功能；两江工业园区致力于发展先进制造业和装备制造业；江北嘴中央商务区定位为长江上游的金融中心等。值得注意的是，国家级新区内部空间区划在其发展历程中也不断进行调整。一方面，随着国家级新区经济实力的增强，不断吸纳、整合周边区域，形成了以经济要素集聚为动因的内部空间重构；另一方面，中央政府的政策调整也在主导着国家级新区的内部空间重构。

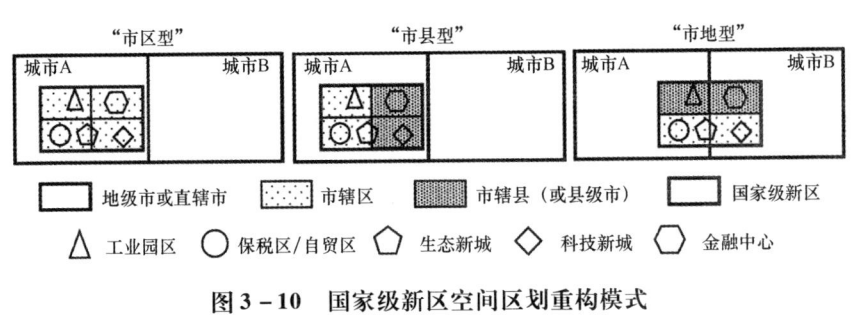

图 3-10 国家级新区空间区划重构模式

资料来源：笔者自制。

国家级新区在地域空间重构的同时，也实现了辖域内行政主体关系的重构，并在发展过程中不断调整。选取 2010 年 1 月至 2016 年 12 月的研究时段，根据行政主体的类型与构成方式不同，国家级新区建构的行政体制可分为"属地政府"模式和"管委会"模式（表 3-7）。"属地政府"模式是国家级新区功能区域与行政区域的权力边界完全重合，即单一行政主体同时管辖国家级新区的经济事务和社会事务。从实际操作来看，这种模式可以分为"新区政府"和"合署办公"两种类型。前者是指随着国家级新区的不断发展，经国务院批准成立国家级新区的区级政府，来行使新区范围内的经济建设、社会管理和公共服务等事项，2000年后的浦东新区和2009年后的滨海新区都属于此种情况。后者是指在国家级新区规划范围与所在行政区范围重合的情况下，市级政府派出的管委会与既有行政区政府合署办公，实行"一套人马、两块牌子"，同时保留原行政区名称和国家级新区名称。

表3-7　　　　　国家级新区行政主体重构模式比较

模式	类型	空间区划重构模式	行政主体关系复杂程度	经济职能与社会职能是否统一	预期管治效率	特点	示例
管委会模式	"新区政府"型	市区型	∽	是	高	法律主体明确，机构健全；管理幅度大，成本高	浦东新区 滨海新区
	"合署办公"型	市区型或市县型	∽∽	是	较高	兼具行政区体制优势和行政效能；管委会的统筹与协调较弱	舟山群岛新区 南沙新区 西海岸新区 金普新区
	"管委会Ⅰ"型	市区型	∽∽	否	较高	机构设置灵活，开发建设效率高；不具有行政主体资格，社会事务管理不足	两江新区 江北新区 哈尔滨新区 长春新区
	"管委会Ⅱ"型	市县型	∽∽∽	否	中等	机构设置灵活；难以协调县级行政主体	兰州新区 湘江新区 福州新区 滇中新区
	"管委会Ⅲ"型	市地型	∽∽∽∽	否	较低	上级政府积极干预，机构设置灵活；难以统筹地方合作，甚至存在竞争关系	西咸新区 贵安新区 天府新区 赣江新区

注：符合∽代表复杂程度，∽越多，复杂程度越高；行政主体重构类型划分时间段为2010年1月—2016年12月。

"管委会"模式是指在维持国家级新区所涉及区/县的既有行政主体不变的情况下，由地级市（或直辖市）政府成立管委会作为派出机构，代表地方政府行使国家级新区的规划建设、土地开发、招商引资等经济性事务的管理权，而辖区内的社会性事务仍主要由原有行政主体负责。由于国家级新区空间区划重构的多样性，"管委会"模式在具体实践中可以分为"管委会Ⅰ"、"管委会Ⅱ"和"管委会Ⅲ"三种类型。其中，"管委会Ⅰ"类型多适用于国家级新区空间范围全部由市辖区构成的情况；而"管委会Ⅱ"类型多适用于国家级新区空间范围涉及市辖县的情况；"管委会Ⅲ"类型是指在省级行政主体的协调和监督下（省级政府派出管委会），国家级新区所跨地级市行政主体开展协商与合作，共同行使国家级新区的经济职能与社会职能。

值得注意的是，地级市、市辖区和市辖县（或县级市）作为独自发展的行政单元，其在发展意愿和发展能力上具有差别性。其中，地级市和市辖县（或县级市）相比于市辖区，有着更为独立的财税系统，表现出更强的发展意愿和能力。这就意味着国家级新区行政主体重构类型的不同，其行政主体之间关系的复杂程度也不尽相同。在实际发展中，表现为国家级新区及其不同功能组团的经济发展事项，仍需经由不同地级市或市辖县的行政、财税体系来实施。

国家级新区作为由国务院直接批复和管理的国家战略空间，通过尺度上移获得了更高的权限和更多的资源。无论是属地政府模式还是管委会模式，直接管辖国家级新区的行政主体，都获得了中央政府和省级政府的权力下放。但上级政府下放的权限主要聚焦于开发建设和经济管理等方面，社会事务等方面的权限大多保留原有配置。例如，两江新区成立后，重庆市政府通过成立管委会和主要领导高配等方式来协调各市辖区和功能区等行政主体，并赋予管委会在经济管理、规划建设、土地利用等方面的副省级权限。

另外，国家级新区依托灵活的机构设置，也向其内部各功能区下放人事权、审批权等权限，并通过简化审批流程、创新行政手段，来充分释放各功能区的经济活力。具体来看，主要表现在规制手段弱化和规划手段创新等方面（图3-11）。规制手段的弱化是国家级新区管辖主体为有效激发市场活力，普遍缩小了其规制手段的管辖范围，弱化了政府对经济发展的管制与钳制。规划手段的创新是指国家级新区通过职能部门的整合以及"新型规划"的发明，使其成为权力配置的主要手段。

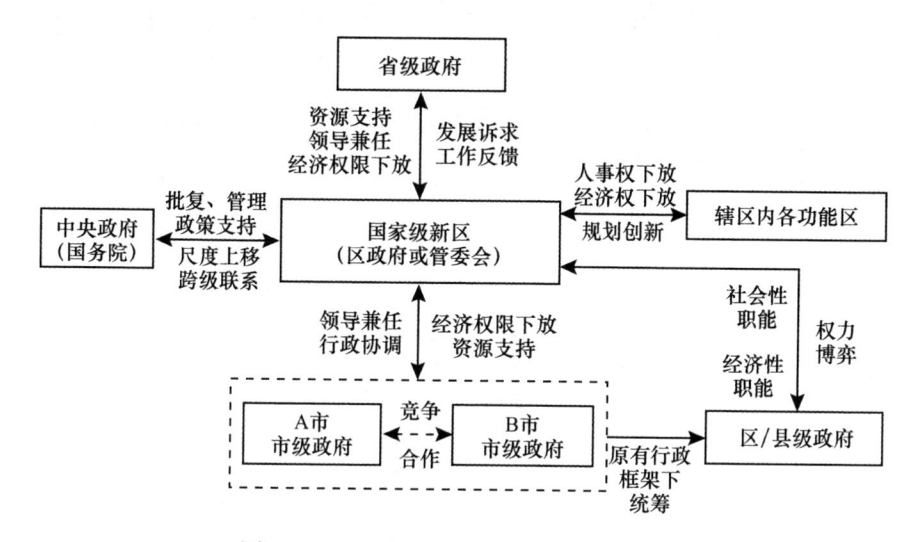

图3-11 国家级新区权力配置关系示意

资料来源：笔者自制。

（三）国家级新区空间生产的规划整合

空间规划汇集了各行政主体复杂关系的投影，同时具有以空间资源配置及相关配套制度为核心的"公共政策"属性，其在新区未来发展中将发挥重要作用。国家级新区虽然实现了内部权力的转移和空间边界的调整，但在以空间资源为主要发展动力的推动下，新区需要规划整合来从法律和程序上获得这种空间发展权力。同时，国家级新区需要在较短的时间内实现工业化与城镇化，同时还要发挥职能发展带动和模式创新的示范作用。这种时空压缩与引领带动将造成新区发展过程中问题的复杂性和艰巨性，也需要新的空间规划来统筹安排。空间规划的组织和编制，可以对国家级新区治理模式，以及未来发展的战略引导和综合实施产生重要影响，同时国家级新区也为空间规划编制模式创新提供了实践平台（图3-12）。

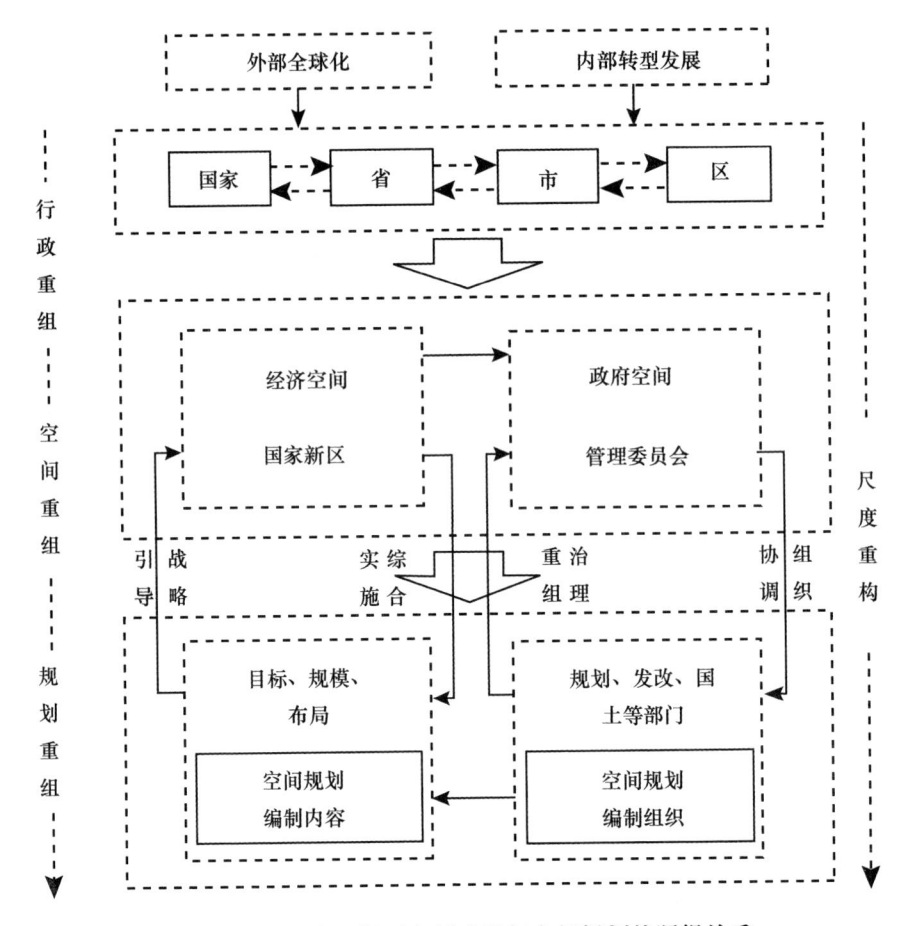

图3-12 国家级新区空间重组与空间规划的逻辑关系
资料来源：笔者自制。

国家级新区的管理模式为实现"多规整合"提供了体制保障和制度平台，可以从规划组织机制、规划编制模式和规划实施平台三个方面进行规划整合。国家级新区可以采取"多规合一"的编制组织模式，集合咨询专家、研究团队、编制管理方及其他参与主体建立"工作坊"。对规划的委托、编制、咨询和实施等各个环节进行统一的组织协调，对国家级新区发展的基础条件、关键问题、战略定位等前期内容进行共同研讨和决策，制定规划编制的"共同纲领"。通过这种编制模式，可以实现各规划在编制范围、期限、内容与成果的整合，实现生态、生产和生活空间的协调，处理好近期与长远的关系。

（四）国家级新区空间生产的财税安排

国家级新区在成立之初，一般处于发展起步阶段，产业尚未形成规模，科技创新能力较弱，基础设施条件也相对滞后。国家级新区要实现产业集聚、要素集聚和低成本战略，必须做好三个方面的财税安排。一是要积极争取中央和上级政府的财税政策支持，争取中央在安排预算内投资和其他专项投资时对新区的基础设施、生态建设、环境保护和社会事业给予倾斜。二是上级政府要加强对新区的财政支持，新区新增的地方财政税收在新区发展的前几年应留在新区用于发展，而不用上交上级政府统筹。另外，上级政府在用地指标单列予以倾斜之外，还应给以专门的财政性资金用于征地动迁、"七通一平"和基础设施建设。三是对于落户新区的企业应给以税收减免和优惠政策。现阶段，国家沿海地区和中部地区的企业所得税税率为25%，国家级新区的征收税率应不高于15%，并且上级政府的产业投资基金，应优先引导支持新区的重点产业发展。对于高新区技术企业和战略性新兴产业，应给予风险补偿金和用地优惠政策，并对这些企业的人才引进给予资助和财政扶持。

第四章

国家制度空间的作用机理及发展效应

在城市和区域发展的研究中,既定的学术研究路线之一是围绕国家权力的改革和转变,应对地方和全球经济的变化情况。在宣布"民族国家终结"(Ohmae,1995)的全球化狂热的短暂插曲之后,人们普遍认为,民族国家可以通过各种复杂的方式积极有效地重新阐明其权力关系,包括政策制度的国际化、经济的非国有化和政治制度的颠覆(Brenner,2009;Jessop,2002)。国家级新区作为国家制度的核心内容,是中央和地方政府在不同空间尺度进行资源整合和功能培育的重要途径。近几年,随着国家级新区设立的"密集化",如何准确认识和评价国家级新区的经济效果成为社会普遍关注的热点问题。本章节首先从尺度重构视角阐释国家制度空间的作用机理和争论,其次采用2006—2016年10个国家级新区所涉及城市的122个区(县)的面板数据,实证分析国家级新区对本地经济增长的影响,以及这种影响因新区管治模式和所在区域的不同而存在的异质性。

第一节 国家制度空间的作用机理

一般来讲,空间是地理范畴上的概念,不同的空间只能是地域上分离的结果。但从其他角度着眼,空间概念可以用经济、信息等进一步来进行区分。也就是空间的划分不仅可以以地理位置作为划分的标准或界限,还可根据其他维度进行划分。在此意义上,空间的划分标准可以呈现出明显的多维现象，从地理范畴到产业、信息、区划等政治经济要素，到文化要素，再到政策、法规等，空间的内涵可以十分丰富。即使空间同处在一类地理区域上，只要处于不同的经济、信息和政策平台上，就可以将其划分为不同的空间。因此，如果处于不同的政策和法规平台上，那么也可以形成不同的空间形态，如果以此为标准进行空间划分，可以拓展空间划分的制度维度（冷希炎，2006）。国家制度空间是在既定的空间范围内，中央政府通过不同的政策与制度所构筑的空间。国家制度空间下的地理空间除了有天然的地理差异和产业、资源、信息、区划等要素差异外，更多的是依靠构筑不同的制度平台来获得产业和资本要素的有效集聚，发挥天然地理区位优势（表4-1）。国家制度空间下的地方发展，主要是靠政策优惠或制度灵活，在整体制度背景相对落后的情况下，通过构筑市场经济制度的"小气候、小空间"来实现经济突破。

从本质上讲，国家制度空间下的地方发展呈现出一种特殊的发展方式，以特殊政策和制度的执行为重要特征。制度作用下的地理空间增加了空间的制度维度，使空间内涵更加复杂，地理空间的差异性也可以通过制度来划分。这种制度差异虽然存在是否与所在地方相匹配的现实问题，但无论是否匹配，都可以实现空间的制度性划分。当然，有利于地方发展的制度安排，需要与所在区域的各方面基本素质相契合，而消极的制度安排则表现为地理区域被完全主观、脱离实际的制度安排所约束。

国家制度空间下的地方具有发展的洼地效应，使生产要素流向该地，最终获得集聚效应实现快速发展。在这一过程中，国家制度空间下的地理空间与周边区域的差异主要由其所拥有的制度特征所赋予和体现。也即是，消除制度上的差异，该地理空间与周边具有的相似地理与经济基础的领域将难以区分。当然，国家制度空间下的特殊区域首先具有区划上以政治、地理为基础的界定，但是如果没有因为制度差异所带来的经济要素组织形态的差异，这一划分就没有本质上的区别。这也意味着制度维度具有特殊作用却不是唯一作用，在国家制度空间的框架下，地方经济社会发展的机制表现为由制度所带动的多级传递和反馈循环过程（图4-1）。

表4-1　　　　　　　　国家制度空间的三维内涵

维度/内容	地理维度	政治、经济维度		制度维度
		政治因素	经济要素	
划分标准	地理位置	行政安排	经济要素组合形态	制度性质与体系差异
表现形态	地理形态	行政区划	产业形态、区域市场、资本形成、信息平台	政策高地
经济社会发展重心	区域因素	行政级别	资源禀赋	制度对空间内各方面因素的整合能力

资料来源：根据冷希炎（2006）修改绘制。

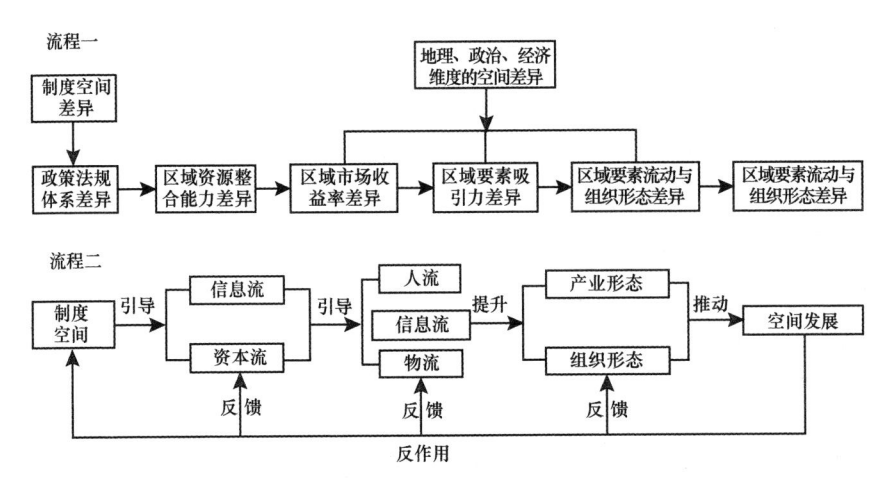

图4-1　国家制度空间作用地方发展的传递与引导流程

资料来源：笔者自制。

国家制度空间的内涵主要体现在制度本身，国家制度空间作用下的地方作为改革试点的"石头"，其所肩负的基本任务就是将制度变迁影响局限在有限的空间之内。这就为制度加上了地理外延的维度，在不同地理区域进行差别化的制度体系设计，这将使制度表现出区域的差异性（图4-2）。

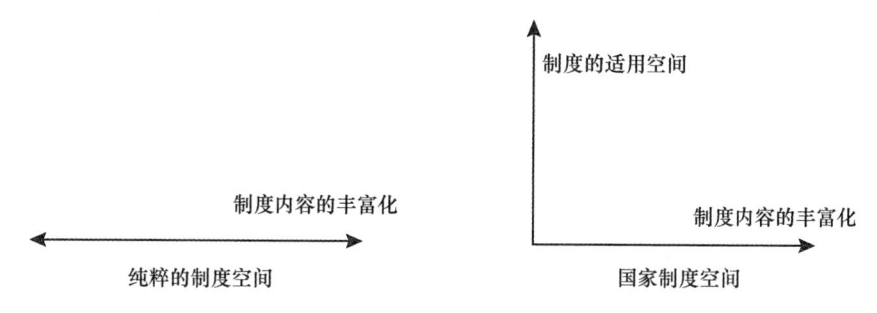

图 4-2 纯粹制度空间与国家制度空间

资料来源：笔者自制。

在对国家制度空间内涵进行分析的基础上，可以从以下两个方面构建其组成框架：（1）地理空间被制度性因素所界定；（2）地方空间的自然地理差异被制度所重塑。这两个方面的内容反映了国家制度空间重构地方制度环境基本框架的一个特征，即制度空间化与空间制度化的循环互动。

制度空间化是制度由社会性存在（社会关系）转变为空间存在（空间规则或制约）的过程，它们把自己映射进空间，形塑着空间。制度的空间化主要体现为制度，尤其是直接涉及空间开发、保护的政策与制度，对不同行为主体空间的边界限定、对空间内部活动行为的功能引导与限定、对空间综合效益的目标引导与限定、对空间外部呈现的形象引导与限定、对特殊制度性空间和周边其他空间的辐射性形塑效应等。不同的制度安排产生不同的空间，新制度必须构建新空间，以适应新物质空间和社会空间的再生产。制度安排、制度创新和制度变迁必然导致空间分化，产生制度空间化现象，并伴随空间解构与空间重构，即根据制度生产逻辑和过程重新组合空间、联结空间，建构新的空间结构和空间形态。

空间制度化即空间激发制度创新或制度变迁，是借助空间解构与空间重构实现制度生产和再生产的过程，期间伴随去制度化和再制度化现象。空间制度化以空间为容器或文本，制度在空间里相互连结、整合、衍生、创新与再创新，引导新的制度安排。空间制度化以制度为核心驱动力，推动同类空间开发利用方式、空间结构组织模式、空间发展与建设理念、空间管控与治理方法、空间规划与设计技术的创新。

第二节 国家制度空间的理论争论

一 国家尺度重构及空间性：新瓶，旧酒？

在最近的30年里，人们对城市和区域发展的本质和动态进行了理论尝试，重点关注主要参与者和代理人之间的相互影响，这些参与者和代理人正在经历以全球化、新自由主义和近期的金融化为特征的深刻变化（Lin，Li，Yang，and Hu，2015）。国家作为负责制定和执行游戏规则的最重要的行为者和代理人，从未停止过对研究者进行吸引和激励的运作。长期以来，这一直是对城市和区域发展模式和进程感兴趣的学者们所关注的问题（旧酒），将其反复提出，以对新的、快速变化的背景条件进行重新解释和再概念化（新瓶）。20世纪90年代，对全球化的巨大热情引起了一种"无国界"和"扁平世界"的流行概念，认为在这个世界上，国家发挥的作用被削弱，距离和位置等地理因素被认为越来越无关紧要（Ohmae，1995）。随后对过于简单的"民族国家终结"概念的批判，将国家带回了与资本和空间之间复杂的相互作用的理论中。国家被视为一个动态而复杂的系统或权力关系的集合，能够纵向（向上/向下）和横向（向外/向内/向外/向侧面或收缩/扩张）的重新缩放（Brenner，2004；Jessop，2002）。我们不仅能在大西洋彼岸的西方发达经济体中观察到国家权力的重构，也能在太平洋彼岸的远东国家（包括正在经历深刻的社会和经济转型的中国）观察到（Li，2015；Su，2012；Xu and Yeh，2012）国家权力的重构。这一方面的研究揭示了一个有趣的情况，即国家权力的重构从政治和制度轨道延伸到了空间领域。国家权力重构的空间性已经在"国家空间选择性"的概念中得到了解决（Li and Wu，2013）。

据观察，国家空间选择性作为国家权力重构的重要实践，既实现了增长又实现了国家权力的重构，从区域管理局到软性的区域规划和政策空间以不同的形式进行运作（Bayirbag，2013；Heley，2013）。最近，国家权力重构的空间性引起了关注中国城市和区域发展动态变化的研究者的注意。同时，城市和区域学者以及公共管理研究人员从地方性政策角度评估了国家制度空间的影响（Ambroziak and Hartwell，2018）。尽管颇具影响力的国家重构理论对国家与资本相互作用的复杂性质和动态及其空间性作了很多说明，但有几个重要问题仍然存在争议。国家尺度重构概念从北美和西欧引入，其政治体系和制度环境与中国和东亚地区有很大不同。目前还不清楚西方背景下的国家尺度重构概念是否以及可以在多大程度上适用于其他地方，包括正在经历政治、经济和社会转型的中国。西方学者长期研究新自由主义时代下作为社会建构、结构化和再地域化的地理尺度，但在应对资本主义的危机时，存在着过度依赖与国家干预相关的监管方式的趋势（Brenner，Jessop，Jones，MacLeod，2003；Jessop，2016）。这是有问题的，因为它掩盖了国家的内部动态，忽略了地方背景和对地方发展影响的社会行为者（Vlad & Manuel，2019）。当应用于某种政治经济学时，国家不应被视为具有统一利益的单一整体，而应被视为具有利益冲突的若干行动者（Wilson，2003）。

虽然不乏关于国家重构空间性的研究，但现有文献存在不一致和差距。基于地方性政策的研究集中在功利的经济维度（Hartwell，2018），并忽视其经济空间建设背后的因果关系以及相互矛盾的实证结果（Liu，Lu，and Xiang，2018）。大多数研究都是在区域和地方层面上研究国家重构的空间结果，但国家尺度重构仍然是一个需要认真和系统研究的重要课题。关于国家尺度重构的现有文献一直专注于对国家权力重新洗牌过程的理论阐述和分类（尺度扩大、缩小，尺度跳跃、空洞化等）。人们对尺度化的社会建构给予了极大关注，而很少对国家尺度重构项目的效果进行批判性评估。目前尚不清楚国家尺度重构的具体过程如何与更广泛的政治、经济、文化和制度背景相结合（Jonas and Moisio，2018），这种互动如何带来社会经济和地理结果，以及国家重构的不同轨迹如何被各种区域社会政治条件塑造。

二 国家制度空间的政府动机

全球化时代的"时空压缩"降低了要素流动的空间成本,使得城市和区域发展的"机会窗口"稍纵即逝(Brenner,2000)。在此背景下,政府为精确捕捉发展的机会窗口,致力于改善各层级空间行动者对制度的认同。因而,国家制度空间逐渐成为遍及欧美发达国家及许多发展中国家的普遍现象,成为世界各国城市因应的一种公式。从公共政策研究的视角来看,国家制度空间是政府通过在特定空间内实施激励政策,包括税收优惠、设施建设、人力资本补贴等,使得资金、产业和就业等要素流向指定的空间,从而促进本地经济增长(Zheng,Sun,and Wang,2014)。

目前,产业(企业)特区政策、基础设施政策和具有明显空间指向性的政府干预被认为是城市和区域发展过程中最主要的国家制度空间。其中,产业(企业)特区与经济增长直接相关并且对企业空间集聚的引导作用十分显著,因而备受政府关注。在西方发达国家,早期的制度空间是为了促进衰败地区再发展,如美国的税收增额融资制度通常会选择在贫穷的地区(Gibson,2003)。然而,随着制度空间在经济增长、财政收入和地区竞争等方面作用的显现,各级政府已不仅限于在衰败地区设立该项政策。制度空间设立的政府动机趋于多元化(Lynch and Zax,2011),包括:(1)促进经济增长;(2)帮助衰败地区;(3)缓解财政困难;(4)筹集预算外资金;(5)赢得地区间竞争。

改革开放以来,中国的制度空间也体现了对国内外发展趋势的客观及时的反映,先后设立了经济特区、国家级开发区、国家级新区和自由贸易试验区等多元化的制度空间(Wu and Zhang,2010;齐元静、金凤君、刘涛、焦敬娟,2016)。这表明国家权力的尺度选择已成为一种促进发展和危机管理的空间策略,以提高中央政府的行政效率和区域发展的竞争力。在地方政府层面,官员政绩考核机制的制定及分税制改革的推行,为地方政府发展当地经济带来了双重激励(乔宝云、刘乐峥、尹训东,2014)。国家制度空间不仅体现了中央政府推进区域和城市发展的重要战略方针,而且与地方政府追求经济发展的目标高度契合（Wang，2013）。从已有研究来看，中央和地方政府热衷于国家制度空间，主要有三个方面的动机：（1）国家制度空间能够带来大规模的基础设施建设，对于促进本地经济增长和提升城市空间品质具有重要作用（Wu, Deng, Huang, and Morck，2014）；（2）土地和税收等政策优惠，有利于降低企业成本，进而吸引企业投资并在短时间内形成经济增长点（李耀尧、杨国泰，2010）；（3）企业的集聚能够带来财政收入增加、交易成本降低、劳动力集聚和土地升值等溢出效应（陶然、陆曦、苏福兵、汪晖，2009）。

三 国家制度空间的经济效应

国家制度空间从理论到实践是困难的，对其所产生的经济效果，国内外学者开展了大量实证研究。一些学者分析了美国税收增额融资制度与经济增长、物业价值等方面之间的关系，认为该项政策能够有效促进政策区经济增长并提高物业价值（Man and Rosentraub，1998）。然而一些学者却得出了不同的结论，认为推行税收增额融资制度的区域并没有取得更快的发展，该政策只是在大都市区内部进行了无效率的再分配（Dye and Merriman，2000）。还有学者分析了英国的经济特区，认为该政策对本地区经济增长和土地升值的带动作用并不明显（Erickson and Syms，1986）。对于美国联邦政府设立的国家直属经济特区，有学者比较了获得该政策的社区与邻近社区的差异，发现该政策虽然降低了贫困率和失业率，但并没有提升社区工资水平（Reynolds and Rohlin，2015）。总的来看，西方发达国家的制度空间并没有预想的成功，并且由于实证结果的差异及基于公平和效率的争论，其政策制定往往陷入冲突之中。

与西方发达国家不同，中国国家制度空间的实证研究多聚焦于开发区这一类型，并证实了其对经济增长的带动作用。有学者利用城市层面的数据测算了经济技术开发区对本地经济发展的促进作用，结果显示经济技术开发区能够吸引更多的外商投资，显著提升了城市的生产效率，并且设立时间越早的开发区对城市经济增长的贡献越明显（Wei，1995）。有学者利用FDI（外商直接投资）和企业数据作为集中的资本投入和技术外溢的评价指标,验证了开发区通过吸引外资对经济增长的促进作用,揭示了开发区政策对就业、产出、投资和企业数量有正向促进作用,并且开发区的类型和区位特征对其政策效应产生了重要影响(Liu,2008)。有学者基于经济规模、外向度、就业和税收等方面分析指出,高新区对城市经济发展水平和增长潜力有直接的影响,但这种影响效果因城市的不同而具有显著差异性,对经济发展水平相对较低的城市影响更大(刘瑞明、赵仁杰,2015)。

总体来看,由于不同国家和城市在制度环境、政策设计和发展水平等方面的不同,以及已有研究在分析层次和计量方法等方面的差异,有关国家制度空间经济效果的实证研究结论也不尽相同。

第三节 国家制度空间发展效应的实证分析:以国家级新区为例

一 分析框架

国家级新区通常由市级政府或省级政府申报,中央政府基于国家发展战略考量决定是否批复。国家级新区设立后,中央政府和地方政府期望通过政策优惠、设施建设、要素投入和创新许可等手段,使其成为资金、产业和就业的集聚地,进而带动本地经济增长。结合现有研究文献(Wang,2013;李晓江,2012),我们认为国家级新区主要通过三个机制影响城市经济增长(图4-3):特殊政策优惠、基础设施投资、集聚经济效应。

从政策设计来看,国家级新区政策优惠主要体现在两个方面:一是国务院直接赋予的土地、税费、财政等优惠政策和行政审批权限;二是在中央政府鼓励新区探索改革与创新的激励下,地方政府在行政管理、产业政策、土地政策、人才政策等方面给予的优惠。例如:中央政府对国家级新区建设用地指标实行计划单列并予以倾斜;符合新区产业目录的企业,3—5年内减按15%的税率征收所得税;从事高新技术和战略性新兴产业的企业,在项目审核、土地利用、贷款融资、技术开发等方面给予政策支持，并设立风险补偿金；地方政府设立专项财政资金用以基础设施建设；3—5年内对于国家级新区的税收，中央和地方政府予以全部或部分返还；对引进的高端人才予以财政奖励。这些政策优惠能够吸引大量企业流入国家级新区，对本地经济增长有显著促进作用。

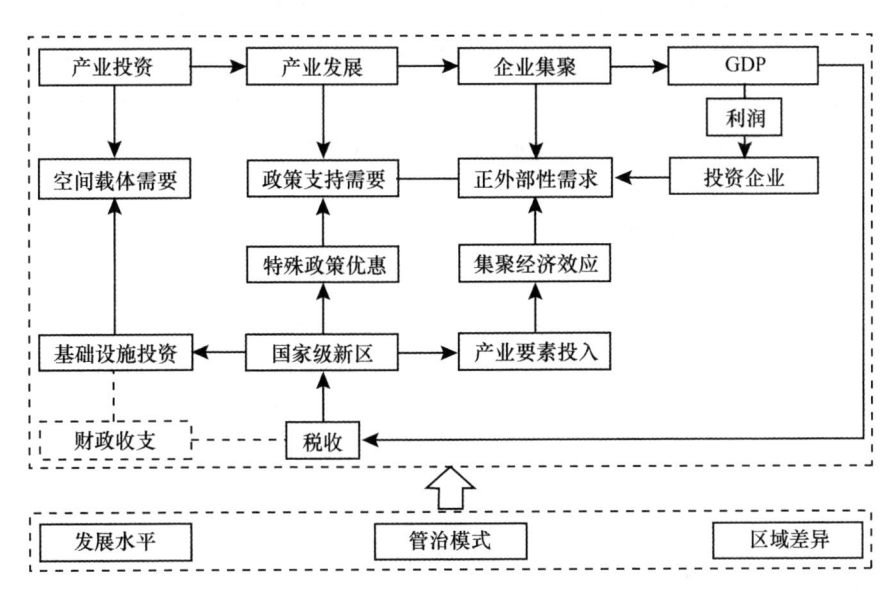

图 4-3　国家级新区经济效应分析框架

资料来源：笔者自制。

此外，国家级新区的开发建设为企业选址提供了"高标准、低成本"的空间载体。国家级新区成立后，地方政府通常会设立国有大型投资公司，对新区范围内的基础设施建设、土地一级开发和楼宇建设进行投资、建设和资本运作。对于开发成熟的工业用地、标准厂房、办公楼宇、研发设施等，政府会以较低的价格进行出让和出租。最终，特殊政策优惠、完善的基础设施和空间载体，以及政府对关联产业要素的前期投入，能够吸引最初的企业投资。随着企业在国家级新区不断集聚，便会产生集聚效应。也即企业在国家级新区选址可以获得更低的交易成本、更好的市场潜力及知识和技术外溢等正外部性，进而产生促进经济增长的持续动力。

需要注意的是，国家级新区的特殊政策优惠和低成本空间载体并非企业区位选择过程中考虑的唯一因素，地理区位、经济发展水平、产业集聚、制度和市场环境等众多因素也对企业选址产生影响。因此，国家级新区所处城市和地区的不同，可能会导致政策效果的差异。另外，国家级新区作为多行政主体权力边界"套叠"的政治空间，其管治模式直接影响了政策、规划和建设的科学性及执行性，低效率的管治可能导致"空城"和政府债务风险等问题，难以实现吸引企业和促进经济增长的政策目标。因此，从理论上看，国家级新区对城市经济增长的影响方向不确定，并且可能存在异质性。

二 模型与数据

（一）研究方法

国家级新区政策预期的完全实现需要两个阶段（图4-4）：一是培育"核心"，即国家级新区率先形成企业集聚空间，自身经济快速增长；二是带动"外围"，即通过国家级新区人口和企业向外围低成本空间的外溢扩散，带动外围地区的经济增长。考虑到国家级新区政策效应完全实现需要较长的时间，以及多数国家级新区成立时间较短等限制因素，本章只考察国家级新区在培育"核心"阶段对政策覆盖地经济增长的作用。

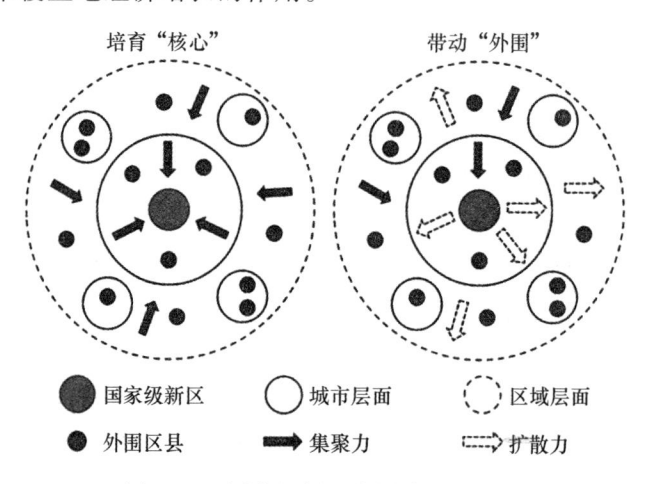

图4-4 国家级新区发展阶段示意图

资料来源：笔者自制。

检验国家级新区对本地经济增长的作用，重点在于比较国家级新区设立前后本地经济增长的差异性。然而，简单的直接比较往往得不到准确的结论，因为在国家级新区设立前后，还有诸多其他因素影响本地经济增长。为了进一步准确检验国家级新区对本地经济增长的影响，特构建以下模型进行实证分析：

$$Y_{it} = \alpha_0 + \beta X_{it} + äNLNA_{it} + ãG_{it} + ë_i + Ç_t + e_{it} \qquad (1)$$

其中，Y_{it}为被解释变量，下标i和t分别表示第i个区（县）和第t年，$ë_i$代表时间固定效应，$Ç_t$代表各区（县）的个体固定效应。$NLNA_{it}$是虚拟变量，表示区（县）i在时间t是否被纳入国家级新区。G_{it}是影响区（县）i在时间t经济增长的其他控制变量。β、α_0、$ä$、$ã$分别代表未知系数向量，e_{it}是正态分布误差。对于该模型，系数β的估计值是考察的重点，它度量了国家级新区对本地经济增长的贡献度。

（二）研究区域与数据来源

虽然近几年国家级新区"密集"设立，但中国首个国家级新区设立于1992年，并且直到2006年才设立第二个国家级新区。考虑到首个国家级新区设立时间较早且具有特殊性，以及国家级新区从开发建设到招商引资并带动经济发展有一定的时滞性。本节选择2006—2014年成立的10个国家级新区为实证对象，以这10个国家级新区所涉及的14个城市为研究区域（表4-2）。其中，由于重庆市域面积过大，本节只将其主城9区纳入研究区域。实证分析以区（县）为单元，其中每个城市至少有3个区（县）被国家级新区所涵盖，共包括122个区（县）。

本节实证分析是基于122个区（县）2006—2014年的数据，使用的原始数据都来源于各年的《中国城市统计年鉴》和各区（县）历年的国民经济和社会发展统计公报。

（三）变量选择

本节研究的焦点是国家级新区设立对本地经济增长的影响，并对这种影响可能存在的异质性进行详细分析。参照现有研究，本节将区（县）GDP的对数值lngdp和外商直接投资的对数值lnfdi作为因变量，用以度量本地经济增长。虚拟变量（$NLNA$）为核心解释变量，如果区（县）i在时间t已经设立或开始设立国家级新区，则赋值为1，否则赋值为0。

表4-2 研究区域

新区名称	获批时间	主体城市	面积（平方千米）
滨海新区	2006年05月26日	天津	2270
两江新区	2010年05月05日	重庆	1200
舟山群岛新区	2011年06月30日	浙江舟山	陆地1440，海域20800，总面积22240
兰州新区	2012年08月20日	甘肃兰州	1700
南沙新区	2012年09月06日	广东广州	803
西咸新区	2014年01月06日	陕西西安、咸阳	882
贵安新区	2014年01月06日	贵州贵阳、安顺	1795
西海岸新区	2014年06月03日	山东青岛	陆地2096，海域5000，总面积7096
金普新区	2014年06月23日	辽宁大连	2299
天府新区	2014年10月02日	四川成都、眉山	1578

资料来源：笔者自制。

对于控制变量G，我们参照现有研究成果并依据中国发展现实进行设定，包括如下变量：（1）经济水平，用上一年度GDP的对数值来表示，用以矫正模型中可能存在的内生性问题和经济收敛效应，记作$lngdplg$；（2）人力资本对经济增长产生显著影响，我们用年末常住人口的对数值来表示，记作$lnpopu$；（3）人口密度可以反映现有空间集聚程度，对经济增长具有重要作用，用建成区每平方千米常住人口数来表示，记作$density$；（4）产业结构对本地经济增长产生影响，用第二产业发展水平（地区第二产业产值/地区生产总值）和第三产业发展水平（地区第三产业产值/地区生产总值）来表示，分别记作$secind$和$thdind$；（5）税率水平影响企业选址进而对地区经济增长产生影响，用一般预算收入占GDP的比重来表示，记作$taxrate$；（6）政府支出对经济发展有显著影响，用人均预算支出的对数值来表示，记作$lnexpe$；（7）资本投入同样是经济增长的重要驱动力之一，用固定资产投资的对数值来表示，记作 ln-inve（表4-3）。

表4-3　　　　　　　　　　自变量及因变量定义

变量类型	变量名称	变量含义
因变量	lngdp	实际GDP的对数值
	lnfdi	外商直接投资的对数值
国家级新区变量	NLNA	虚拟变量（0，1）
控制变量	lngdplg	经济水平：上一年度GDP的对数值
	lnpopu	人力资本：年末常住人口的对数值
	density	空间集聚：建成区每平方千米常住人口数
	secind	产业结构：第二产业增加值占GDP比重
	thdind	产业结构：第三产业增加值占GDP比重
	taxrate	税率水平：一般预算收入占GDP比重
	lnexpe	政府支出：人均预算支出的对数值
	lninve	资本投入：固定资产投资的对数值

资料来源：笔者自制。

三　结果分析

（一）国家级新区与城市经济增长：基本结果

为了消弭非观测的区域效应，本章采用固定效应模型进行实证分析。回归结果表明（表4-4），在控制了初始经济水平、人力资本、人口密度、产业结构、税率水平、政府支出和固定资产投资等影响经济增长的控制变量后，相比于没有国家级新区政策的区（县），国家级新区设立能够显著促进GDP增长和FDI（外商直接投资）增长。首先，国家级新区的设立对GDP增长起到了重要的推动作用，贡献度为13.5%（T=7.20）。这就回答了本章提出的第一个问题：随着国家级新区设立的"密集化"和竞争加剧，其能否真正带动本地的经济增长？实证结果表明，设立国家级新区是中央和地方政府培育空间节点的有效手段，对促进本地经济增长发挥了重要作用。其次，国家级新区设立促进了外商直接投资的增长，贡献度为 36.7%（T=3.54）。这表明国家级新区的特殊政策优惠和基础设施建设能有效吸引企业投资，同时这也从侧面反映出国家级新区现有政策设计和开发模式是具有效率的，并非有些研究所提到的形成了大范围的"空城"。

表4-4　　　国家级新区与城市经济增长的总体估计结果

变量	lngdp 系数	T值	lnfdi 系数	T值
$NLNA$	0.135***	7.20	0.367***	3.54
$taxrate$	-0.011***	-7.84	-0.022***	-2.91
ln$popu$	0.243***	9.54	0.481***	3.61
$density$	$-0.130e-04$**	-3.28	$0.100e-04$	0.47
ln$gdplg$	0.550***	36.13	0.290**	3.44
ln$expe$	0.159***	11.41	0.400***	6.09
ln$inve$	0.144***	12.94	0.263***	4.63
$secind$	$-0.144e-02$	-0.51	0.002	1.22
$thdind$	$-0.895e-02$*	-1.48	0.008*	2.39
_cons	-0.297**	-2.37	-7.578***	-11.43
R^2	0.946		0.575	
N	1220		1220	

注：*、**、*** 分别表示显著性水平为10%、5%和1%。

此外，控制变量的实证结果也与已有研究结论相吻合。研究期间，中国城市经济增长表现出明显的规模经济效应，即初始经济水平与经济增长呈显著正相关。人力资本对本地经济增长同样具有显著的促进作用，这在一定程度上反映了低成本的人力资源仍是企业区位选址考虑的重要因素。空间集聚程度与经济增长呈现轻微的负相关，并没有对企业的区位选择产生明显影响。而经济结构同样对本地经济增长的影响不显著。税率水平对GDP增长有显著的负面影响，这也证实了较高的税率能够降低辖区对企业的吸引力。政府支出和固定资产投资对经济增长的影响也与已有研究高度吻合，有着显著的促进作用。这表明在中国城市经济增长的过程中，政府的生产性公共支出和城市设施建设扮演着非常重要的角色。

（二）进一步检验：不同地区国家级新区的异质性验证

由于中国不同地区在发展阶段、产业集聚、基础设施、制度和市场环境等方面存在显著差异，而这些都是企业选址所需要考虑的因素。因而，企业投资时对国家级新区政策和空间的考量，以及国家级新区设立能否推动本地经济增长等方面也会因地区差异而不同。为了考察不同地区国家级新区对经济增长影响的差异性，本章对位于东部地区和中、西部地区的样本分别进行了类似的实证检验（表4－5）。

从对本地 GDP 增长的贡献度来看，位于东部地区的国家级新区对本地经济增长的贡献度为 8.8%（T=4.42），而位于中、西部地区的国家级新区对本地经济增长有着更高的贡献度，为 17.7%（T=5.56）。然而，出现这一结果有着诸多原因。东部地区在经历了率先发展以后，经济发展水平、设施水平、产业结构和市场化程度都比较高，因此对国家级新区依靠政策和空间的竞争有不同的认识。首先，随着产业转型升级的加速，东部地区投资的企业由对税收、土地等成本要素比较敏感的企业转向对人力资本、技术和环境比较敏感的资本、技术密集型企业，优惠政策和空间载体已经不是这些企业选择投资地的主要考量指标。其次，产业结构调整是当前东部地区面临的主要问题，国家级新区的发展也不再一味追求"盲目引资"，而是倾向于吸引高端产业。中、西部地区的国家级新区对经济增长产生更大的促进作用，究其原因，中、西部地区在发展阶段、产业集聚、基础设施和市场环境等方面相对落后，这种外部环境使得国家级新区通过政策优惠和基础设施建设能够产生较高的边际效用，更容易吸引企业在新区内选址投资。

从对本地 FDI（外商直接投资）增长的贡献度来看，位于东部地区的国家级新区对本地 FDI 增长没有显著的影响，而中、西部地区的国家级新区对本地 FDI 增长的贡献度高达 56.5%（T=4.71）。这一结果同样与不同地区的产业基础、设施水平和市场环境等高度相关。东部地区经济相对发达，已具有较好的产业基础、设施建设和市场化环境，企业在选址时成熟的外部环境同样具有吸引力，因而国家级新区的边际效用将大打折扣。中、西部地区产业基础相对薄弱,基础设施建设水平和市场化程度不高。这种外部环境下,国家级新区的一系列措施能够产生较高的边际效用,形成区域空间的异质点,进而高效率地吸引企业投资。

表4-5 不同地区国家级新区与城市经济增长估计结果

变量	lngdp 中、西部地区 系数	lngdp 中、西部地区 T值	lngdp 东部地区 系数	lngdp 东部地区 T值	lnfdi 中、西部地区 系数	lnfdi 中、西部地区 T值	lnfdi 东部地区 系数	lnfdi 东部地区 T值
NLNA	0.177***	5.56	0.088***	4.42	0.565***	4.71	0.050	0.24
taxrate	-0.007***	-4.46	-0.018***	-5.21	-0.031***	-3.78	-0.003	-0.12
lnpopu	0.275***	6.65	0.333***	8.74	0.491**	2.37	0.827***	4.48
density	-2.620e-06	-0.26	-8.610e-06**	-2.17	0.380e-04	0.73	-0.139e-04	-0.55
lngdplg	0.575***	31.31	0.425***	15.34	0.324***	3.38	-0.216	-1.19
lnexpe	0.144***	9.00	0.244***	8.23	0.196**	2.61	0.864***	5.88
lninve	0.138***	9.23	0.133***	8.36	0.448***	6.51	0.156*	2.05
secind	0.004***	3.98	-0.49e-03*	-1.94	0.015*	2.58	0.001	0.82
thdind	0.003*	2.51	-0.91e-03	-1.14	0.015*	2.37	0.010*	2.00
_cons	-0.924***	-4.79	-0.371	-1.60	-8.22*	-8.43	-10.311***	-7.57
R^2	0.951		0.944		0.641		0.347	
N	810		410		810		410	

注: *、**、*** 分别表示显著性水平为10%、5%和1%。

(三) 进一步检验:不同管治模式国家级新区的异质性验证

国家级新区作为功能空间和政策空间具有跨行政区的属性,因而不同国家级新区在行政主体构成及其权力边界等方面存在显著差异。同时,这也决定了国家级新区管治效率的高低,进而影响其能否通过高效的政策设计和开发建设来推动本地经济增长。从已有研究来看,国家级新区管治主要存在跨界联合模式、管委会模式和属地政府模式三种。其中,跨界联合模式的国家级新区是跨越了现有地级市的行政边界，多个行政主体通过协商、合作等方式组成管理机构；管委会模式的国家级新区并没有跨越现有地级市的行政边界，由新区所在地的市级政府派出"管理委员会"机构，并通过内部行政管理权限的调整，将新区开发建设和经济管理等权限集中赋予管委会。属地政府模式是纯政府管理型的模式，不改变原有行政主体，使其同时兼具经济职能与社会发展职能。为了考察不同管治模式的国家级新区对经济增长影响的差异性，本章按照市级行政主体是否唯一对样本分别进行类似的实证检验。其中，跨界联合模式具有多元化的市级行政主体，而属地政府模式和管委会模式具有唯一的市级行政主体。

从实证结果来看，国家级新区管治模式对其政策效果有着显著影响（表 4-6）。从对 GDP 增长的贡献度来看，行政主体唯一的国家级新区对 GDP 增长的贡献度为 17.7%（T = 6.58），而行政主体多元的国家级新区对 GDP 增长的贡献度仅为 7.1%（T = 2.83），且显著性相对更低。从对 FDI 增长的贡献度来看，表现出相同的结果。行政主体唯一的国家级新区对 FDI 增长的贡献度为 46.7%（T = 3.05），而行政主体多元的国家级新区对 FDI 增长没有显著的贡献度。究其原因，国家级新区管治中市级行政主体的多元化降低了管理的绩效。以市级行政主体多元的西咸新区为例，新区范围涉及西安、咸阳两市。由于跨越了两个地级市，为了更好地协调和管理新区发展，陕西省政府成立了西咸新区管委会，并通过权力垂直和水平移动的方式赋予其省级部门经济管理和规划、土地、建设、环保等行政管理权限，使其在新区的建设与发展中发挥协调作用。但在实际发展中，由于西咸新区五大组团在行政隶属上分别属于西安、咸阳两个城市，在行政、财税等方面分市而治，管治体系的非完全重构使其联合虽密切，但各行政主体仍然不可避免地存在竞争关系和矛盾。特别是在开发建设和招商引资方面，各片区独立进行、各自为政，影响了新区整体的开发建设和要素投入。相对而言，市级行政主体唯一的管治模式能有效解决权力边界模糊与管理权分散的问题，有效提升了行政效率，对国家级新区的经济效果有更为积极的作用。2017 年 1 月，西咸新区划归西安管理，其管治模式也由跨界联合转向了管委会模式。

表 4-6　不同管治模式国家级新区与城市经济增长估计结果

变量	lngdp 行政主体唯一 系数	T值	行政主体多元 系数	T值	lnfdi 行政主体唯一 系数	T值	行政主体多元 系数	T值
NLNA	0.177***	6.58	0.071**	2.83	0.467**	3.05	0.183	1.39
taxrate	-0.008***	-4.37	-0.017***	-7.28	-0.009	-0.81	-0.046**	-3.90
lnpopu	0.239***	5.69	0.220***	7.42	0.863**	4.24	0.090	0.63
density	-0.179e-04	-3.32	0.520e-07	-2.17	-0.192e-04	-0.63	0.303e-05	1.01
lngdplg	0.519***	22.57	0.591***	30.88	0.298**	2.27	0.216	1.19
lnexpe	0.172***	7.57	0.141***	8.61	0.617**	5.62	0.864***	5.88
lninve	0.160***	9.54	0.132***	9.11	0.086	0.95	0.443***	6.56
secind	-0.002	-0.89	-0.001	-1.07	8.039e-04	0.45	0.017**	3.32
thdind	-0.009	-1.18	-0.002	-1.70	0.008*	1.78	0.015*	2.46
_cons	-0.260	-1.29	-0.160	-0.97	-9.747*	-8.93	-6.614***	-7.89
R²	0.929		0.965		0.487		0.637	
N	650		570		650		570	

注：*、**、*** 分别表示显著性水平为 10%、5% 和 1%。

第五章

国家制度空间下两江新区空间生产策略

通过国家制度空间的时空过程可以发现，全球化背景下生产组织方式的变革以及资本和技术的快速转移，使区域和地方成为重要的国家生产空间，并引起了国家—区域的治理回应。改革开放以来，国家一方面通过宏观制度的调整启动了地方政府发展经济的积极性，使其构成了经济发展的强大动力，主导和推动了经济的快速增长；另一方面，在既定的空间范围内，通过"试验性"政策与制度重组，动员了社会空间的生产和再生产，实现了资本积累并成功"嵌入"了经济全球化，提高了全球竞争力。值得注意的是，国家制度必须作用于地方行动主体才能实现地方发展的"实在化"，那么国家制度空间下的地方政府的角色定位与发展目标发生了怎样的变化，地方政府又是通过何种行为模式实现其目标的？本章以重庆两江新区为实证案例，对新区发展的制度背景及其赋予新区政府的行动空间进行分析，探讨两江新区空间生产的逻辑过程及政府行为策略。

重庆两江新区于2010年6月挂牌成立，是继上海浦东新区、天津滨海新区之后，国务院批准的中国第三个、内陆第一个国家级新区。两江新区地处重庆主城区长江以北、嘉陵江以东，辖江北区、渝北区、北碚区三个行政区的部分区域，规划总面积1200平方千米。之所以选取两江新区作为案例区，是因为其在以下方面具有典型性和代表性：一是两江新区设立于中国转型发展的关键时期，相对于早期设立的国家级新区，国家宏观制度环境已趋于稳定，而相较于新近成立的国家级新区，其经济发展、空间建设和制度建构较为成熟；二是两江新区作为内陆第一个国家级新区，是中央政府"支持性"制度要素密集的地区；三是两江新区设立前的大片地区曾为农田和村庄，现为先进制造、高档商业、商务办公、生活居住、休闲消费等多元空间融合的城市形态，城市空间重构显著；四是两江新区成立后，地方政府"积极作为"，大量企业和人口集聚于此，是地方政府、企业和公众等行为主体的"活跃"地区。

第一节 两江新区的制度空间与政府行为响应

一 两江新区发展的国家制度空间

（一）发展模式与空间战略的重新定位

改革开放40多年的发展，中国虽然取得了经济增长的奇迹，但发展的不平衡也在诸多领域开始显现，具体体现为"强经济与弱社会、强形象与弱结构、强空间与弱政策"的特征。市场化改革、财政与税收体制的变革，以及激励性政绩考核体制设计在城市间营造了一种高度竞争的环境。"发展型"地方政府为了获取更多的发展机遇和谋取种种利益，与市场、企业甚至境外资本结成了各种"增长联盟"，利用经济社会行政资源的垄断优势，演化为"超级企业"。中国发展实践的另一种不平衡性，具体体现为"强生产与弱消费、强开发与弱运营、高消耗与低效益"的特性，表现在"空间生产"的产能过剩而"空间消费"的不足。"空间生产"的产能过剩表现在各级政府都盲目扩大建设用地规模，而忽视自身的经济基础和空间需求；"空间消费"的滞后体现在土地占而不用现象严重，房价过高影响了群众的购买力。中国的政治经济改革使地方政府搞资产经营的积极性被极大地调动起来，城市经营提高了经济效率，筹集了建设资金，赢得了宝贵的建设时机，但也透支了环境、土地和未来政府的金融。

当前，中国面临发展模式的重新审视，需要通过制度转型调控地方政府行为模式。我国渐进式的制度改革分两个时期来培育现代市场的微观经济主体：第一个时期是地方分权，把中央政府对经济发展的绝大部分权力逐渐转移给地方，激发了地方积极性；第二个时期是经济分权，把驱动经济增长的动力由地方政府转移到各种受市场约束的企业。中国目前正处于第一步已经完成而第二步刚刚启动的阶段，地方发展遭遇着经济分权和行政集权相"嵌套"的复杂制度。在这一时期，市场机制对资源配置的基础性作用还没有被完全体现出来，企业也没有成为真正意义上的市场主体，而地方政府却是真正意义上拥有相对清晰利益目标的"准市场主体"。因此，需要对地方政府形成新的激励与约束机制，并对地方发展形成一种弹性高效的治理模式。

另外，中国的发展要进行空间性与政策性再平衡，对发展政策的时空分布进行调整与转变。在中国的政治制度下，可以将历次党代会分期，以此来分析国家发展的路线、战略和政策的转变。因为，历届党代会均传达了国家发展的重要理论和思想，以及所采取的重要制度设计和重要战略调整。如果以此为背景，回顾并探讨国家的重大空间战略决策及其调整，就能够察觉国家空间战略选择与定位的图景（表5-1）。从1978年以来历次党代会的政治纲领，可以看出国家发展理念的演变，从单纯的追求效率开始转向寻求公平和质量。

表5-1　　　　　　　　国家发展理念与空间战略的选择

年份	国家发展理念思想	国家空间战略选择	重要事件
1982—1986年党的十二大	建设有中国特色的社会主义	1984年，14个沿海开放城市	1984年，邓小平首次南方视察
1987—1991年党的十三大	沿着有中国特色的社会主义道路前进	1988年，中关村科技园区提出梯度开发的区域格局；1992年，上海浦东新区提出对外开放的总体格局	——
1992—1996年党的十四大	明确经济体制改革的目标是建立社会主义市场经济体制	——	1992年，邓小平南方谈话

续表

年份	国家发展理念思想	国家空间战略选择	重要事件
1997—2001年党的十五大	把建设有中国特色社会主义事业全面推向21世纪；2000年，"三个代表"重要思想	1997年，重庆直辖；2000年，西部大开发	1997年，亚洲金融危机；2001年，北京申奥成功；2001年，上海APEC会议
2002—2006年党的十六大	2003年，提出科学发展观；2005—2006年，社会主义和谐社会	2003年，振兴东北；2004年，中部崛起；2005年，浦东新区综合配套改革试点；2005，天津滨海新区	2002，上海申博成功
2007—2011年党的十七大	2007年，全面形成科学发展理论体系	2007年，重庆成都统筹城乡试验区；2010年，重庆两江新区，浦东新区扩区、横琴新区、前海新区、南沙新区；2011年，舟山新区	奥运会（北京）；世博会（上海）；亚运会（广州）；大运会（深圳）；国际金融危机
2012—2016年党的十八大	深化改革	2012年，广东南沙新区等；2014年，陕西西咸新区、贵州贵安新区、成都天府新区等；2015年，湘江新区、江北新区、滇中新区、哈尔滨新区；2016年，长春新区、赣江新区；2017年，雄安新区	—

资料来源：根据历届党代会资料整理。

两江新区的成立是国家层面继续推进西部大开发、加速内陆开放以更好融入全球化过程的重要举措。自1999年实施西部大开发后，中西部地区发展迅速，但区域发展就全域而言仍然存在着较大的不平衡性，西部地区缺乏带动区域经济发展的增长极。浦东新区、滨海新区和两江新区的设置，都有与其相似的时代背景，都是国家在不同的转型阶段根据中国社会发展要求作出的重大战略抉择。浦东新区是20世纪末期国家为进一步深化对外开放，以推动国民经济全面发展从而实现经济发展第二步战略目标而设立的。滨海新区是在21世纪初期中国改革开放的新阶段设立的国家综合配套改革实验区，目的是促进环渤海湾区域经济的振兴，促使全国经济均衡发展。两江新区是在西部大开发10年之际，国家为了进一步推进对外开放，探索西部发展的新动力，缩小东西部差距和贫富差距而设立的城乡统筹综合改革试验的先行区。

由于两江新区自身或所依托的主城基础（如经济、人口、产业）、区位条件、生态较条件、山地地形限制等因素，国家对新区的功能性质与空间发展也有特殊要求。两江新区发展需依托特殊优势和资源（如材料、航空、三线军工、生态和文化资源等）的"小众"引领和定位，还取决于对东部地区转移企业的吸收消化能力，在此基础上带动工业化和城镇化发展。对于自然地理空间而言，两江新区处于山地且自然环境敏感，在地形限制和生态发展需求下，新区土地利用必须考虑好集中和分散的关系。从区域功能来看，首要意义就是生态屏障与模式示范。也就是通过新区的发展，带动全（市）省域的人口和产业向资源环境承载优势地区集聚，从而间接减轻生态脆弱地区的环境压力。

（二）强激励与弱约束的制度安排

制度安排是由国家针对两江新区高速发展所制定的一系列特殊政策，主要涉及土地、财税、融资等方面的政策，以及"正式"确定的新区建设过程中各级政府、机构、开发实体等权利、义务、责任以及分工、付出与收益等。经过对三大国家级新区的横向比较，可以发现，两江新区获得的国家政策支持最优惠、最完善。第一，两江新区可以享受"西部大开发"的相关优惠，同西部其他地区一样将获得国家西部大开发政策的支持；第二，两江在更大尺度范围上属于"成渝统筹城乡综合配套改革试验区"，在统筹城乡发展先行先试、成渝地区经济协作等方面享受国家支持；第三，国务院在对两江新区的批复文件中规定"两江新区政策执行可以参照浦东新区和滨海新区",这就表明两江新区不仅可以享受浦东新区和滨海新区的优惠政策,还将享受浦东新区和滨海新区建设以后产生的新政策(表5-2)。

表5-2　　　　　　　　两江新区"十大优惠政策"

政策项目	主要内容
税收减免	区内从事国家鼓励类产业的企业,在2020年前减按15%的税率征收企业所得税
行政管理费	从2010年算起,"十二五"时期新区内新增地方财政、新增有关建设项目的行政事业性收费收入全额投向两江新区发展专项基金
用地政策	对新区建设用地计划指标实行单列并予以倾斜,根据发展规划需要优先确保建设用地
财政支持	重庆市政府设立100亿元基础设施建设专项资金,保障两江新区基础设施建设所需资金
重点产业重点支持	国家允许重庆试水产业投资基金,基金将优先投向新区基础设施建设和重点产业发展
财政补贴	对工业开发区内工业企业征收的企业所得税地方留成部分,在前2年由新区财政给予全额补贴,后3年按50%给予财政补贴
风险补偿	对区内从事高新技术产业和战略性新兴产业的企业,从盈利年度算起,对企业提取的风险补偿金在征收企业所得税时可税前免除
地租补贴	新区执行优惠的土地和房屋租赁政策。对重点支持的产业用地实行双优政策。对从事科技开发的企业、科研机构和高等院校,给予房屋租金补贴
特殊产业特殊支持	对区内符合国家产业政策的项目,在项目审核、土地利用、贷款融资、技术开发、市场准入等方面给予支持
人才引进	对新引进大型企业总部高管人员给予安家资助等财政扶持,并建立分配激励机制促进人才引进

资料来源:根据两江新区官网(http://www.liangjiang.gov.cn/)整理。

在所有优惠政策中,对两江新区政府行为激励性最强的当属税收政策和财政政策两个方面，总结可以发现他们具有以下特征：（1）两江新区内落户的各类企业，包括外资和中资企业，凡属于国家鼓励类企业，其所得税从投产开始到2020年减按15%征收；（2）以两江成立的2010年为基数到2015年，这段时期内所有新区财税收入将全部划归为新区发展的专项扶持资金，用以对新区内先进制造业和现代服务业的发展扶持；（3）在两江落后投产的企业，凡属于高新技术领域的从获利年度起三年内可获得一定额度的风险补偿金。在用地支持层面，两江新区将实行建设用地指标计划单列，依据项目发展需要实行灵活的用地政策，优先保障建设用地指标；对重点引进的企业可灵活制定优惠的用地政策。同时，受"试验性"制度空间潜在收益的影响，国内外众多金融机构与两江新区签订了合作协议。

二　两江新区政府角色与空间生产

（一）两江新区政府角色定位

在当前宏观制度背景下，很难用一个标签去确切描述中国地方政府的角色定位，无论"企业家型政府""发展型政府"或者"经营型政府"。一般而言，中国地方政府具有非常矛盾和复杂的特征，一方面在经济发展上积极主动，但在社会事务中又呈现出消极的一面；另一方面在土地与其他资产经营中精心算计，但在项目投资中又呈现"非理性"的行为；再一方面政企合作或直接参与经营过程中市场运作手段日益娴熟，但计划经济时代的运动式建设手段也时常出现。总之，地方政府作为国家在地方的代表和地方利益的代言人，需要承担多种多样的职能，在中央政府的委托下进行社会管理、提供公共服务和发展地方经济。只是在不同的制度背景和发展时期下，其承担的责任大小和方式会有所变化。

从国家对浦东新区、滨海新区和两江新区的战略定位和发展方向及基础支撑来看（表5-3），中央要求国家级新区通过发展高端、战略性功能来发挥区域辐射带动作用，通过创新和示范发挥区域引领作用。可见，两江新区的主要职能是进行工业化和城镇化发展以集聚人口和产业，与此相对应，两江新区的政府职能应以城市经营为主。

表 5-3　　　国家级新区战略定位、发展方向及基础支撑

	浦东新区	滨海新区	两江新区
战略定位	科学发展先行区；国际经济中心；国际金融中心；国际贸易中心；国际航运中心核心区；综合改革的试验区；开放和谐的生态区	北方对外开放的门户；高水平的现代制造业基地和研发转化基地；北方国际航运中心和国际物流中心	统筹城乡综合配套改革试验先行区；内陆重要的先进制造业和现代服务业基地；长江上游地区金融中心和创新中心；内陆地区对外开放的重要门户；科学发展的示范窗口
产业发展方向	(1) 高端现代服务业；(2) 生产性服务业；(3) 战略性新兴产业	(1) 战略性新兴产业；(2) 先进制造业；(3) 现代服务业	(1) 先进制造业；(2) 生产性服务业；(3) 高科技产业
重大基础设施	浦东国际机场、洋山深水港，多个长途客运站。浦江大桥、海底隧道、2座跨海大桥、13条轨道线、磁悬浮列车，浦东铁路	滨海国际机场、天津港、京津塘、津滨、津宁等10条高速公路，4条轨道线路，津秦铁路客运专线等	江北国际机场，寸滩港、果园港、鱼嘴货运站，渝长、绕城高速等，"六纵六横"快速路，七条联络线路，多条轻轨线，渝利、渝怀铁路等
已有重要功能区	陆家嘴、外高桥、金桥、张江开发区，洋山保税港区等	天津经济技术开发区、滨海高新技术产业开发区、临港经济区、综合保税区等	北部新区、两路寸滩保税港区、工业开发区等

资料来源：根据浦东新区、滨海新区、两江新区规划资料整理。

(二) 两江新区政府行为取向

制度不仅提供了激励与约束机制，同时也界定了社会中各类行动者的博弈规则。国家层面需要加快推进西部大开发，在目前"自上而下"的行政考核体制下，两江新区必然把新区经济发展与基础设施建设放在第一位。中央政府对发展的渴求与新区政府的目标其实是高度一致的，唯一的要求是保持社会的稳定，因此中央政府在"不出事"的前提下会默许政府的很多冒险行为。中央政府给予了

两江新区在土地、财政、税收和资金等各方面的大力支持，这必然强化了其发展经济的主动性和积极性，同时也为地方创新及触及中央政府的政策底线提供了激励。在新区发展过程中，两江新区会在某些制度安排上与中央进行博弈，以使国家的制度安排对两江新区发展有利。另外，新区在执行中央给予的政策时也会游刃有余，只要是有利于新区发展的政策就会"用好用足"甚至被无限制放大，而不利于新区的政策则被尽量虚与委蛇。

在两江新区设立不久，在内陆地区中央又密集批复了4个国家级新区，并且从空间区位来看离两江新区较近，这必将强化区域之间的发展资源的竞争。中央的分权化改革使地方具备了相当程度的自主权，地区之间的招商引资竞争也更为激烈，国家级新区之间的竞争也是如此，突出表现在"招商引资"过程中。新区之间的竞争绝不仅仅是经济发展的竞争，在现行政绩考核与升迁机制下，新区为谋求政绩在各方面展开竞争。尽管财税、金融、土地等政策在新区进行了调整，而基本的政治体制仍然相对稳定，从政治角度而言，新区首先要服从上级政府的领导以贯彻落实上级政府发展方针。因此，新区的"增长主义"倾向，除了寻求自身经济发展之外，也是一种如何完成上级任务的绩效竞赛，具有激进冒险、重短期轻长期的行为特征。

两江新区可以利用行政权力制定有利于自身发展的规则，甚至利用行政手段去干预市场经营活动。同时，两江新区发展的资源是公共资源，在理论上并不属于官员所拥有，但他们可以从经营成功中获利（无论是政治的还是经济的、集体的或个人的都是如此），而个人无须对经营的失败负责。政府这个最大的"公司"管理层（政府官员）任期往往很短，随时可能会被调离岗位，因此他们没有动力去制定有利于新区长远发展的战略，更倾向于短期获利。更为重要的是，按照经济学的理论，只有稳定的产权设计才能有利于激励效应的发挥，而在中国各层级政府的行政和经济管理权限一直处于变动和调整之中，而且这些调整一般都不会有利于新区发展，反而刺激了新区抢抓政策机遇的机会主义倾向。所有这些因素共同作用，决定了两江新区政府在经济发展过程中激进冒险的行为特征。

可以说，两江新区以增长为导向的行为逻辑是多种因素、多个主体共同推动下的结果。政治与经济的强激励，中央政府"增长极"战略的意识形态、新区之间的引资竞争、民众期待发展的强烈愿望、官员个人追逐经济与政治利益的本能等，共同构成了强烈推动着新区政府发展的动力。重短期轻长期的行为有两个重要特征：一是目标的单一性，即追求量的扩张而非质的提高，追求上级可考核指标，如经济发展、投资规模、城市建设等；二是实现方式上的单一性，即注重成绩而忽视成本、注重近期而忽视远期，注重局部忽视地区的全面发展能力。这种行为主要表现为通过扩展投资来实现经济增长，这样的增长途径虽然在短期内对促进经济发展有显著效果，但也可能给经济的长期发展带来不平衡、不协调、不持续的重大隐患。

（三）两江新区空间生产选择

正如前文分析，全球生产组织在地理空间上的集聚，以多种主题的生产空间在区域中表现出来，如城市边缘区的工业区、高新技术园区、城市商务中心的楼宇经济等，跨国企业的生产组织通过这段地方化的生产空间取得了区域竞争优势。大卫·哈维（2009）提出"时空修复"（Time-spatial Fix）理论，指在某一个地方投入巨额的固定资产（重构城市土地利用）是加速资本循环，以达到用时间歼灭空间的主要途径。因此，两江新区必然以空间生产的形式创造各种生产、消费和流通空间。但对城市建成环境的投资不仅周期长、投资大，同时难以采用常规的方式进行定价，还会被其他资本家"搭便车"分享。因此，资本由初级循环转向第二循环不仅需要完善的资本市场和信用体系作为前提，同时还需要国家在财政上支持和保证长期的、大规模的城市物质环境建设。在中国，企业大规模投入城市物质空间生产更具有风险性，不仅难以找到合理的盈利模式以保证投资回报，还面临着政府更替频繁及政策的不稳定性。但在国家制度空间作用下，两江新区政府可以采取政府主导的模式进行空间生产，将新区空间视为一个整体进行生产和营销。

在中国，土地制度决定了城市土地的所有者是国家名义下的地方政府，而农村集体土地的所有者其实并没有决定土地开发利用的权利。西方理论界曾经提出城市政府"增长机器"的理论，认为在资本主义国家尽管地方政府与大企业可能在利益上存在分化，但"促进增长"特别是持续扩张城市人口（以及由此带来的产业发展、土地开发、金融活动等）是其共同的目标取向，城市之间展开竞争以获取发展先机，在这一过程中，城市政府与企业结盟以各种方式影响土地使用决策和公共投资安排。在中国，地方政府作为"增长机器"，其投资和决策受到上级政府土地发展权的限制，在这样一种情形下，地方政府能够经营土地的规模完全受制于上级政府土地指标的限制。中央政府给予了两江新区各方面的政策支持，但对新区开发建设最为实用的仍是土地政策。新区要进行大规模的成片开发，必须首先进行大规模的土地融资，获得资金以对土地综合开发利用，等到发展条件成熟时出让土地以获得收入。另外，也可以在土地一级开发完成后，直接进行标准厂房、研发楼宇、会展设施及相关生产和生活性服务设施的建设，通过租售楼宇来获得资金回笼。

值得注意的是，两江新区大规模的空间生产行为是制度环境变化所带来的"驱赶效应"，只有中央政府给予了重大政策支持才可以进行此种规模的空间生产。大规模的建设用地指标使农村土地转变为城市土地成为可能，有着巨大的利差可供新区政府左右，而城市形象是相对最容易在短期内改变和按照决策者思路去实现的，金融工具的便利（未来制度预期）也推波助澜，让新区能够大手笔实现理想的蓝图；决策体制的"高效"甚至空间规划工具（战略规划、效果图等）的娴熟运用等为新区进行土地经营提供了捷径。由此，两江新区作为全球化、地方化趋势和国家战略的结合体，成为资本积累和展示政绩的最佳载体，城市空间被有意识地进行着生产和消费。两江新区的土地开发利用已经由简单的生产场所转变为政府手中的一种"工具"，借助这种工具去实现经济与政治的双重目的。

由此，两江新区空间生产是制度催生下的一种权力经营（图5-1）。回顾新中国成立以来中国城市空间属性的嬗变历程，可以得出一个确切的结论：城市从来就不是一个自我生长的、简单满足居民生活、企业生产的容器或载体。当新中国成立之初中央政府提出要将城市由消费型转变为生产型时，城市空间事实上已经开始成为权力严加控制和利用的工具了，但是，它们只是一个生产的场所。当城市空间被独具市场意识的地方政府和资本所俘获时，才真正变为可以用来"生产"和消费的产品。虽然城市空间成为资本运作和展示政绩的载体，但在当前情况下，中央政府收回了一系列土地发展权和规划审批权，对地方投融资平台加强了规范和监管，对地方政府依托土地经营进行空间扩张重新设置了制度壁垒。国家制度空间下两江新区获得了财税政策、用地政策和金融政策的相关支持，为其进行空间生产扫清了制度障碍。

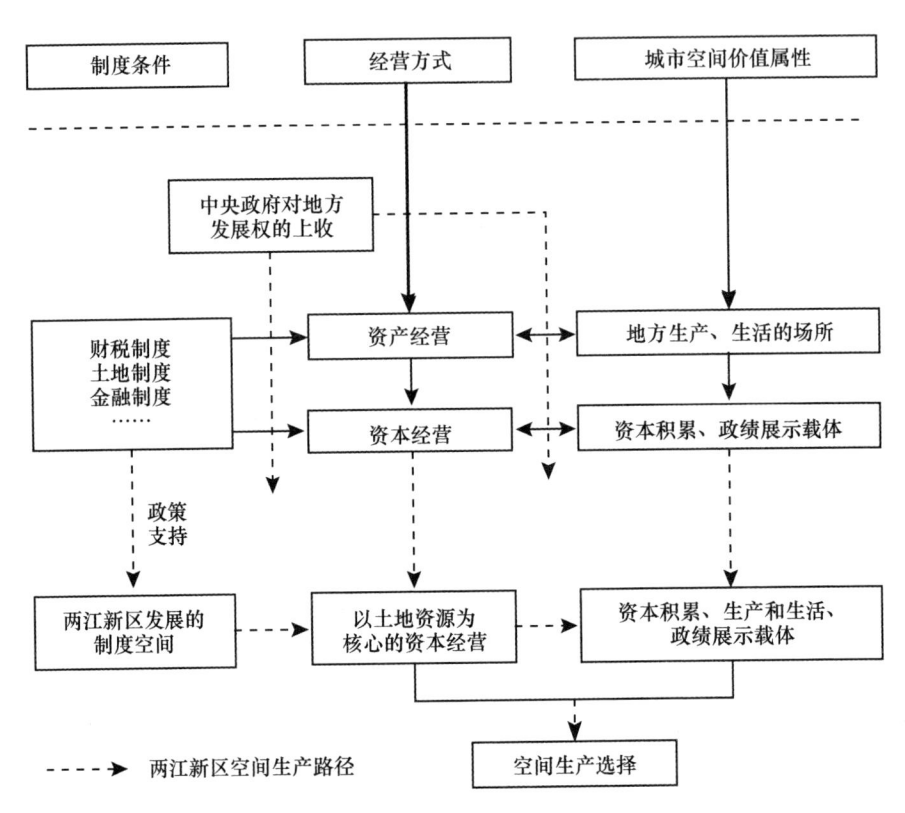

图 5-1 两江新区空间生产选择的逻辑过程

资料来源：笔者自制。

第二节　空间生产中的土地规模扩张策略

空间生产的必备要素是城市土地，在中国当前土地管理背景下可用于空间经营的土地主要是指建设用地。也即是，地方政府能够掌控建设用地的数量多少，对地方经济发展和城市建设的发展空间具有决定性的影响。因此，两江新区必然利用各种名目的政策创新来扩张可建设用地的规模，因为这是其进行空间生产的必要条件（图5-2）。

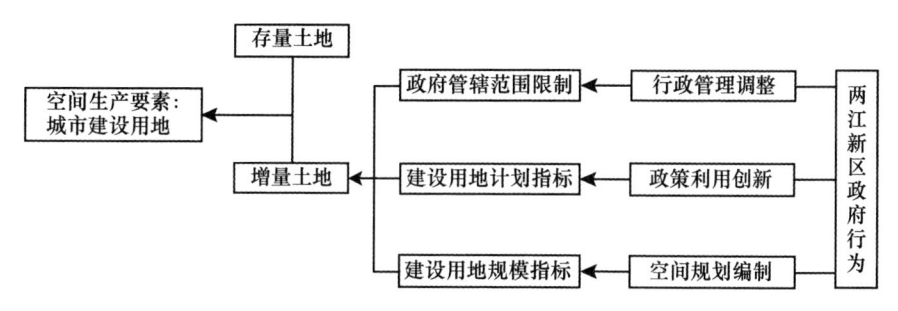

图5-2　土地规模扩张导向的政府行为

资料来源：笔者自制。

建设用地的来源主要有两个：一是城市存量土地，两江新区范围内存量用地主要是计划经济时代被征用并无偿划拨给各企业单位使用的土地；二是增量土地，也就是需要地方政府通过征地而获得的农村土地。很显然，两江新区空间生产规模的大小取决于可建设的用地面积，考虑到存量国有土地往往被单位所占用，进行再开发成本较高且规模偏小，而征农村土地则相对低廉得多，采取扩张性策略是必然选择。但土地资源的获取受制于三个条件：一是政府管辖范围所限，重庆市政府能够授权两江新区进行经营的土地只限于两江新区范围内；二是土地征用指标的限制，两江新区新征土地指标将按照"自上而下"一层一级向下分配，合法地使用土地必须按照相关程序进行报批；三是受制于空间规划特别是城市规划和土地利用规划，建设用地规模作为城市规划和土地利用总体规划的重要指标需要经过上级审查批复。因此，面对上述限制性因素，在国家制度空间的作用下，重庆市政府和两江新区管委会将通过行政管理调整、空间规划编制和政策利用创新等政府行为，来实现"两江新区"空间规模的扩张与生产。

一　行政管理调整：强化经营职能

(一) 两江新区管理体制模式

国务院关于行政区划管理的规定总体上比较模糊，虽然原则性规划多，但具体如何操作缺乏具体的细则。国务院在对两江新区的批复中要求："发挥先行先试优势，统筹推进重点领域和关键环节的改革创新，率先突破城乡统筹发展的体制机制障碍，构建与新区开发开放相适应的管理体制和运行机制。"两江新区成立后以国家要求"管理体制先行先试"为契机采取了"1+3"的管理模式，所谓"1"是指两江新区党工委管委会，全面负责两江新区范围内的事务协调、规划、宣传及政策制定等工作。而"3"则是指在新区开发建设上，两江新区管委联合江北区、渝北区、北碚区三个区级政府，实行"1+3"的开发建设模式。两江新区对开发平台的搭建采取了"三拖一"模式，而对于两江新区成立前的经济功能区，诸如北部新区和两路寸滩保税港区等，在此情况下由新区管委会实施统一管理，再加上新成立的工业开发区，构成了开发建设的三个平台。两江新区所涉及空间范围内的社会管理事宜，仍然由江北区、渝北区和北碚区负责 (图5-3)。

从上述行政管理模式可以看出，两江新区开发建设领导小组由重庆市委、市政府设立，由市长担任组长。两江新区管委会代管北部新区和两路寸滩保税港区，直管工业开发区，原有的三个行政区负责各自辖区的行政管理和社会事务工作，接受两江新区管委会对经济建设和开发开放工作的指导、协调。这种管理体制与中国现行宪法和地方组织法所规定的省、市、区各级地方政权——党委、政府、人大、政协等组织结构模式相比，是一种经过简化的管理结构，具有机构简化高效、社会管理负担轻、开发建设管理效率高等特点。一方面，可以减轻两江新区管委会政治、社会事务等方面的负担，专注于与经济发展有关的事务；另一方面，管委会主任由市委常委担任，具有行政官员高配置和高授权的制度特征，新区管委会的行政级别是副省级，其主要行政官员级别高于新区所辖三个行政区，高管制授权主要指在某些领域（如土地征用、工商管理等方面）享有副省级管辖权。同时，新区管委会作为重庆市的"宝贝"得到特殊关照，市委主要领导组成新区建设领导小组。由此，两江新区比重庆市的区级政府具备更强大的资源配置能力，以及应对不同管理部门的统筹与协调能力。

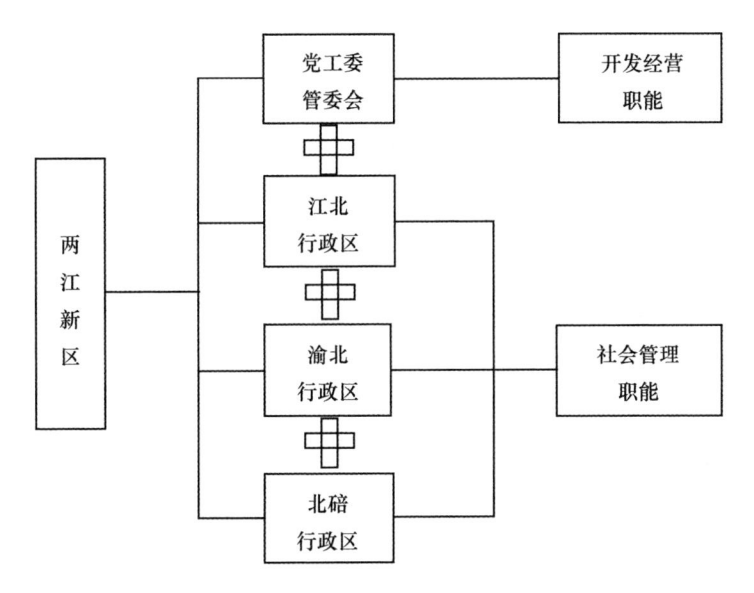

图 5-3 两江新区管理体制架构

资料来源：笔者自制。

综上所述，两江新区管委会的设立可以实现管理权限的扩大：一是管委会的高层次、高授权和高自由度，对减少管理成本、协调管理矛盾、消除外部干扰、获得高层信息等方面具有重要作用。二是管委会和开发投资公司各司其职，为规划、开发、招商以及企业后续服务提供了统一完备的载体。三是管委会的行政架构设置不仅能够行使一些管理职能，还因为其机构精简有益于新区的超高速开发建设。

(二) 两江新区管理体制运作

重庆市政府派出两江新区管委会的模式是中国"试验性"制度空间管理体制的主流形式，特别是在其成立初期，在这种模式下，两江新区管理运作呈现出一些独有的特征。

1. 外部职能关系：特殊的"职能分工模式"

两江新区在开发建设过程中采取了一种"孤岛式"的运作形式，通过优惠政策和管理体制的实施营造"国际投资环境"，使得两江新区与周边地区存在巨大的信息与资本落差。两江新区成立初期的目标主要聚焦于新区空间的开发利用和招商引资，而将社会管理事宜主要交由所在行政区管理。前者能够为新区带来财力的明显增加，而后者主要是耗费行政区地方财政。两江新区的发展一定在程度上以袭夺周边地区资源作为代价，投入与所得的不对称容易使得新区与周边地区出现矛盾。随着两江新区开发建设规模的扩大，征地工作对周边地区经济发展造成严重影响，而征地、补偿、安置等问题主要由区政府解决。由此，两江新区形成了决策职能以新区管委会为主导、开发建设以功能园区为平台、社会管理服务以区政府为主导的行政管理架构。

2. 内部开发运营：特殊的"资金循环模式"

在两江新区发展过程中，土地资源是开发初期重要的原始资本。为了对新区内的土地进行整体资本运作，两江新区管委会成立了市属国有企业——两江投资集团，其主要"生产过程"是代表管委会组织实施新区土地开发和运营。同时，还进行一些标准厂房、研发楼宇以及公共配套设施的建设，继而将这些厂房和楼宇出租或转让给入驻的生产性企业或者二级开发商，从而获得土地开发收入，以支付征地成本、财务费用，以及基础设施投资等。理论上讲，如果土地和楼宇的出租和转让收入能够补偿开发建设过程中的贷款及各种附加成本或者略有盈余，开发公司仅依靠新区土地开发就能实现资金平衡乃至盈利。但实际上，由于占新区开发面积一半以上的产业用地和楼宇设施以较低的市场价格出租或转让给入驻企业，甚至对于一些投资规模大、盈利预期好的项目还会实行"更低"的地价出让。同时还要承担大规模的基础设施建设任务，这会使得负责工业园区开发的公司背上沉重的债务，在短期内实现自我平衡的可能性不大。

在这种情况下，两江新区形成了一种独特的由新区管委会、开发投资集团和企业共同构成的以土地开发和经济增长为核心的"资金循环模式"（图5-4）。这种模式的基本流程为：（1）两江新区根据招商引资情况编制社会经济发展规划、城市总体规划，并修编土地利用总体规划；（2）两江投资集团进行融资并将土地开发成熟；（3）两江新区管委会以低价出让土地以吸引企业；（4）企业利用土地进行生产，并给新区发展带来了溢出效应，还使新区获得了相关税收；（5）管委会通过税收等形成可供支配的专属财政，其中相当大一部分用以补贴开发公司因低价转让工业用地和融资所带来的利息成本，剩余部分则用于新区管理等其他方面的政府支出；（6）投资集团在取得政府补贴之后能够支付银行本息，并获得新的贷款融资，从而用以支撑公司的持续运营。至此，两江新区基本上完成了一个开发建设循环过程。

二 空间规划编制：落实土地规模

（一）争取土地指标

两江新区的设立，为重庆市进行大规模的建设用地指标和基本农田保护指标调剂提供了政策支持。2008年4月，为贯彻落实中央对重庆的"314"总体部署，重庆市向国务院汇报工作时，请求中央支持重庆建设给予政策支持。2009年1月，《国务院关于加快重庆市统筹城乡建设改革和发展的若干意见》（国发〔2009〕3号）提出："认真研究设立两江新区若干问题。"当年4月，重庆市向国家正式提出设立两江新区的请示，随后国家发改委牵头组织相关部委及专家学者进行了综合论证。到了7月，国务院要求国家发改委抓紧提出意见，加快工作进度，也希望重庆市做好两江新区总体规划和国务院批复的重庆市城乡总体规划的衔接工作。2010年5月，国务院印发《关于同意设立重庆两江新区的批复》（国函〔2010〕36号），明确提出在1200平方千米的总规划面积中可开发建设面积为 550 平方千米。

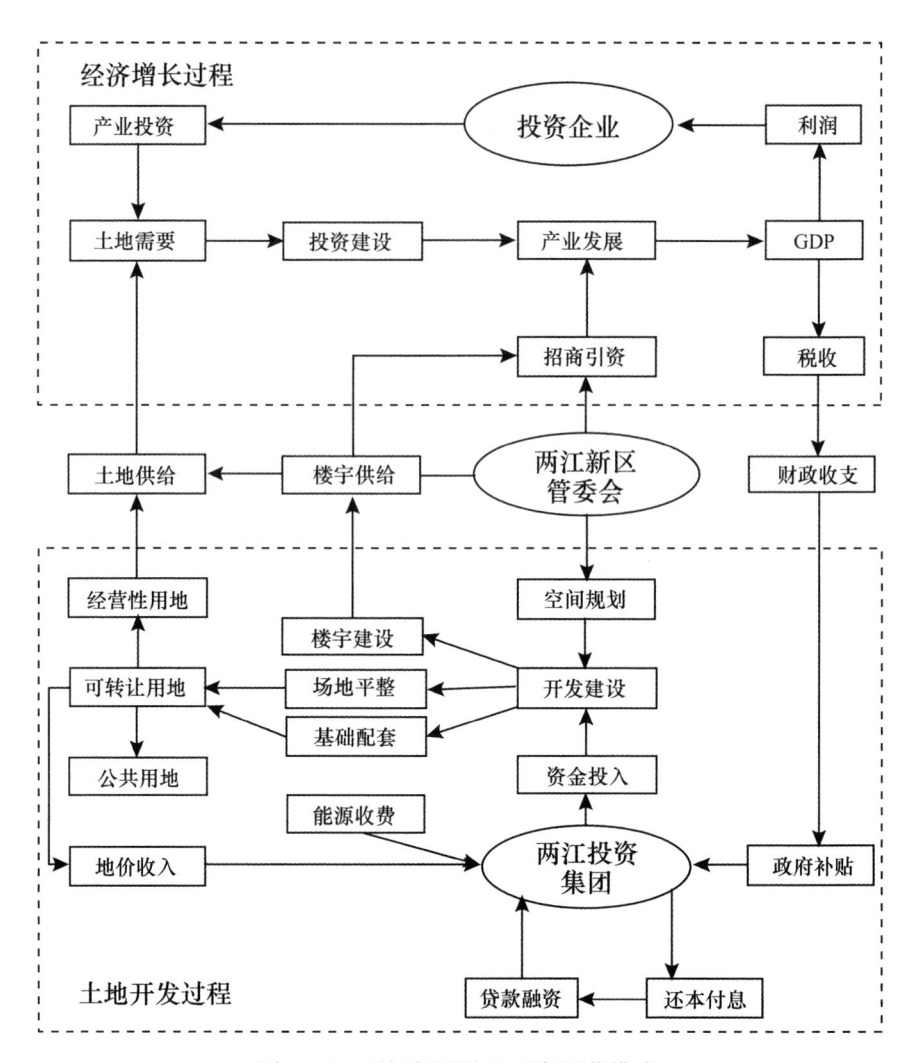

图 5-4 两江新区管理开发运营模式

资料来源：笔者自制。

中央政府虽然在建设用地总规模上给予了明确，但《重庆市城乡总体规划（2007—2020）年》和《重庆市土地利用总体规划（2006—2020 年）》分别于 2007 年和 2009 年通过了国务院批复。为尽快将争取到的用地指标转换为空间发展资源，重庆市组织了两江新区总体规划编制工作，并向国务院提出修改城乡总体规划和土地利用总体规划的请示。在空间规划的修改和编制过程中，因两种空间规划编制程序和技术方法的不同，为尽快将空间发展权落到实处并简化规划组织程序，以及为后续的土地开发经营服务，重庆市在规划编制和修改中也采取了不同的策略。

按照当时国家土地管理部门的表述，土地利用总体规划是中国实施土地管理的纲领性文件，以落实土地宏观调控和用途管制，以及统筹社会发展中各项土地利用的重要依据。全国所有城市编制的城市规划，以及各行业部门所编制的产业、生态、环保、基建等部门规划，都需要同土地利用总体规划相协调。土地利用总体规划主要涉及三类指标，分别为约束性指标、预期性指标和其他指标。约束性指标是规划期内不得突破或必须实现的指标，包括耕地保有量、基本农田保护面积、城乡建设用地规模、新增建设占用耕地规模、土地整理复垦开发补充耕地义务量、人均城镇工矿用地规模六项。预期性指标是指按社会经济发展预测、规划期内应该实现的指标，包括园地面积、林地面积、交通水利用地、新增建设用地规模、新增建设用地占用农用地规模五项。其他指标是辅助性指标。土地利用总体规划的修编主要是围绕约束性指标在区（县）层级进行分配落实，这其中存在着中央政府、重庆市政府、两江新区以及其他区（县）级政府之间的博弈。

（二）落实用地规模

土地利用总体规划中建设用地规模的确定可以总结为"以供定需"，即按照"自上而下"分解到各地的建设用地指标进行空间落实和供地。而城乡总体规划中，建设用地规模的确定可以总结为"按需定供"，即可以根据"人地对应"或"产业需求"的基本原则确定建设用地规模。因此，重庆市对于这两个法定空间规划采取了不同的应对策略：首先，利用城市总体规划的技术方法和编制思路确定了建设用地规模和功能布局；其次，依据城市规划的规模和布局，比照程序对土规进行修编调整用地指标，以实现将建设用地指标在空间上予以落实。两江新区总体规划在编制过程中，采用了实用主义的规划理论与方法，更多是依据国务院批复的五大功能定位，从世界、全球化角度分析两江新区的产业发展需要，进而测算用地规模安排布局（图5-5）。

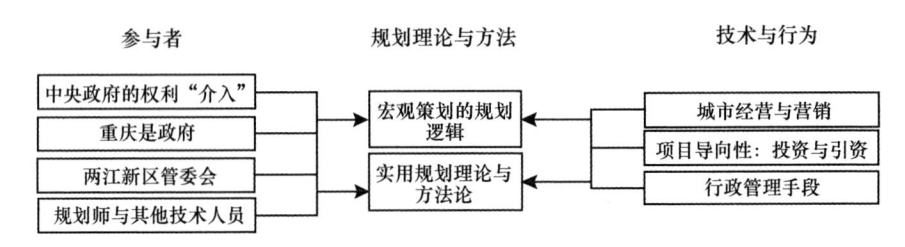

图5-5 两江新区总体规划的范式与框架

资料来源：笔者自制。

在两江新区总体规划方案确定以后，重庆市启动了土地利用总体规划局部修改，对两江新区所涉及的江北区、渝北区和北碚区三区的土地利用总体规划进行了适时调整。2012年3月，国土资源部审查并通过了局部修改方案，并同意增加240平方千米建设用地，主要用于满足两江新区等重大项目的用地需求。从另一层面来讲，土地利用总体规划与城乡总体规划政策的不匹配反而为政府"自主性"调整用地规模和布局找到了合适的借口。尽管可以通过技术手段"做大"人口、产业与用地规模，但毕竟城市总体规划修编与论证程序严谨，难以完全实现政府意图。因此，新区政府在法定规划之外，利用各种非法定或者非正式规划为新区用地规模与布局的调整寻找恰当的理由。在《两江新区总体规划（2010—2020年）》编制完成以后（表5-4），各经济功能区为适应快速开发建设以及规划适时调整的需求，创造了概念性控制规划等非法定规划。

表5-4 两江新区总体规划土地利用分类

编号	用地分类	规划面积（平方千米）	占规划用地比例（%）
1	城镇建设用地	550	45.83
2	城镇发展备选用地	88	7.33

续表

编号	用地分类	规划面积（平方千米）	占规划用地比例（%）
3	区域性交通设施用地	30	2.50
4	生态用地	437	36.17
5	其他绿地	40	3.33
6	水域	55	4.58
	合计	1200	100

资料来源：《两江新区总体规划（2010—2020年）》。

三 政策利用创新：扩大征地范围

当前，国土部门对建设用地的管控有两种途径，一是建设用地总规模的指标控制，二是建设用地使用年度计划指标的控制。那么，两江新区在通过规划编制调整获得规模指标以后，如何"合法"地征地将是其迫切需要解决的问题。充分利用国家政策漏洞，抓住机遇为己所用，一直是地方政府娴熟的做法。中央面对地方发展乱占耕地问题多次出台文件强化土地管理，虽然中央政府不断出台加强土地管理的法规，但在巨大利益的驱使下，地方政府一次次展开与中央政府的博弈，各地绕过法律规定，巧用各种名义征地。近年来，利用土地增减挂钩、新型城镇化等手段进一步摄取农村土地空间资源的现象也开始显著。

两江新区成立以后，供地时序难以满足开发进度成为新区管委会面临的主要问题。一方面，新区开发明显存在阶段性差异，前期开发成本高、投入大，对土地的依存度高；另一方面，从成本考虑，新区需要储备更多的土地，以利于降低开发成本，优化项目选择，促进产业转型。例如，以两江工业开发区为例，根据总体规划和"三步走"发展战略要求，开发区未来五年内需要计划指标185平方千米，年均需要计划指标37平方千米。目前下达的年均计划指标约11平方千米，无法满足工业开发区的建设需求。面对上述问题，两江新区对低丘缓坡政策进行了创新利用，以争取国家对新区的建设用地指标予以单列，实行"征转分离""只征不转""即征即转"等多渠道的征地模式。重庆市将两江新区纳入低丘缓坡用地试点范围，两江新区管委会根据国土资源部《关于开展低丘缓坡土地开发利用试点工作通知》和低丘缓坡试点工作要求，组织编制了《重庆两江新区低丘缓坡土地综合开发利用专项规划（2012—2016年)》。在编制技术上，对两江新区整体空间范围进行了低丘缓坡分析，明确了宜农、宜建、宜林低丘缓坡试点项目区的规模、空间布局和时序安排。这样一来，在两江新区范围内绝大部分的农用地转用均可享受"征转分离"和"只征不转"的征地政策。

截至2013年底，利用低丘缓坡政策所附带的"征转分离"，两江新区已征收土地28.48万亩。其中，两江新区工业开发区已征收土地23.4万亩，还未征收土地面积为10.5万亩，已完成征收面积的70%。江北嘴中央商务区已征收土地1397.7亩，仅剩37.7亩土地未征收。悦来会展新城已征收土地1.84万亩，未征收土地约1万亩。两路寸滩保税港区已征收土地3.1万亩，还未征收土地仅剩1331亩（表5-5）。

表5-5　　两江新区已征收土地情况（截至2013年12月）

征收土地	具体内容	数据年份（亩）				合计
		2010	2011	2012	2013	
工业园区	已征收土地面积	72049	81182	13411	67358	234000
	未征收土地面积	105300				105300
江北嘴中央商务区	已征收土地面积	26.16	459	203.9	473.2	1397.7
	未征收土地面积	37.7				37.7
悦来会展新城	已征收土地面积	184000				184000
	未征收土地面积	10000				10000
两路寸滩保税港区	已征收土地面积	31000				31000
	未征收土地面积	1331				1331

资料来源：重庆两江集团土地发展部。

第三节　空间生产中的土地开发垄断策略

两江新区建成环境的生产具有投资大、周期长，难以定价等特征，为了从巨大的投资中获得回报，新区政府必然在土地开发中采取垄断行为。通过垄断可以将新区空间作为一个整体来进行营销，虽然投资风险巨大，但经由空间生产带来的资本增值可以通过长期的工商税收、土地出让收入回到政府手中。一般来讲，城市土地与其他生产要素一样，通过市场手段、借助价格机制进行配置是相对较为合理的手段。但是，新区政府为了降低其自身承担的推动经济增长的成本，不仅需要以较低的价格将土地征收，而且要将土地高价出让或抵押融资，用以贴补工业发展，而要实现上述目标只有依靠对空间开发的垄断来实现。

一　垄断土地征收与供应

（一）土地征收与储备

可建设用地的主要来源是对农用地的征收，但中国《土地管理法》明确规定，只有在满足公共利益需求的情况下，才可以遵照相关规定对农村集体土地进行征用，但实际操作过程中"公共利益"的内涵界定相当模糊。两江新区在开发建设过程中，面临着土地储备如何满足新区开发融资需求的问题，新区政府尽可能扩大土地收储的范围和规模，从而垄断更多的土地资源。中国土地储备的制度设计最初是希望将早期划拨国有企业的土地挂牌上市，从而将获得的土地收益返回给企业，以此来推动企业改制。国务院曾在2001年提出要求，对于国有土地资产管理要坚持集中统一，以保障对建设用地的集中统一供应。这一政策立刻得到各地的积极响应，不仅将国有土地纳入收储范围，同时以各种名目征用的农用地也被纳入收储渠道，甚至成为土地储备的主要来源。

根据两江新区发展部门测算，未来五年到十年，随着城市功能和产业结构调整，两江新区作为国家中心城市建设场所对融资的需求巨大。"十二五"时期，新区投资需求总量预计将达到13000亿元，其中政府主导类投资约5300亿元，约占投资总额的42%，市场（社会）主导类项目投资超过7400亿元，约占投资总额的58%（表5-6）。政府主导类投资除了财政投入外，更多必须依靠土地储备和多渠道融资才能实现，其中，土地储备融资至关重要。两江投资集团下属的土地储备部,类似于"准行政部门"专门负责两江新区范围内土地的征收与收储工作。两江投资集团土地储备部主要工作职能包括:研究确定土地的征用和供应计划,下达年度征地和供地任务;在征地环节上,协调征地过程中出现的问题,审核征地资金,管理资金流向,督察征地各个环节,其中,协调好园区征地报件和相关安置补偿工作最为重要;在业务管理中,制定集团日常工作制度,协调市局相关部门办理土地征用、供应和储备的手续;同时,在征地业务之外,土地储备部还负责配合财务和战略发展部门进行招商引资及相关的土地供应,配合财务部门进行土地融资和抵押工作以及编制新区的战略投资计划(图5-6)。

表5-6 两江新区"十二五"时期各类项目按行业领域投资估算

项目分类		投资重点	投资额(亿元)
总计(亿元)			12729.3
政府主导类 (5308.3)	基础设施与物流保障	综合交通枢纽核心体系、城市交通、水利设施、能源基础设施、信息基础设施、物流平台	3503.9
	社会民生	教育、医疗、文化体育、社会保障、人口与计划生育	1201.4
	生态环保	环卫设施、次级流域治理	603
社会主导类 (7421)	产业发展	金融商务中心和自主创新,八个重点产业基地,商贸会展、其他服务业	4485
	房地产开发	居住地产、商业地产等	2936

资料来源:重庆两江新区发展战略局。

两江开发建设过程中的土地工作主要包括征地、储备、供地三部分。土地储备部对与开发建设需求相吻合的土地进行预储备,等发展需要时再对预储备的土地按照重庆市相关标准对土地进行征、供和出让(郭强,2013)。首先两江投资集团按市政府批示对可储备区域办理储备证,再按相关规程序进行征地,使其变为国有。土地储备包括实物储备和规划红线储备,土地实物储备是指对既定土地按照相关规定按时完成征收,待条件成熟时出让土地;规划红线储备是指将城市总体规划建设用地范围内的土地进行前期储备管理，随后根据需要进行征收和补偿。

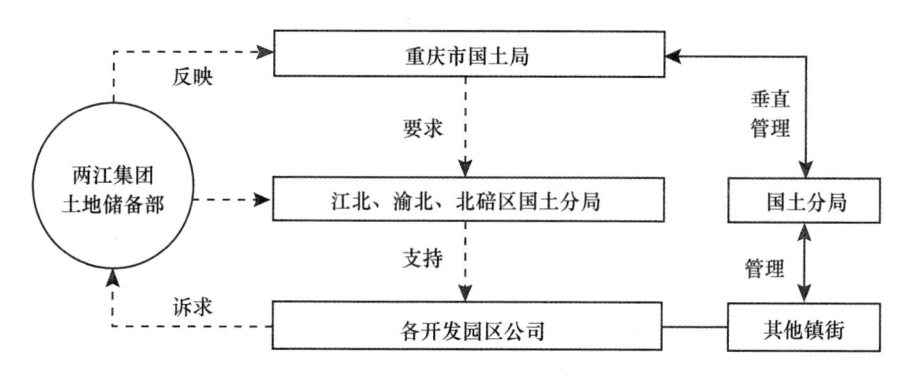

图 5-6 两江集团土地储备部的作用机理

资料来源：笔者自制。

对于土地征收，由各园区开发公司拟定征地投资计划，并上报土地储备部；集团土地储备部参照相关资料及法律法规进行初步审查，并将审查意见报集团领导，然后由主管领导了解具体情况并最终下达年度征地投资计划；园区开发公司将征地计划上报国土分局（江北区、渝北区和北碚区）进行审批；待审批完成后，土地储备部协调市国土局和市政府获得征地批文；待征地批文取得后，土地储备部安排园区公司进行拆迁补偿等事宜的实施；最后，园区开发公司填报相关税费支付审批报表，经集团审核后将征地费用拨付园区开发公司，完成征地程序。

（二）土地出让供应

两江新区在土地供应方面采用了差异化的出让策略。一是竭力扩张工业可用地的规模，同时压低工业用地出让价格，因为工业用地由于各地投资竞争而形成事实上的"全国性买方市场"，压价竞争有利于"招商引资"。在对两江新区龙兴产业园区的调研过程中发现，两江新区成立后工业用地每亩出让价格不到 20 万，甚至还不到两江新区成立前工业用地价格的一半。二是设法增加商住用地在出让过程中的净收益，两江新区政府在此过程中，首先是出让地段已经成熟的商住用地，而对于地块周边建成环境尚未达到要求的土地，则是进行储备控制土地供应数量，少量的出让也是用于保障房和安置房建设。三是创新用地分类，对于物流和研发产业按照工业用地价格过低，而按照商住用地价格又过高，为此新区创新发明了生产性服务业用地（即"2.5 产业用地"），虽然采用协议方式出让，但协议价格相对较高。当土地投放方式改为拍卖后，公开竞争貌似成为一个公平的土地出让方式却暗藏操控玄机，两江新区为了空间生产的需要对土地出让政策进行了创新（图5－7）。

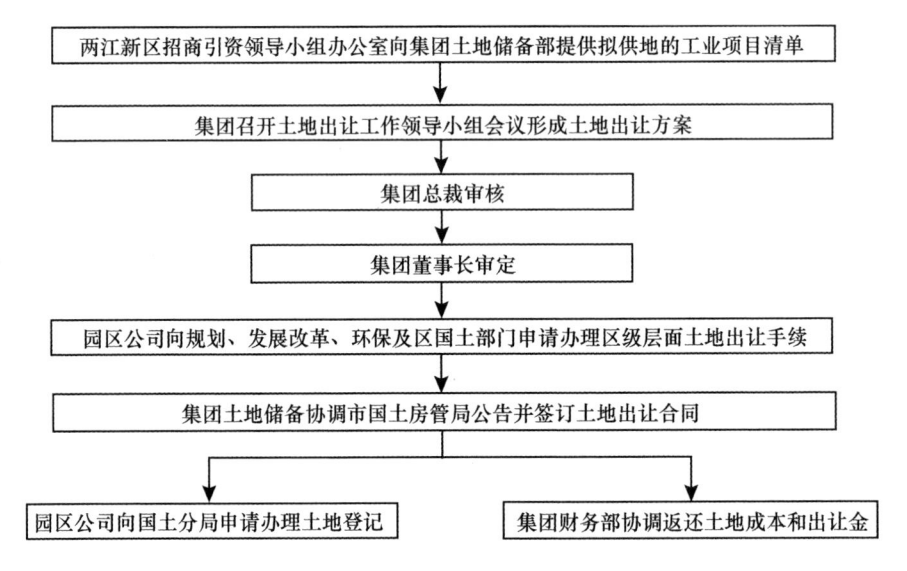

```
┌─────────────────────────────────────────────────────────┐
│ 两江新区招商引资领导小组办公室向集团土地储备部提供拟供地的工业项目清单 │
└─────────────────────────────────────────────────────────┘
                            ↓
┌─────────────────────────────────────────────┐
│ 集团召开土地出让工作领导小组会议形成土地出让方案 │
└─────────────────────────────────────────────┘
                            ↓
              ┌──────────────────┐
              │   集团总裁审核    │
              └──────────────────┘
                            ↓
              ┌──────────────────┐
              │   集团董事长审定  │
              └──────────────────┘
                            ↓
┌───────────────────────────────────────────────────┐
│ 园区公司向规划、发展改革、环保及区国土部门申请办理区级层面土地出让手续 │
└───────────────────────────────────────────────────┘
                            ↓
┌─────────────────────────────────────────────────┐
│ 集团土地储备协调市国土房管局公告并签订土地出让合同 │
└─────────────────────────────────────────────────┘
              ↓                           ↓
┌───────────────────────────┐  ┌─────────────────────────────┐
│ 园区公司向国土分局申请办理土地登记 │  │ 集团财务部协调返还土地成本和出让金 │
└───────────────────────────┘  └─────────────────────────────┘
```

图 5 - 7　两江新区工业用地出让流程

关于工业用地，国务院在 2004 年就提出了工业用地要创造条件逐步实行"招拍挂"方式出让，2009 年国土资源部、监察部发出通知，继续重工业用地出让过程中务必采取"招拍挂"模式，所有新增的工业用地必须实行此种出让模式。虽然有着国家的诸多规定，但两江新区借助其特殊的管理体制及部分设置，创新了土地出让政策和流程。我们以协议出让面积最多的工业用地为例，来观察其用地出让流程：（1）开发园区向两江新区招商领导办公室报送招商引资情况以及需要供地的企业目录，经审核后交给土地储备部；（2）园区领导小组定期举行会议审查招商引资项目，经相关部门审核后即可办理手续，对于重大项目甚至可以先进行签批程序；(3)园区开发公司在集团下发土地出让计划后，向土地管理部门申请办理土地出让有关手续，负责区级层面土地出让手续办理。

按照如此土地出让流程，截至2013年底，两江新区工业开发区已累计供地38674亩（表5-7）。其中，产业用地（含研发和物流用地）29889亩，经营性用地8057亩，道路、基础设施及保障性住房划拨和协议出让8785亩。江北嘴中央商务区已累计供地1397.7亩，其中累计出让1125.7亩，累计划拨用地272亩。

表5-7 两江新区工业开发区已征土地出让或划拨情况一览表

数据名称	具体内容	数据年份（亩）			
		2010	2011	2012	2013
出让土地	出让土地的面积	0	4213	12698	12978
	出让工业用地的面积	0	3641	8497	8200
	招拍挂土地的面积	0	商住用地572亩	其他商务用地369亩，商住用地3833亩	其他商务用地1494亩、商住用地3283亩
划拨土地	划拨土地面积	0	2911	3072	2802
	公益事业用地面积	0	0	0	233
	基础设施用地面积	0	610	1164	2388
	机关办公用地面积	0	0	0	20
	安置房面积	0	419	457	161
	公租房面积	0	1882	1451	0

资料来源：重庆两江集团土地发展部。

截至2013年底，悦来会展新城已累计供地4841.8亩（表5-8）。其中，出让用地中居住用地270亩，商业用地1530亩，教育用地190亩；划拨用地中公益事业用地1860.1亩，基础设施用地828.5亩。

表5-8　悦来会展新城已征土地出让或划拨情况一览表

数据名称	具体内容		数据年份	数值（亩）
出让土地	出让土地面积		2010—2013	1990
	出让工业用地的面积		2010—2013	0
	招拍挂土地的面积	居住	2010—2013	270
		商业		1530
		教育		190
划拨土地	划拨总用地面积		2010—2013	2851.8
	公益事业用地面积		2010—2013	1860.1
	基础设施用地面积		2010—2013	828.5
	机关办公用地面积		2010—2013	0

资料来源：重庆悦来投资集团。

截至2013年底，两路寸滩保税港区已累计供地3209.4亩（表5-9）。其中，出让用地中工业用地2393.4亩，居住用地214.53亩，商业用地601.54亩；划拨总用地300.54亩，基础设施用地4.4亩，保障性住房用地198.66亩。

表5-9　两路寸滩保税港区已征土地出让或划拨情况一览表

数据名称	具体内容		数据年份	数值（亩）
出让土地	出让土地面积		2010—2013	3209.4
	出让工业用地的面积		2010—2013	2393.4
	招拍挂土地的面积	居住	2010—2013	214.53
		商业		601.54
划拨土地	划拨总用地面积		2010—2013	300.54
	保障性住房用地面积		2010—2013	198.66
	基础设施用地面积		2010—2013	4.4

资料来源：重庆两路寸滩保税港区投资集团。

二　主导项目开发与建设

（一）主导土地前期开发

所谓的"一级开发"，就是由地方政府直接或者委托授权相关企业对国有土地（或者农村集体土地）进行征用以及相关配套设施建设的工作，使不具备条件的"生地"变为具备项目建设条件的"熟地"（刘雨平，2013）。回顾中国土地开发的历程，早期由于地方发展资金有限、融资渠道少，一般都是由企业或者用地单位自行进行土地前期开发，比如当时较为普遍的"以房带路"模式就是如此。随着分税制的实行，土地经营方式的不断深化，地方政府认识到土地一级开发巨大的价值，开始逐步加强政府对一级开发的把控力。从最近几年的情况来看，政府完全主导和政府与企业合作两种方式并存，但政府完全主导似有上升趋势，从国土资源部前后两次的通知可以发现这一现象。2007年颁布的《土地储备管理办法》规定"土地储备机构应对储备进行必要的前期开发，以满足土地供应条件"，这一政策是在鼓励地方政府成为一级开发的主体。但是，随着地方政府融资需求的快速增大，近年来"融资—开发—出让—还贷"的土地融资模式成为很多地方政府的选择，并产生了不少弊端。在这种情况下，国家又要求地方土地储备机构需要与从事土地开发相关业务的机构脱离直属关系，不得直接从事有关土地一级市场的开发行为。

对两江新区而言，其开发建设受到国家制度空间的作用，从而选择了政府完全主导模式。重庆两江新区开发投资集团有限公司（两江投资集体）是目前重庆市注册资金最多的市属国有企业集团，其与两江新区区管理委员会合署办公，实行"两块牌子，一套人马"管理模式。两江投资集团的主要职责是按照两江新区经济和社会发展规划，对两江新区范围内的重大基础设施、区域土地一级开发、房地产开发和现代产业体系构建进行投资、建设和资本运作。两江投资集团总部内设13个部门，下属12家子公司（含4家全资子公司、3家控股公司、4家参股公司、1家二级全资子公司）。在实际开发过程中，为了缓和与其他行政区的矛盾共同推进开发建设，两江投资集团按照"成本除尽、增益共享、锁定政策、联合开发"的合作理念与两江新区所涉及的3个行政区（江北、渝北、北碚）按照55∶45的股权出资比例，共同组建了重庆两江新区鱼复工业园建设投资有限公司、重庆两江新区水土高新技术产业园建设投资有限公司、重庆两江新区龙兴工业园建设投资有限公司，共同对两江新区工业开发区进行开发建设。两江投资集团还独资组建了重庆两江新区市政景观建设有限公司、重庆两江新区置业发展有限公司、重庆两江新区公共租赁房投资管理有限公司、重庆两江国际文化创意产业建设投资有限公司。两江投资集团直属新区管委会领导，其不仅从重庆市政府获得了土地储备权，还在用地指标倾斜、相关税费减免、财政专项支持等方面获得优惠。

两江投资集团垄断土地一级开发的流程为：在国家政策支持下，通过原有行政区征地"零价"获得原生土地，通过贷款、融资等手段在生地上投资启动开发，在资本投入的同时产出两种"商品"。其一是可用土地（或称熟地、可出让地、可征税地），这部分土地通过其使用价值而成为开发投入的物质承担者；其二是开发投入形成的基础设施，是可供在这片土地上进行生产经营的保障系统。因此，垄断性质的土地开发过程实质上是一个商品生产过程，在成本投入低于产出价格的情况下，土地开发者可以进行扩大再生产，成本再投入和收益回流形成资本的往复循环过程。此外，两江所采取的政府完全控制的建设模式，可以使土地开发完全遵照政府意图来实施。因为，执行土地前期开发的国有企业主要负责人由政府任命，虽然名义上是公司，但管理架构类似于政府部门。而对于征地、拆迁、安置等涉及大量社会矛盾的事项仍由江北、渝北、北碚三个行政区强大的组织保障与行政权力解决，同时采用共同出资组建园区开发公司的方式返还行政区利用。综上所述，两江新区根据实际情况，本着有利于自身利益最大化原则灵活掌控着"适宜"的土地一级开发模式（表5-10）。

表5-10　　　两江新区工业园区的土地一级开发模式

园区名称	建设模式	合作企业	备注
鱼复工业园	政府完全控制	两江集团与江北区（55∶44的股权出资）	征地拆迁安置主要由江北区负责，园区公司负责基础设施建设、土地一级开发、部分公共服务设施的建设和运营

续表

园区名称	建设模式	合作企业	备注
水土高新技术产业园	政府完全控制	两江集团与北碚区（55：44 的股权出资）	征地拆迁安置主要由北碚区负责，园区公司负责基础设施建设、土地一级开发、部分公共服务设施的建设和运营
龙兴工业园	政府完全控制	两江集团与渝北区（55：44 的股权出资）	征地拆迁安置主要由渝北区负责，园区公司负责基础设施建设、土地一级开发、部分公共服务设施的建设和运营

资料来源：笔者自制。

（二）主导项目建设

两江新区在开发建设过程中不仅直接主导土地一级开发，也介入了土地二级开发，进行了大量的项目建设。土地一级开发只是新区发展的第一步，但在新区快速建设过程中政府并不仅仅为了获得土地出让款，还希望企业能够按照新区发展的战略意图实施项目建设，以带动周边地块的开发，同时迅速形成新区形象。但政府快速建成的意图受到两个方面因素的限制，一是新区入驻企业在获得土地之后，出于各种原因往往故意拖延项目开发，这将导致新区土地闲置、投资开发量不足，将对新区的进一步发展产生不利影响；二是某些对新区发展或整体形象提升至关重要的项目，因无利可图或者不确定性因素太大，使企业不愿意介入。因此，为实现发展意图，新区政府会组织其直属的国有投资集团直接进行项目开发和建设。两江集团独资组建的重庆两江新区市政景观建设有限公司、重庆两江新区置业发展有限公司、重庆两江新区公共租赁房投资管理有限公司、重庆两江国际文化创意产业建设投资有限公司四家全资子公司主要职能是受新区管委会委托，运营城建资金，负责新区基础设施建设资金的筹措、管理和运营，以及城市基础设施项目的投资、融资、建设和运营管理等。

重庆两江新区市政景观建设有限公司主要负责重庆两江新区范围内的主要道路、公园、公租房小区绿化建设。重庆两江新区置业发展有限公司主要负责工业园区内的部分地产开发,其主导的房屋建设主要有两个目的:一是由于工业园区处于起步阶段,为吸引企业入驻,其建设的公租房建设以较低的价格租给企业,企业免费提供给职工;二是主要用于安置被征地农民和农转城人员。两江新区工业开发区共规划布点公租房项目14个,地上建筑面积632万平方米,设计总套数11.67万套,总用地3232亩,全部建成后可容纳约35万人居住。

此外,对于一些大型的功能性设施如体育馆、会展中心、商务中心等单从经济效益来看并不高,但有利于快速形成新区城市形象,需要按照政府意图快速推进。这种情况下如果采用企业主导或者政企合作的方式,容易出现企业与政府建设目标不一致的情况。企业关注经济效益,而政府更希望快速形成亮丽的新区形象,这将会对建设项目安排产生影响、实施进度难以保障。因此,两江新区组建了江北嘴中央商务区投资集团和重庆悦来投资集团有限公司,对中央商务区和会展新城进行整体开放运营。截至2013年底,江北嘴集团已完成了江北嘴中央商务区的整体拆迁安置、重庆大剧院、中央公园、市政道路和综合管网等公益文化设施和市政基础设施建设,形成了江北嘴中央商务区完善的城市道路。悦来投资集团对18.67平方千米的悦来新城进行土地储备整治、开发建设以及重庆国际博览中心的建设、运营和管理。这些公共服务和高端商务项目以政府主导的模式进行建设,虽然可以遵照政府意图,但其作为政治任务快速推进,很可能缺少对项目的使用功能、经营模式和经济效应的全面分析,而为危机埋下伏笔。

第四节　空间生产中的空间场所营销策略

对土地垄断后进行"简单"的买卖,尽管可以带来一定的增值,但不能实现其价值最大化,因而需要对土地进行恰当的"包装"之后再投向市场。正如商品需要通过一定的营销包装来增加市场份额和销量一样,城市空间也需要营销策略来更好地吸引资本,以更具"魅力"的空间场所吸引全球流动的资本。两江新区的空间营销行为是其空间生产的最后一个环节，将垄断获得的土地经过加工、包装和销售再次转变为资本，最终实现两江新区经济发展和城市形象改善的目的。

城市营销可以简单定义为城市政府对城市各种可能的资源进行加工和包装，并通过各种媒介进行推广和销售的过程，其目的在于吸引外来资本、推动土地增值和带来产业的繁荣（于涛、张京祥，2007）。一般来看，城市营销的手段是多种多样的，如通过硬件环境打造和公共服务设施建设直接拉动一定范围内的土地增值；也有采用较为间接的手段，如举办各种形式的节庆活动，或者借助"名人"效应进行推销，扩大城市知名度，借此提升城市整体空间价值。既有基于现实的利益推介，如通过高回报率、土地优惠政策等吸引外来投资；也有"兜售"未来宏伟蓝图的，比如通过编制战略性规划、开展城市设计全球招标或者提出诸如建设"全球城市"等口号来展示城市未来发展的美好蓝图，提升投资者的信心。对两江新区而言，在政府主导的空间生产过程中，其空间营销行为主要包括新城建设、旧城更新和大事件空间预留。

一 新城建设与旧城更新

（一）新城建设

建设新城（或各种名目的新区）是场所营造的最主要形式。近年来，新城的类型也是多种多样，早期是开发区、大学城，逐步演变为大学科技城、空港物流城、科技创新城、生态新城等。两江新区成立后，政府提出了高标准规划、高起点建设，推出了以"两大新城区、三大建成区、两大工业区"为重点的城市功能区建设，打造具有地标意义的建筑群。两大新城区主要包括礼嘉国际商贸中心和悦来会展新城，其中悦来会展新城重点是打造中央公园周边地区，建设了100座高层建筑、10处大型国际化标志性公共建筑。礼嘉国际商贸中心重点推进大型商业综合体、特色商业步行街、沿湖购物区建设，规划定位是具有国际影响力、服务西部的商务商贸中心。同时提出了"一区三园"的构想，把两路寸滩保税港区建设成为国家重要的保税物流基地、加工贸易基地和服务贸易集聚区。

截至2014年底,礼嘉国际商贸中心完成建设总量1000万平方米,建设了3座25万平方米的大型商业综合体、1座五星级酒店、1座音乐厅、10条特色商业步行街。悦来会展新城完成建设总量1000万平方米,建设了重庆国际博览中心、三纵干道(滨江大道、会展大道、金山大道悦来段)、两横干道(同茂大道悦来段、柑悦大道)、两园(悦来公园、滨江公园)、一镇(悦来古镇)。两大工业园区主要包括龙盛片区和水平片区,龙盛片区"十二五"时期将加快城市功能设施、公共服务配套设施和重点产业园建设,完成100平方千米基础设施建设。两江新区计划到2015年,龙盛片区将建成20—30平方千米的产业区和5—8平方千米的配套服务区,建成龙盛中心城市商业群、两江国际影视城、龙湾森林公园、国际汽车城、中韩产业园、中日产业园、世纪创新创业城东区。水土片区计划完成30平方千米基础设施建设,建成8—10平方千米的产业区和1.5—2平方千米的配套服务区,打造国家级云计算产业园和国际离岸云计算实验区。

总体来看,新城和新区建设是两江新区进行空间营造的主要手段。产业新城、商务新城、会展新城等各种名目的新城同时进行建设,不仅包含产业发展也注重房地产和商业功能的混合,同时在规模上也愈加扩张,新城和新区的面积多达几十平方千米。很显然,两江新区的新城和新区建设不仅是为满足产业发展和人口增长之需求,更是作为推进土地资本运作的载体,加速新区空间的生产。政府通过冠以"各种名目"的新城建设和营销手段不仅将原先偏远的地段"包装"为高价值的地段,同时,新城也是展示城市建设成就的最佳载体,实现"经济效益"与"政治效益"的双赢。

不可否认的是,两江新区通过新城建设确实增加了最优区位的土地供给,并能促进城市空间结构的优化。但需要注意的是,如果过于追求短期的经济回报和快速的新区形象展示,则会出现更多的负面问题。既然新城并非城市自然生长需求所致,而是在短期内通过行政与市场手段"推动"其快速发展,就需要一定的营销手段。这就需要借助各类大事件如国际或国内体育赛事、博览会等设施的建设进行营销，也可以通过与企业合作建设大型商业综合体等短时期提升区位价值，或者通过大型公共设施建设甚至搬迁来营造空间。

(二) 旧城改造

另外一种形式的场所营造是旧区改造，与新区开发不同，旧区改造资金投入量大、社会矛盾突出，新区政府也采用了不同的开发模式。两江新区在推进旧城改造的过程中更偏重于经济利益的考量，可以将其称之为"经营性城市更新"。在具体的开发策略上，除了通过高容积率以提高拆建比、强制搬迁原居民至相对偏远地区、整体打包收购国有企业等手段降低开发成本、保证开发收益之外，还需要通过调整用地功能、提升区域环境品质等手段来提升土地价值。

在旧区改造中，通过创造新的消费空间以提升空间价值是常用的一种手段。随着生活水平的提高和消费结构的变化，在某些经济较发达地区和城市呈现出了"消费社会"的特性。在这种情况下，消费思维开始积极主动地创造需求，并对城市空间再造产生了巨大影响。利用创造新的消费空间成为旧区改造中一个突出的营销手段，通过打造"欧陆风""民国风"等各种风格唤起人们的怀古之情，将原先司空见惯的空间包装为更具商业价位的场所。两江新区成立后，为显著提高建成区的城市综合功能，提出了对三大建成区进行改造提升，主要包括观音桥、龙溪、两路地区。两江新区计划到2015年底，完成旧城改造500万平方米，推动都市创意产业区和消费区建设，推进配套基础设施和环境建设。通过旧区改造，可以将老旧住宅和设施恰当地改造与包装为时尚街区，并在寸土寸金的城市中心挤出一部分用地，建成富有魅力的公共空间。不过其目的不仅仅在于带动商业营运，更重要的是带动周边的房地产开发项目，将长期投资与短期回报有机结合起来。

二 大事件空间预留

大事件营销通常伴随着大量工程建设的出现，大事件不仅可以"加速"旧城改造和新城建设，还可以促进城市功能整合和形象提升，同时推动了各类发展资源与要素的整合。本书所称的大事件指那些有一定区域影响并伴随着一定规模开发活动的体育赛事、节庆会展以及政治经济活动。大事件营销可以视为城市政府借助举办大事件，实现增强城市竞争力、提高知名度或者带动地区开发等目的的一系列行动的结合。大事件营销不仅可以提高某个城市的区域甚至世界知名度，同时可以促进所在城市空间拓展和基础设施建设。因此，城市政府之所以关注大事件发生期间的积极效应，归根结底是关注筹备期间对城市或地区发展的拉动作用。

（一）大事件设施建造

大事件设施建造按照其所处区位不同可以分为两类，一类是"提升旧区型"，还有一类是"带动新区型"。"提升旧区型"大事件营销旨在借助重大工程建设对城市衰败地区进行综合改造，以达到提升整体环境。"带动新区型"大事件营销旨在通过重大项目推动城市外围地区快速发展、快速提高土地价格，或者按照城市发展意图，促进城市空间向预定的方向拓展。两江新区为全面提升会展和会议功能，加强与国际组织交流及合作，由政府主导建造了西部地区最大的国际会展中心，并对江北国际机场进行扩建，推动寸滩港和果园港及其配套设施工程。

（二）大事件空间预留

两江新区的发展定位是面向知识和消费经济的国家特区，新区政府认为必须把握高端切入的机遇，提升国际交往能力，依托门户或人文资源富集区承办大事件。为此，两江新区政府通过规划控制，对未来举办重大体育赛事、博览活动的空间进行了战略预留。在外围新兴地区通过承办大事件实现多种大型公共设施和市民公共活动的集中投放，最终形成集大型文化展演、体育赛事、国际论坛和使领馆区于一体的综合功能区。同时，以三大主题公园群为核心串联公共交往场所，构建最具公共性的市民共享高地。

国际大事件设施空间预留主要沿龙王洞山余脉分布，控制总用地面积10平方千米。其中，结合会展中心在悦来布局市级重大文化设施，规划用地面积4.5平方千米；结合园博园在礼嘉布局多种体育场馆，形成专业性体育赛事区，规划用地面积5.5平方千米。

第六章

国家制度空间下两江新区空间重构特征与机制

  两江新区空间生产及其政府行为重构是在国家制度空间下理性选择的结果,即根据制度条件的变化适时调整城市经营的内容和手段,以充分利用资源进行有效的空间生产,这必然表征在土地利用的物质空间层面。在国家制度激励以及政府行为的驱动下,两江新区空间发展具有"时空压缩"特征:建设用地快速扩展、城市功能显著重构。本章将从建设用地形态扩展和空间功能演进两个方面对两江新区空间重构进行剖析,并进一步验证制度因素对土地利用重构的作用机理。在政府行为的主导下,两江新区建设用地扩展兼具离心式、轴线式和跳跃式三种模式,同时新区的产业和居住功能快速重构。在这一过程中,强激励与弱约束的制度空间扩大了主体行为的空间与资源,是空间重构的内生性力量。地方政府借助制度空间条件,通过空间规模扩张、空间开发垄断和空间场所营销等"理性"行为,在发展初期实现了对空间开发的主导和操纵。随着建成环境的不断完善及地方政府的制度实践,企业"趋利性"投资促进了空间转型和土地升值。原农村居民的"服从配合"和空间让渡助推了空间重构,而不断壮大的富裕和中产阶层通过空间消费,逐渐成为空间重构的积极参与者和受益者。

第一节　两江新区空间形态扩展

一　两江新区空间扩展过程

2010年年底两江新区建设用地面积为137.65平方千米，到2013年年底两江新区城市建设用地面积达到196.15平方千米，新增面积为58.5平方千米，年均增长面积为19.5平方千米。通过与两江新区主城区新增建设用地对比，可以发现2010年至2013年两江新区新增建设用地占主城区的比重分别为47.72%、53.40%和38.8%，两江新区已经成为重庆市建设速度最快、建设规模最大的地区（表6-1）。

表6-1　两江新区历年现状城市建设用地面积一览表

区域	城市建设用地面积（平方千米）				
	2010年	2011年	2012年	2013年	年均增长率
两江新区	137.65	166.63	183.74	196.15	12.5%
主城区	406.07	467.38	499.44	531.46	9.4%

注：现状城市建设用地是指城市规划区内已建成区域的用地。
资料来源：重庆市地理信息中心。

按照《重庆市城乡总体规划（2007—2020年）》（2011年修订）的划分，两江新区由观音桥、人和、空港、唐家沱、悦来、礼嘉、水土、龙兴、鱼嘴、蔡家十大组团组成（图6-1）。从各组团建设用地总面积可以发现（表6-2）：人和组团和观音桥组团的已建成区面积最大，分别为55.58平方千米和45.43平方千米；其次是空港组团和礼嘉组团，分别为23.75平方千米和20.40平方千米；龙兴组团和水土组团最小，分别为5.11平方千米和7.46平方千米。在新增建设用地方面，2010—2013年新增建设用地最多的是人和组团和礼嘉组团，分别为11.32平方千米和11.01平方千米；最少的是唐家沱组团和蔡家组团，分别为2.58平方千米和3.96平方千米。

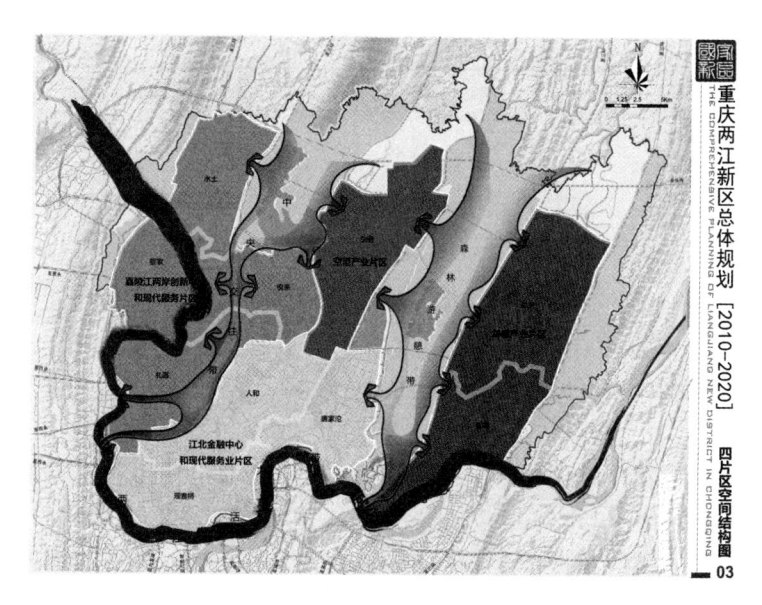

图 6-1　两江新区组团结构示意图

资料来源：《重庆市城乡总体规划（2007—2020年）》（2011年修订）。

表 6-2　两江新区各组团新增建设用地情况一览表（2010—2013年）

组团名称	城市建设用地面积（平方千米）				
	2010年	2011年	2012年	2013年	2010—2013年变化
蔡家组团	5.41	7.08	8.64	9.37	3.96
观音桥组团	41.15	42.46	43.15	45.43	4.28
空港组团	17.21	19.50	23.33	23.75	6.54
礼嘉组团	9.39	14.88	18.61	20.40	11.01
龙兴组团	0.71	2.90	3.22	5.11	4.40
人和组团	44.26	50.06	53.26	55.58	11.32
水土组团	2.61	4.11	5.88	7.46	4.85
唐家沱组团	8.81	11.28	10.73	11.39	2.58

续表

组团名称	城市建设用地面积（平方千米）				
	2010年	2011年	2012年	2013年	2010—2013年变化
鱼嘴组团	3.31	6.71	8.42	9.53	6.22
悦来组团	2.92	4.99	6.78	8.14	5.22
合计	135.78	163.97	182.02	196.16	60.38

注：口径采用《城市用地分类与规划建设用地标准》（GB50137—2011）。
资料来源：重庆市地理信息中心提供。

总体来看，两江新区2010—2013年新增建设用地主要集中在中部槽谷地区，重点向北发展，并向东西两侧延伸（图6-2）。东部和西部的槽谷地区围绕各自组团核心发展，并向南北方向延伸。龙兴组团、鱼嘴组团、悦来组团、水土组团和蔡家组团处于起步阶段，建设用地增长迅速；空港组团、唐家沱组团、礼嘉组团已形成框架，增量管控和存量优化并行；人和组团和观音桥组团发展最为成熟，主要在对存量进行挖掘和优化。

2013年，两江新区范围内共核发建设用地规划许可证总面积50.61平方千米、建筑工程规划许可证2988.5万平方米、建设工程规划核实书1841.49万平方米（表6-3）。这表明在随后的2—3年时间，两江新区还将新增建设用地面积约50平方千米，建设用地扩张仍十分迅速。根据核发规划许可分布情况，可以判断两江新区近期空间发展将从中部槽谷地区逐渐转向东西两侧的槽谷地区，尤其是工业开放区空间拓展将加快（图6-3）。两江新区所有组团中核发用地许可证面积最多的是礼嘉组团和龙兴组团，分别为455.72公顷和348.33公顷，其次是鱼嘴组团，为332.48公顷。唐家沱组团和蔡家组团所核发用地许可证面积最少，分别为48.87公顷和191.39公顷。总体上看，两江新区的近期空间发展重点将从中部槽谷地区转向东西两侧的龙盛片区、水土组团以及蔡家组团，中部地区发展势头将逐渐放缓。

图 6-2　两江新区建设用地历年变化图（2010—2013 年）

资料来源：根据重庆市地理信息中心提供数据绘制。

表 6-3　　　　　　　　　两江新区规划许可情况一览表

年份	两江新区 用地许可证（公顷）	两江新区 建设工程许可证（公顷）	两江新区 规划核实书（公顷）	主城区 用地许可证（公顷）	主城区 建设工程许可证（公顷）	主城区 规划核实书（公顷）
2010 年	2971.75	2168.81	1064.74	7073.29	5494.45	3019.63
2011 年	3064.96	3269.58	1418.23	7003.23	7994.04	3594.97
2012 年	2657.49	2876.77	1861.58	6569.66	7095.02	4487.12
2013 年	5061.62	2988.5	1841.49	8529.2	6929.67	4577.38

资料来源：根据重庆市地理信息中心提供的数据绘制。

两江新区建设用地扩展与一般发展地区的"核心—边缘"拓展模式不同，具有"多中心"同步拓展的特征。两江新区成立之后，在三个槽谷地带由南向北、由东向西形成了多个立足点，即两江新区工业园区、悦来会展新城、北部新区、江北嘴商务中心和两路寸滩保税港区。工业园区依靠土地资源优势发展先进制造业，北部新区依靠原有产业功能进行升级和置换，悦来会展新城打造会展等国际交往功能，商务中心打造商务金融等高端功能，保税港区主要是加工和物流功能。各经济功能区在管委会和投资集团的强力推动下，建设用地快速扩展，在中部槽谷地区由南往北蔓延扩展并向东西两侧拓展。

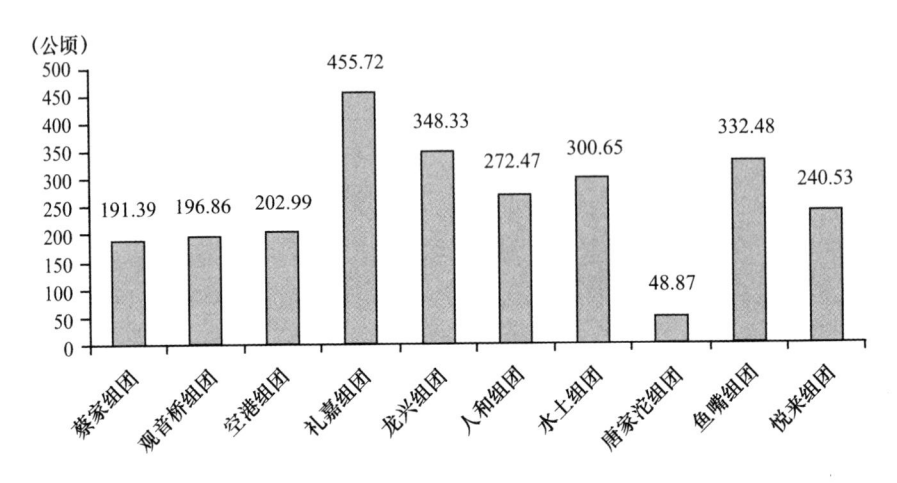

图 6-3 两江新区各个组团用地许可证用地面积（2013）

资料来源：重庆市规划信息中心提供。

（一）工业开发区空间拓展

两江新区工业开发区包括龙兴、鱼复和水土三个园区，规划范围面积约 238 平方千米，其中规划建设用地面积约 210.1 平方千米（包括约 20.8 平方千米的城市绿地）。根据统计数据，截至 2013 年底，两江新区工业开发区已建成区总面积由 2010 年底的 6.63 平方千米增加至 21.62 平方千米，年均增长 48.3%。

龙盛片区包括龙兴和鱼复两个园区，规划范围面积约 178 平方千米，涉及现状 4 镇 1 街，即石船、龙兴、鱼嘴、复盛 4 个镇和郭家沱街道。龙盛片区现状建设用地面积由 2010 年的 4.02 平方千米拓展到 2013 年的 14.31 平方千米，年均增长 52.7%。龙盛片区的土地开发主要围绕两江国际汽车城、盛唐路和两江大道沿线以及总部基地区域展开，目前用地面积较大的是工业（5.28平方千米）、道路与交通设施用地（3.33平方千米）、居住用地（2.90平方千米）。总体而言，龙盛片区西部和南部的工业区发展速度较快，东部和北部城市综合发展区增长较慢。龙盛片区的主干路网框架基本形成，联系南北向主干道两江大道和盛唐路已建成通车，东西向主干道寨子路（盛唐路—两江大道）、机场东联络线北线（盛唐路—御复路）已建成通车，其他主干路网均在建设中。

水土片区规划范围面积约60平方千米，涉及现状水土、复兴两个镇，规划建设用地面积约58.34平方千米。现状城市建成区面积由2010年的2.6平方千米拓展到2013年的7.3平方千米，土地开发沿云汉大道两侧展开。水土片区内部云汉大道和悦复路作为两条南北向的主干道已成形，片区内竹溪河以西发展较快，以东建设速度相对较慢。

（二）江北嘴中央商务区空间扩展

江北嘴中央商务区是重庆建设长江上游金融中心的核心区，占地5平方千米，东起大佛寺长江大桥，西至嘉陵江黄花园大桥，江岸线长约6公里。江北嘴中央商务区以朝天门大桥为界：上游为核心区——江北城，占地2.26平方千米；下游为拓展区——溉澜溪，占地2.7平方千米。中央商务区由重庆市属国有重点企业——重庆市江北嘴中央商务区投资集团有限公司整体开发建设。江北嘴中央商务区按照"双城一轴五区"（"双城"：记忆之城、未来之城；"一轴"：中部联系两江四岸的核心景观主轴；"五区"：商务办公区、综合服务区、混合使用区、休闲娱乐区和配套居住区）的城市空间进行布局，集中建设高档办公写字楼、金融服务设施和重庆大剧院、重庆科技馆等大型公益文化设施。江北嘴中央商务区已经完成土地拆迁整治、市政道路和综合管网、江溉路及护岸综合整治，重庆大剧院和重庆科技馆等市政基础设施、公益文化设施的建设，从市政基础设施和公建配套阶段全面转入了项目开发和城市形象功能的建设阶段。截至2013年底，江北嘴中央商务区建成区总面积由2012年底的1.84平方千米增加至2.74平方千米，年均增长48.9%。面积最大的是道路与交通设施用地，为0.63平方千米；

其次是绿地与广场用地，为 0.48 平方千米；再次是商业服务业设施用地为 0.33 平方千米；工业用地、居住用地和物流仓储用地均出现负增长，分别比 2012 年减少了 0.38、0.27 和 0.06 平方千米。

（三）两路寸滩保税港区空间扩展

重庆两路寸滩保税港区拥有"水港 + 空港"的一区双港模式保税港区，规划面积 8.37 平方千米，分为水港功能区和空港功能区两部分。水港功能区位于江北寸滩，规划面积 2.43 平方千米，依托寸滩港发展国际口岸、保税仓储、物流和商品展示交易等功能。港功能区位于渝北两路，规划面积 5.94 平方千米，无缝对接重庆江北国际机场，重点打造保税加工、航空物流、商品展示、国际贸易等产业集群。截至 2013 年底，两江新区两路寸滩保税港区已建成区总面积由 2012 年底 5.53 平方千米增加至 6.03 平方千米，年均增长 9%。其中，面积第一大的是物流仓储用地，为 1.46 平方千米，较 2012 年新增了 0.21 平方千米；第二大的是道路与交通设施用地，为 1.36 平方千米，较 2012 年新增了 0.06 平方千米；第三大的是居住用地，为 1.03 平方千米，较 2012 年减少了 0.02 平方千米；第四大的是绿地与广场用地，为 0.82 平方千米，较 2012 年新增了 0.26 平方千米。

二 两江新区空间扩展模式

两江新区空间扩展采取了政府主导的模式，在具体开发过程中，政府为实现发展意图更是采取了快速推进和战略预留相结合的策略。一方面，找到突破口，多轮驱动快速全面推进新区开发建设；另一方面，对必须保护的空港、水港、铁路等门户资源，生态人文资源和承载高端功能的战略性地区进行预留和控制。具体来讲，两江新区政府主要通过基础设施引导、重要项目落地和生态空间保护等策略，实现了对新区空间扩展的主导。

（一）基础设施引导

两江新区在开发建设过程中，实行了基础设施与重大项目优先策略，对机场、铁路、港口、城市道路、桥梁等重大交通设施和水、电、电讯、燃气等重大市政基础设施进行重点建设。平均每年完成基础设施投资超过 350 亿元，截至 2013 年底，总投资额超过 1200 亿元。两江新区对江北国际机场进行了扩建，待第三航站楼和第三跑道项目完成，将成为国际大型复合型枢纽机场，旅客吞吐量和货邮量将分别达到 4500 万人次和 110 万吨。江北机场的提档升级将提升重庆航空客运和货运的能力，还将与"渝新欧"国际铁路、长江黄金水道一起，形成水陆空协调互动的复合型物流运输体系。同时，两江新区还启动了果园港二期扩建工程，2013 年底果园港作为全国最大的内河水铁公联运枢纽港口正式开港，未来将与"渝新欧"国际铁路相连，形成东接太平洋、西连大西洋的铁水一体化物流枢纽。

两江新区成立后对新区主干道进行了积极建设，截至 2013 年底一横线（回兴立交至张家梁立交段）、盛唐路、机场东联络线北线、疏港大道一期、两江大道、郭鱼路一期一标段、悦复大道一期北碚段、果园港立交均已满足初通条件。两江新区工业开发区已建成市政道路 197.4 公里，实施率达 23.1%；主干道路实施较快，建成里程达 122.4 公里（实施率 59.5%），次支道路实施较慢，建成里程为 71.3 公里（实施率 12%）。悦来会展新城已建成市政道路 11.74 公里，实施率为 13.8%，主要集中在会展城板块。江北嘴中央商务区已建成市政道路 19.2 公里，实施率约 55.3%，其中主干路和次干路实施率均超过 55%。保税港区已建成市政道路（城市主、次干道）43.2 公里，实施率约为 20.9%。其中空港保税港区已建成市政道路（城市主、次干道）29.5 公里，实施率为 15.9%；水港保税港区已建成市政道路（城市主、次干道）13.7 公里，实施率为 67.4%。

两江新区范围内已建成通车和新建、续建以及拟新开工轨道交通达 167.79 公里。其中，已建成开通运营的轨道交通通车里程达 71 公里，包括三号线华新街至江北机场、六号线一期（五里店至礼嘉）、六号线国博支线一期（礼嘉至悦来）、六号线二期北段（礼嘉至中梁山隧道入口）；在建轨道交通项目 62.79 公里，包括三号线北延伸段、四号线一期、五号线一期、6 号线一期续建和环线一期等。拟新建十号线一期 34 公里。2013 年两江新区在建跨江大桥 5

座，拟开工2座（水土与蔡家的水土嘉陵江大桥）；新建成会展隧道、同茂隧道、佛龙岗隧道、星光立交、石子山立交和沙井湾立交；在建歇马隧道、李家花园隧道改造工程、机场立交、泰山立交和果园港立交。

2013年两江新区投资72亿元的重庆国际博览中心全面建成，南、北区展馆已投入使用，配套设施开始试运营，全年完成投资6亿元。投资43亿元的西部最大开放式公园——重庆中央公园全面建成开园，2013年完成投资13.3亿元。龙湾森林公园作为工业开发区的第一个在建公园，其一期工程在2013年基本完成。

（二）重大项目牵引

两江新区政府为实现新区快速启动发展，采取了"空间保障产业、产业促进空间"的发展策略。在发展初期，空间营造以招商引资为重点，两江新区成立三年以来，重大产业项目相继落地，产业类型和空间布局结构显著变化。2010—2013年底，两江新区正式签约的招商项目共有1539个；其中开工建设项目的总数为1285个，签约项目开工率为83.5%；投产项目的总数为1174个，签约项目投产率为76.3%。两江新区引进的大型企业、重点产业和服务业项目主要布局在两江工业开发区和江北片区，包括水土园区的电子信息产业、龙兴园区的汽车产业、鱼复园区的装备制造业。

龙兴园区的空间扩展为汽车产业服务，截至2013年底，两江国际汽车城已形成初步规模。其中，长安汽车鱼嘴基地一期30万辆整车和发动机、霍尼韦尔、韩泰轮胎一期及墨西哥玛克等项目已竣工投产，总投资70亿元、年产40万吨高强镀锌汽车用板产能的鞍钢冷轧钢项目已开始主体施工；总投资66亿元、年产40万台交叉型乘用车和40万台发动机的上汽通用五菱第三基地项目（一期）已开工建设，目前已完成厂房主体结构建设。龙兴园区内，已签约的汽车产业项目占地面积约为1412.4公顷。

水土园区空间拓展主要为电子信息产业服务。其中，投资22.7亿元的深圳莱宝TFT触摸屏项目、投资15亿元的上海超硅LED蓝宝石生产线项目已竣工投产；投资328亿元的京东方氧化物薄膜晶体管液晶显示器件项目已开工建设，正在进行主体施工。目前已签约的电子信息产业项目占地面积约为372公顷。生物医药产业主要布局在水土园区的西部和南部。其中，博腾制药医药外包及研发项目一期主体已完工，复星医药生产基地项目一期部分车间已完成主体施工，凯联制药项目一期正在进行主体施工。目前已签约的生物医药产业项目占地面积约为439.7公顷。通用航空产业主要布局在龙盛片区北部航空产业园。

装备设备制造产业布局在鱼复园区。其中重庆长客轨道交通和中船重工华渝风电研发项目已竣工投产，目前已签约项目占地面积为138.6公顷。现代服务业中研发总部、结算运营中心等产业主要布局在江北片区、两江工业开发区龙兴园区。其中，重庆冠铭嘉达投资中心和重庆冠铭凯盈投资中心已竣工投产。溉澜溪片区G标准分区项目、联动U谷两江新区国际企业港、浙商总部项目和同景两江科技园总部等项目已开工建设。物流用地主要布局在龙兴鱼复园区内，目前已签约的物流项目占地面积约为133.7公顷。

(三) 生态空间保护

两江新区在快速开发的同时，对重要的生态资源进行了充分预留和控制（图6-4）。一方面，中央政府将生态文明提升到新的高度，两江新区需要在转变经济发展方式，创建绿色生态新区方面先行先试；另一方面，生态已经成为新区发展的基本要素，尤其是在后工业化和新时期的城市发展，以合理利用空间和自然环境为前提，集聚经济效益和社会效益为宗旨，产生集聚人口、经济、科学技术和文化效益的地理空间系统。这两个方面的变化使城市单纯追求经济繁荣的时代成为过去，城市持续发展的生命力在于经济、社会同自然环境三大系统的平衡与发展。因此，两江新区的发展注重生态环境的保护、自然资源和能源的保护利用，以实现可持续发展。

两江新区通过空间规划对其生态资源进行了综合管控，《两江新区总体规划（2010—2020）》通过生态敏感性评价指标，对两江新区的生态敏感性进行综合评价，结果表明两江新区大部分面积敏感性属中度、轻度及不敏感区，仅龙泉山局部区域属于生态高敏感区。通过评价将高敏感区评定为不可建设用地，中度敏感区评定为不宜建设用地，其余评定为适宜建设用地。两江新区范围内森林资源主要分布在龙泉山、牧马山等山地区域,考虑到森林生态服务能力高,对两江新区的生态建设起至关重要的作用,禁建区主要分布在中梁山、龙王洞山、铜锣山和明月山四山区域,总面积257平方千米;水域65平方千米,主要包括两江及其各级支流、水库、湖泊等。限建区总面积324平方千米,主要分布在四山的山前区域,龙王洞山余脉及龙盛片区中部龙岗山、机场南侧及东侧区域。

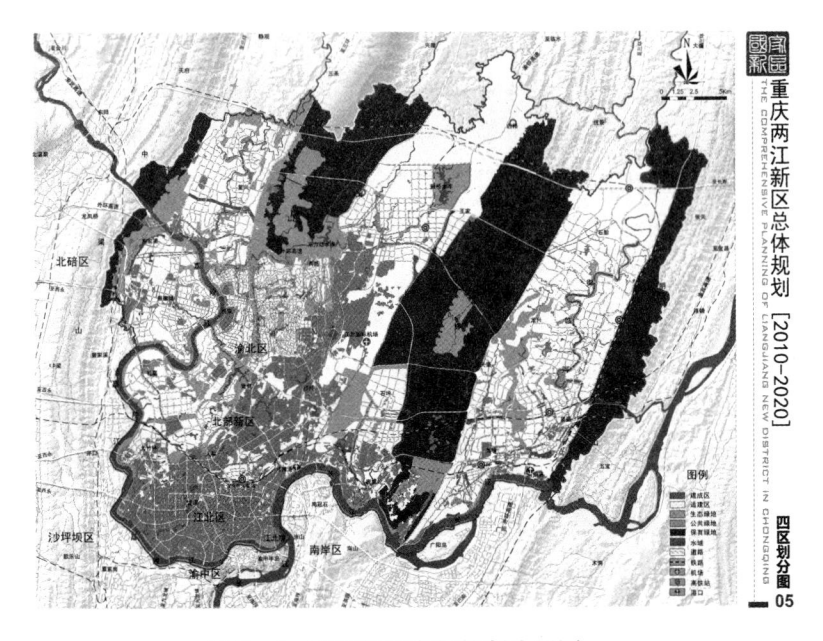

图6-4 两江新区空间管制分区图

资料来源:《重庆两江新区总体规划(2010—2020年)》(2011年修订)。

三 两江新区空间演变特征

从两江新区空间扩展过程可以看出,在开发起步阶段两江新区空间形态具有如下特征。

(一)新区扩展表现出一定的轴向特征

两江新区空间发展以机场高速为主轴,在中部槽谷地区由南往北蔓延扩展并向东西两侧拓展。其中,观音桥组团和人和组团发展最为成熟,各类用地比例合理,城市配套设施充足。北部空港组团和西侧的礼嘉组团和悦来片区日趋成熟,是城市拓展的重要区域。东部和西部的槽谷地区已初步形成城市组团的初期框架,并沿主干道路向南北方向延伸,其中重点发展区域为水土组团、蔡家组团以及龙盛片区。另外,从已经核发的规划许可证来看,两江新区近期空间发展将从中部槽谷地区逐渐转向东西两侧的槽谷地区。特别是工业开发区空间拓展势头迅速,龙兴、鱼嘴和水土三个组团核发的用地规划许可证总面积均超过3平方千米,位于两江新区各组团前列。

(二) 新区扩展具有离心式和跳跃式特征

两江新区建设用地在轴向扩展的同时,也表现出一定的离心拓展和跳跃式特征(图6-5)。两江新区工业开发区主要包括位于新区西北部的水土片区和东侧的龙盛片区,工业区的选址并没有遵循严格的轴向扩展,而是突破了老城的限制,在外围合适的区位形成飞地,寻求更大的城市发展空间。两江新区成立后,工业用地快速向外扩展,不同类型的工业用地,在不同的区位上,辟建一定地块作为园区,园区之间相距甚远。截至2013年底,两江新区工业开发区已建成区总面积达到21.62平方千米,年均增长48.3%。龙盛片区的已建成区面积达到14.31平方千米,年均增长52.7%,建设用地主要集中在主干道两侧以及总部基地的前期开发。水土已建成区面积达到5.74平方千米,年均增长48.6%。从建设用地类型可以发现,在发展初期,工业开发区主要是进行交通基础设施投资建设。

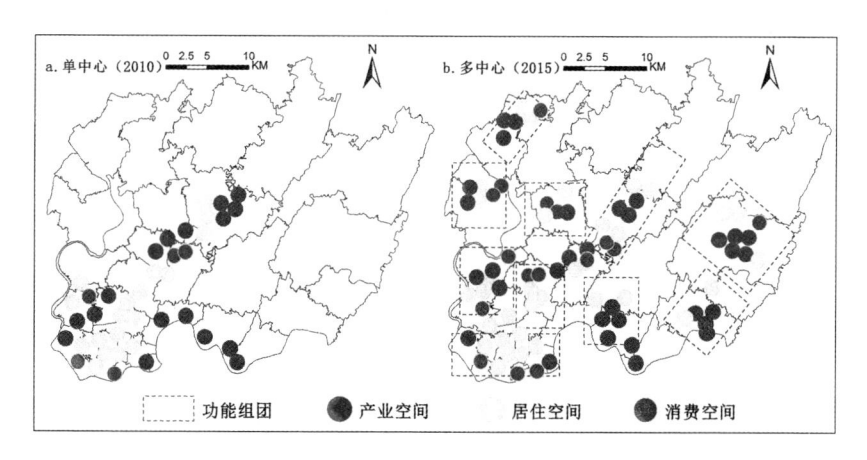

图6-5 两江新区空间演变特征示意图

资料来源:笔者自制。

总体来看，工业用地扩展具有离心拓展和跳跃式并重的模式。新增的工业用地主要分布在两江新区工业开发区的龙兴组团、水土组团以及鱼嘴组团，从另一层面表明新区工业发展逐渐向工业开发区集中，并呈连片发展趋势，汽车、电子信息等产业集群格局逐渐成形，观音桥组团、人和组团和唐家沱组团工业用地面积均有所减少。居住用地主要布局在江北嘴组团和人和组团。工业开发区的龙兴组团、水土组团和鱼嘴组团居住用地也有一定的增加，主要业态为公租房和安置房，商品房开发刚开始启动。

(三) 新区发展的"组团"特征初步显现

通过前期的快速开发建设，在观音桥组团、江北嘴中央商务区进一步集聚了高端金融商务功能，提升了观音桥商圈功能。礼嘉和悦来组团的开发建设，为集聚国际商务和商贸会展等综合功能，成为新的国际商务核心区打下了空间基础。龙盛片区的开发建设，集聚了汽车和装备制造等产业，并将带动新的城市产业服务功能，形成产业新城。同时，保税港区、水土片区等城市组团的发展，也将带动居住和商业的发展。从建成规模看，观音桥、人和、空港等组团建成规模较大，已发展为市中心。从发展速度来看，礼嘉组团和人口组团最快，已发展为新区副中心。相对而言，位于新区北部和槽谷两侧的水土组团、龙兴组团前期发展相对缓慢，但产业发展在空间上已经表现出一定的集聚倾向。

第二节 两江新区空间功能重构

城市结构决定城市功能，城市功能可以从城市结构中得到反映。城市结构包含两层含义，一是指土地利用的比例关系，二是指土地利用的空间关系。通过分析城市土地利用比例和空间关系的变化过程，可以清楚地揭示城市功能的变迁及其演进特征。

国务院《关于同意设立重庆两江新区的批复》（国函〔2010〕36号）提出了两江新区四大定位，"作为统筹城乡综合配套改革试验的先行区，要逐步建设成为中国内陆重要的先进制造业和现代服务业基地、长江上游地区的金融中心和创新中心、内陆地区对外开放的重要门户、科学发展的示范窗口"。中央政府对两江新区的发展定位，为新区政府空间生产行为指明了方向。两江新区积极有为的空间生产行为必将带来旧有功能的更新和新兴功能的打造，而功能的变迁和演进可以从两个方面得到印证：一方面是反映在新区土地利用的比例和空间关系上，另一方面则可以从两江新区空间规划层面进行认识。

一 两江新区功能重构特征

为准确认识和分析新区功能重构，选取居住用地作为反映基本生存条件和生活质量的指标，工业用地作为反映生产功能的指标，公共设施用地作为反映综合服务水平的指标，道路广场用地作为反映基础设施完善程度的指标，绿地作为反映环境质量的指标。这些用地指标在新区各发展阶段的不同组合和比例关系，反映出城市功能演进的轨迹。两江新区成立以来，新区发展以大规模城市建设为特征，具有"旧城更新+新区发展"的显著特征，这一点在土地利用结构中得到充分反映。截至2013年底，两江新区现状城市建设用地中面积最大的是居住用地，为56.91平方千米；其次是工业用地，为39.12平方千米；再次是道路与交通设施用地，为38.21平方千米；面积最小的是市政公用设施用地和物流仓储用地，分别为2.85平方千米和6.18平方千米。

从两江新区成立到2013年各类建设用地都有显著增加，用地结构比例也有明显变化（表6-4、图6-6）。其中，居住用地和绿地与广场用地的新增用地面积最多，分别为12.67平方千米和12.24平方千米，其次是工业用地和道路与交通设施用地，分别新增12.1平方千米和10.38平方千米。居住用地和绿地与广场用地增加最多，这表明新区成立初期对老城区的带动效应较为明显，出现了大规模的基础设施改造和居住用地。工业用地和道路与交通设施用地增量也较高，这表明此时新工业园区的工业生产能力较弱，新城区发展主要靠大规模基础设施来推动。

表6-4　　两江新区2010—2013年城市建设用地结构

用地代码	用地名称	2010年 用地面积（平方公里）	2010年 比例	2013年 用地面积（平方公里）	2013年 比例	2010—2013年 新增面积（平方千米）
R	居住用地	44.24	32.14%	56.91	29.01%	12.67
A	公共服务设施用地	8.89	6.46%	11.98	6.11%	3.09
B	商业服务业设施用地	9.39	6.82%	11.81	6.02%	2.42
M	工业用地	27.02	19.63%	39.12	19.94%	12.1
W	物流仓储用地	4.05	2.94%	6.18	3.15%	2.13
S	道路与交通设施用地	27.83	20.22%	38.21	19.48%	10.38
U	市政公用设施用地	1.89	1.37%	2.85	1.45%	0.96
G	绿地与广场用地	11.52	8.37%	23.76	12.11%	12.24
P	拆迁平场	2.83	2.06%	5.34	2.72%	2.51
	城市建设用地（合计）	137.66	100%	196.15	100%	58.5

注：口径采用《城市用地分类与规划建设用地标准 GB50137—2011》（GB50137—2011）确定的城市建设用地（H11类）。其中，拆迁平场为按照实际新增类别，指土地现状为平场的城市改造用地。

资料来源：重庆市地理信息中心提供。

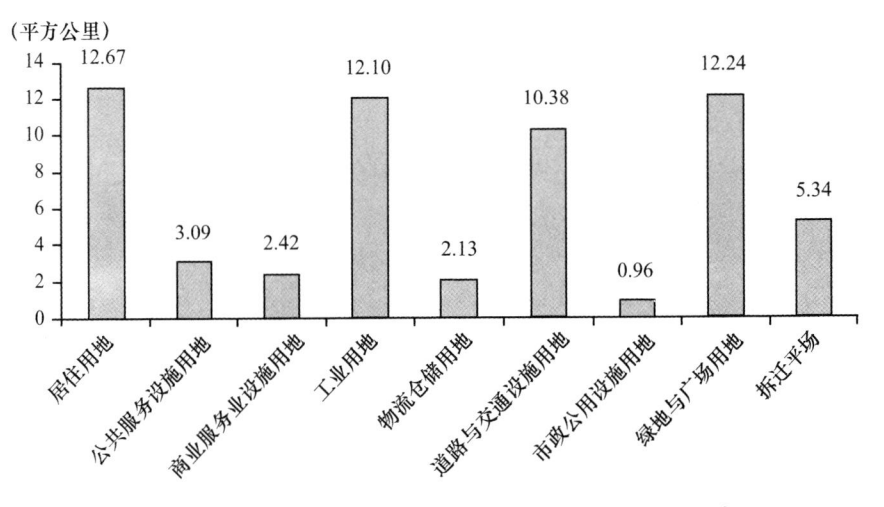

图6-6　两江新区新增各类建设用地情况（2010—2013年）

资料来源：根据重庆市地理信息中心提供数据制作。

从空间结构看,该阶段两江新区发展以老城区功能完善和新城区功能打造为主要特征。商业服务设施用地、居住用地、绿地和广场用地的增加,主要集中于观音桥组团、人和组团、悦来组团和鱼嘴组团等城市中心和紧邻中心的外围地区。两江新区2013年商业服务业设施用地面积为11.81平方千米,比2010年新增2.42平方千米,年均增速为8%。新增的商业服务业设施用地主要分布在观音桥组团和龙兴组团,人和组团的商业服务业设施用地同比略微减少。人均商业服务业设施用地面积在2013年有较大提高,达5.2平方米/人。现状绿地和广场用地为23.76平方千米,比2010年新增了12.24平方千米,年均增速是各类用地中最高的,年均增速达27.3%。人均绿地和广场用地面积增长较多,2013年达到10.3平方米/人。新增绿地与广场用地主要分布在人和、悦来和观音桥组团,空港组团的绿地与广场用地面积同比有略微下降。现状市政公用设施用地为2.85平方千米,比2010年新增0.96平方千米,年均增速达14.7%。人均市政公用设施用地保持不变,约1.2平方米/人,新增的市政公用设施用地主要分布在观音桥组团和鱼嘴组团。

两江新区2013年现状道路与交通设施用地面积为38.21平方千米,比2010年新增10.38平方千米,年均增长11.1%;人均道路与交通设施用地面积达16.6平方米/人。各个组团的道路和交通设施用地面积同比均有所增长,这反映了新区开发的基础设施带动效应。

工业用地和物流仓储用地主要分布在中心外围的工业园区,主要布局在交通干线两侧,公共设施用地主要集中在悦来组团的会展城。工业园区整体用地还不成规模,尚处于城市前期开发阶段。两江新区2013年现状工业用地面积为39.12平方千米,比2010年新增12.1平方千米,年均增速达13.1%。新增的工业用地主要分布在两江新区工业开发区的龙兴组团、水土组团以及鱼嘴组团;观音桥组团、人和组团和唐家沱组团工业用地面积均有所减少。现状公共服务设施用地面积为11.98平方千米,比2010年新增3.09平方千米,年均增速达10.5%。人均公共服务设施用地面积略有下降,2013年达5.2平方米/人。新增的公共服务设施用地主要分布在悦来组团、观音桥组团和水土组团;空港组团和人和组团的公共服务设施用地有略微减少。现状物流仓储用地面积为 6.18 平方千米，比 2010 年新增 2.13 平方千米，年均增速为 15.1%；人均物流仓储用地面积 2.7 平方米/人。新增的物流仓储用地主要分布在人和组团和唐家沱组团，礼嘉组团、鱼嘴组团和空港组团的仓储物流用地面积较上年略有减少。

两江新区 2013 年所核发的用地规划许可证中，对外交通设施类用地最多，其次为居住用地和道路与交通设施用地（表 6-5）。规划许可的新增的居住用地为 832.31 公顷，主要分布在礼嘉组团、悦来组团、人和组团等紧邻中心区的地区。新增工业用地为 505.09 公顷，主要分布在礼嘉组团、水土组团和鱼嘴组团等远离中心的外围地区。新增绿地与广场用地为 248.45 公顷，主要分布在观音桥组团和龙兴组团（中航体育公园）。新增的 184.47 公顷商业服务业设施用地主要分布在观音桥组团、人和组团和龙兴组团，龙兴组团近期将实施的商业服务业设施用地主要在总部基地片区。新增公共服务设施用地为 153.84 公顷，主要分布在观音桥组团和悦来组团。

表 6-5　两江新区 2013 年核发建设用地规划许可证用地面积一览表

用地代码	用地类型	已发建用地面积（公顷）
R	居住用地	832.31
A	公共服务设施用地	153.84
B	商业服务业设施用地	184.47
W	物流仓储用地	55.34
S	道路与交通设施用地	575.31
M	工业用地	505.09
U	市政公用设施用地	56.95
G	绿地与广场用地	248.45
H2	对外交通	2445.09
H4	特殊用地	4.77
	总计	5061.62

资料来源：根据重庆市地理信息中心提供的数据制作。

综上所述，两江新区发展初期，工业用地、居住用地、道路与交通设施用地、绿地与广场用地等有显著增加，城市功能有所提升。然而，各类用地的增加具有空间不均衡性，居住和商业等功能在中心区及其外围快速增加，工业功能则远离城市中心的地区快速扩展。这种短时间的用地结构变化，并不能真实反映两江新区成立对城市功能变迁的影响。这是因为城市功能变迁需要长时间的发展培育，由于数据的时间序列较短，新区城市功能变迁并没有从数据上反映出来。因此，欲全面和准确把握制度因素对新区功能重构的影响，还需从产业功能和居住功能两个层面进行更深入的认知。

二 两江新区产业功能重构

两江新区依据国务院批复（国函〔2010〕36号）的五大功能定位，提出了重点打造先进制造、现代服务、金融商务、知识创新和门户贸易五大功能（表6-6）。两江新区产业空间生产过程中紧紧围绕先进制造业和现代服务业两大领域，主要"六大工业"和"三大服务业"（邹葆焕，2014）。其中，"六大工业"指：以轿车和新能源汽车为主导的汽车产业、以轨道交通和电力装备为主导的装备产业、以电脑整机和信息家电为主导的电子信息产业、以生物制药和医疗器械为主导的生物医药产业、以碳纤维和高温超导材料为主导的新材料产业、以节能产品和环保设备为主导的节能环保产业。"三大服务业"指：以创新金融为主的金融业、以会展物流为主的商贸业、以资讯研发为主的信息业。

三 两江新区居住功能重构

两江新区发展目标是集聚人口和产业，产业集聚一方面必将带来人口的集聚，另一方面为人口集聚提供居住空间可以更好地促进产业发展。因此，两江新区政府在居住空间的生产过程中，采取了居住空间临近就业中心的原则，并针对不同产业人群的特征，生产不同的居住空间。两江新区按照服务人群的不同，将居住用地分为高品质居住用地、普通商品房用地和政策保障性住房用地，对不同的居住用地采取不同的用地标准。其中，高品质居住用地以低密度开发为主，人均居住用地面积按40平方米核算；普通商品房用地以中高密度开发为主,人均居住用地面积按 30—35 平方米核算;政策保障性住房用地以高密度开发为主,人均居住用地面积按 25 平方米核算。

表 6-6　　　　　两江新区战略性产业定位情况

功能	发展策略	产业类型	空间类型
先进制造	引入顶级和核心企业,控制一般制造的规划化布局,打造面向关键技术和国家战略的产业城	高新技术产业:计算机整机及键零部件制造为代表的电子信息产业,生物医药产业等 重大装备制造业:重点发展汽车、轨道运输装备、新能源装备、航空航天器制造等	高科技产业园区 装备制造
现代服务	构建包含国际消费和政治文化交往的功能体系,打造活力带,控制大事件预留区	国际消费:国际百货连锁店专营店、主题公园 国际交往:国际会议和博览活动、体育赛事、文化展演、高端酒店群、使领馆区	主题活动区
金融商务	形成金融前台—后台服务等多层次金融服务网络,构建多极化中心体系	金融服务:离岸金融结算、金融要素市场 区域总部:大区运营中心、法律等专业服务中心	商务聚集区 总部园区
知识创新	形成基础教育—研发孵化—中试转化的功能体系,打造立足信息和生态技术的知识城	基础教育:国内外知名大学分校 研发孵化:企业研发中心、科研院所和孵化器 中试转化:研发与产业化基地、测试中心 创新服务:健康产业、高科技社区	总部园区
门户贸易	实现从物流商贸向总部运筹功能拓展,面向内陆开放建设国际贸易城	物流贸易:保税仓储和专业市场,引入顶尖现代物流企业及相关金融 总部运筹:物流和快递公司总部区、商品展示和交易区	物流园区 总部园区 商品市场

资料来源:《重庆两江新区总体规划(2010—2020 年)》(2011 年修订)。

两江新区根据各组团产业类型的差异,以职住平衡为基本原则,合理分配各组团居住空间。水土组团、蔡家组团、礼嘉组团、悦来组团属于嘉陵江两岸创新中心和现代服务片区，居住人口主要以科研创新和高级管理人才为主，规划居住用地以高品质居住为主。观音桥组团、人和组团大部分为现状建成区，居住人口主要为一般收入人群和高级管理人才，规划居住用地以中等品质为主。空港组团、唐家沱组团、龙兴组团、鱼嘴组团为两大产业片区，主要承担制造业和物流功能，居住人口主要为产业工人。据此，两江新区将居住空间划分为6种类型：以高级人才为主的高度居住区，以中等收入人群为主的普通居住区，以低收入和农转非人群为主的政策性居住区，以商务金融、高级管理和外籍人员为主的商务兼容型居住区，以科技研发人才为主的研发兼容型居住区和以产业工人为主的产业兼容型居住区。

在水土组团内，居住用地布局主要沿黑水滩河分布。高品质居住用地9.4平方千米，主要布局于黑水滩河西岸；普通商品房居住用地2.1平方千米主要布局于黑水滩河两岸；政策保障房居住用地0.5平方千米，主要布局于组团南部。蔡家组团内，居住用地布局主要沿嘉陵江分布。高品质居住用地6.9平方千米，主要布局于嘉陵江沿岸；普通商品房居住用地6.5平方千米，主要布局于组团南侧；政策保障房居住用地0.6平方千米，主要布局在组团北部。悦来组团内高品质居住用地4.8平方千米，主要布局于龙王洞山余脉；普通商品房居住用地12平方千米，主要布局于金融商务中心周边；政策保障房居住用地1.2平方千米，主要与普通社区结合布局。礼嘉组团高品质居住用地10.7平方千米，主要布局于嘉陵江沿岸；普通商品房居住用地13.2平方千米，主要布局于地形平坦处；政策保障房居住用地1.1平方千米，主要布局于组团南侧。人和组团高品质居住用地8.5平方千米，主要布局于中央活力带东侧；普通商品房居住用地18.4平方千米，主要布局于交通干道沿线；政策保障房社区用地1.1平方千米，主要与普通社区结合布局。唐家沱组团居住用地沿主要交通干线布局，普通商品房社区用地4.5平方千米，主要布局于地形平坦处；政策保障房社区用地1.5平方千米，主要布局于组团东侧。空港组团居住用地结合地形集中布局，普通商品房居住用地8.7平方千米，主要布局于组团西侧；政策保障房居住用地2.3平方千米，主要临近社区中心布局。龙兴组团居住用地临近产业用地布局，以原有城镇为基础，沿御临河带状生长。高品质居住用地0.4平方千米，主要布局于御临河东岸；普通商品房居住用地11.6平方千米，主要布局于御临河两岸；政策保障房居住用地1.0平方千米，主要与普通社区结合布局。鱼嘴组团居住用地临近产业用地布局，以原有城镇为基础，沿御临河带状生长。普通商品房居住用地7.6平方千米，主要结合原有城镇布局；政策保障房居住用地0.4平方千米，主要与普通社区结合布局。

四 两江新区零售功能重构

以2010年、2019年重庆两江新区零售商业类POI数据（表6-7）和实地调研资料为基础，运用GIS空间分析法和质性研究法，分析两江新区零售功能重构特征。

表6-7　　　　两江新区零售商业网点类型划分与统计

一级分类	二级分类	2010年 数量（个）	2010年 比例	2019年 数量（个）	2019年 比例
综合零售	商场、便民商店、便利店、超级市场、小商品市场、综合市场、旧货市场	1177	18.3%	5887	14.6%
食品、饮料及烟草制品专门零售	糕饼店、农副产品市场、水产海鲜市场、果品市场、蔬菜市场、烟酒专卖店	890	13.9%	5892	14.6%
纺织、服装及日用品专门零售	服装鞋帽皮具店、个人用品/化妆品店、钟表店、眼镜店、自行车专卖店	593	9.2%	8677	21.6%
文化、体育用品及器材专门零售	文化用品店、体育用品店、书店、音像店、古玩字画店、摄影器材店、珠宝首饰	503	7.8%	1184	2.9%
医药及医疗器材专门零售	医药保健销售店	1176	18.3%	2757	6.9%

续表

一级分类	二级分类	2010 年 数量（个）	2010 年 比例	2019 年 数量（个）	2019 年 比例
汽车、摩托车、零配件和燃料及其他动力零售	汽车销售、加油站、加气站、其他能源站、汽车配件销售、二手车交易、摩托车销售、汽车服务相关、摩托车服务相关、机动车充电销售	974	15.2%	3751	9.3%
家用电器及电子产品专门零售	家电电子卖场	203	3.2%	2068	5.1%
五金、家具及室内装饰材料专门零售	家居建材市场	906	14.1%	10045	25.0%

资料来源：高德地图。

将两江新区划分为 2km×2km 的网格，统计网格内零售网点的绝对增加量和相对增长率（图 6-7）。2010—2019 年，零售网点绝对增加量较高的网格主要位于观音桥、人和、空港等中心组团，蔡家、龙兴、鱼复等外围组团仅有零星分布。从相对增长率来看，除了龙兴和鱼复组团外，其余 8 个组团均有相对增长率较高的网格分

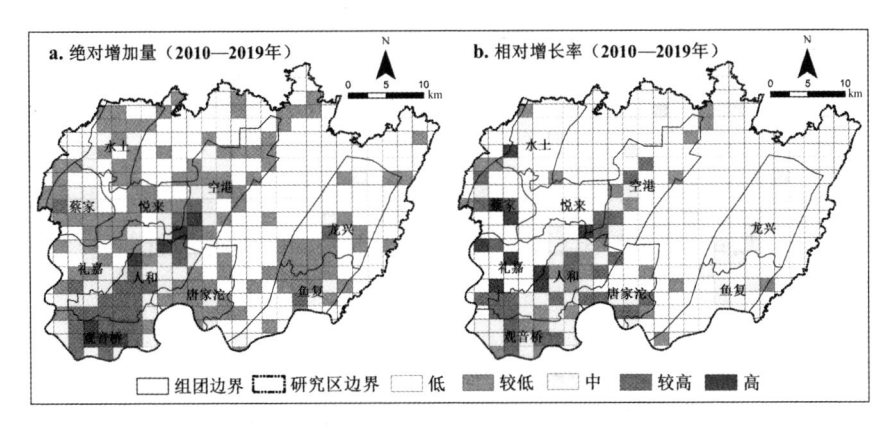

图 6-7 两江新区零售商业网点的"多点式"增长格局

资料来源：笔者自制。

布。这表明，零售商业网点在中心组团大规模集聚的同时，外围组团的开发建设也带动了其快速增长。虽然外围组团的零售商业规模仍相对有限，但两江新区零售商业网点已呈现"多点式"增长态势，并与开发建设方向相一致。

(一) 零售商业网点分布呈"圈层式"扩散并演变为"多中心"集聚结构

从核密度分析结果来看，2010年零售商业网点的集聚热点主要分布在中央槽谷地带，形成了以观音桥商圈为中心的高密度集聚区和沿机场路的较高密度集聚区（图6-8）。2019年零售商业网点的集聚热点显著增多，呈现"多中心"的集聚结构以及向外递减的"圈层式"空间格局特征。观音桥"马蹄形"高密度集聚区和空港"带状"高密度集聚区不断扩张，并带动其周边较高密度集聚区连绵成片。礼嘉、唐家沱、水土、蔡家、龙兴、鱼复等组团中心的集聚热点迅速增加，在两江新区外围形成了"孤岛式"的较高密度集聚区。

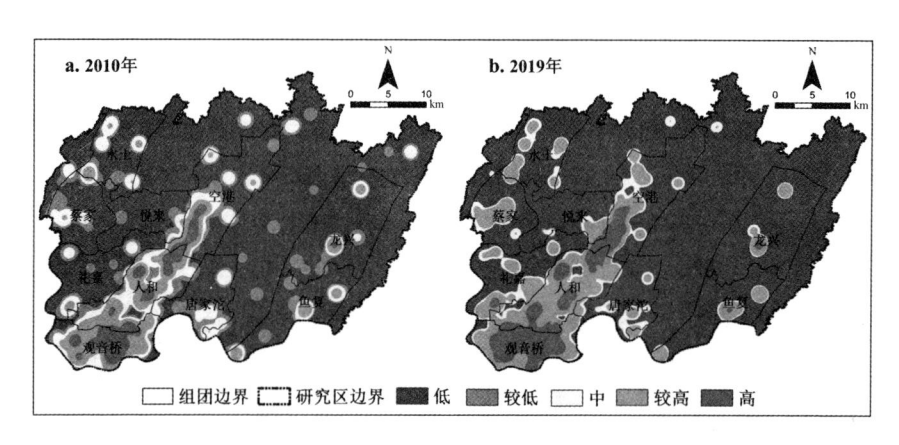

图6-8　2010年、2019年两江新区零售商业网点核密度

资料来源：笔者自制。

根据两江新区中心体系规划，计算各级中心规划范围内2010年、2019年的网点数量和核密度，并采用自然断裂点法对核密度值划分等级（表6-8）。结果表明，两江新区零售商业的"多中心"

表6-8 两江新区中心体系规划及零售商业中心等级演变

规划层级	中心名称	规划定位	规划面积(km²)	2010年 等级划分	2010年 核密度估计值	2010年 商业网点数量(个)	2019年 等级划分	2019年 核密度估计值	2019年 商业网点数量(个)
主中心	江北嘴中心	市级商业服务	5.5	二级中心	56.98	476	二级中心	268.61	2070
主中心	观音桥中心	市级商业服务	8.5	一级中心	106.17	1002	一级中心	701.63	6109
主中心	悦来中心	市级商业服务	7.5	—	0.03	1	—	12.91	96
副中心	龙盛中心	片区商业服务	4.0	—	0.00	0	—	6.89	8
组团中心	空港中心	组团商业服务	2.5	二级中心	59.39	190	一级中心	523.45	1761
组团中心	财富中心	组团商业服务	1.5	三级中心	30.30	58	二级中心	219.89	343
组团中心	鱼复中心	组团商业服务	1.5	三级中心	31.92	67	三级中心	129.04	260
组团中心	人和中心	组团商业服务	2.0	—	1.59	2	三级中心	39.89	91
组团中心	回兴中心	组团商业服务	2.5	三级中心	15.11	24	三级中心	134.09	319
组团中心	蔡家中心	组团商业服务	3.5	—	2.84	9	三级中心	39.35	101
组团中心	木耳中心	组团商业服务	1.5	—	0.62	1	三级中心	40.35	58
组团中心	礼嘉中心	组团商业服务	2.5	—	0.00	0	—	10.15	13
组团中心	水土中心	组团商业服务	2.5	—	1.43	2	—	12.71	12
组团中心	石船中心	组团商业服务	1.5	—	0.00	0	—	0.00	0

资料来源：笔者自制。

格局已初步形成。一级中心由"单中心"演变为"双中心",二级中心维持在2个,三级中心由3个增长为5个,并且各级中心的网点数量和核密度均有较大幅度增长。另外,两江新区零售商业中心等级演变与规划定位仍有一定差别。作为规划的主中心和副中心,江北嘴中心、悦来中心、龙盛中心的零售商业发展均相对滞后,而规划定位为组团中心的空港中心和财富中心却发展迅速,成长为比规划定位更高等级的零售商业中心。

(二)零售商业网点分布演变呈现显著的行业特性和业态特征

对不同行业零售网点的核密度分析显示,2010—2019年两江新区不同行业零售网点的集聚、分散和扩张模式具有差异性(图6-9)。综合零售、食品类等零售网点的集聚热点呈现扩张和增多的趋势,2010年主要分布在中心组团,2019年在中心组团的高密度集聚区大幅度扩张的同时,水土、蔡家、礼嘉、唐家沱等外围组团也新增了诸多高密度集聚区。家具类、汽车类等零售网点的较高和中密度集聚区不断增多,2010年集中分布在观音桥组团、人和组团中部和空港组团的机场路沿线,2019年在外围组团的集聚热点显著增多和扩张。纺织服装类、文体类、医药类、家电类等零售网点的发展演变相对缓慢,高密度集聚区仅在中心组团呈现出一定程度的增长。总体来看,综合零售、食品类等零售网点呈现"大分散、大集聚"的演变特征;汽车类、家具类等零售网点呈现"大分散、小集聚"的演变特征;纺织服装类、文体类、医药类、家电类呈现"小分散、大集聚"的演变特征。

此外,不同的零售业态在空间集聚的区位选择上也具有显著的差异性。例如,商场、便利店、便民商店、小商品市场、小型超市等虽然都属于综合零售行业,但商场与其他综合零售在业态类型、商业设施等方面有着较大差异,空间分布与演变也有着自身的特征。2010年,商场的集聚热点呈"点状"散布在各个组团,仅观音桥组团呈现出连片发展的趋势。2019年,商场的高密度集聚区在观音桥组团、人和组团和空港组团南部快速扩张并连绵成片,而其在外围组团的发展则近乎停滞。可见,与便利店等网点跟随人口和居住区布局的"大分散、大集聚"演变特征不同,商场仍主要布局在交通便利、人口密集的核心圈层。

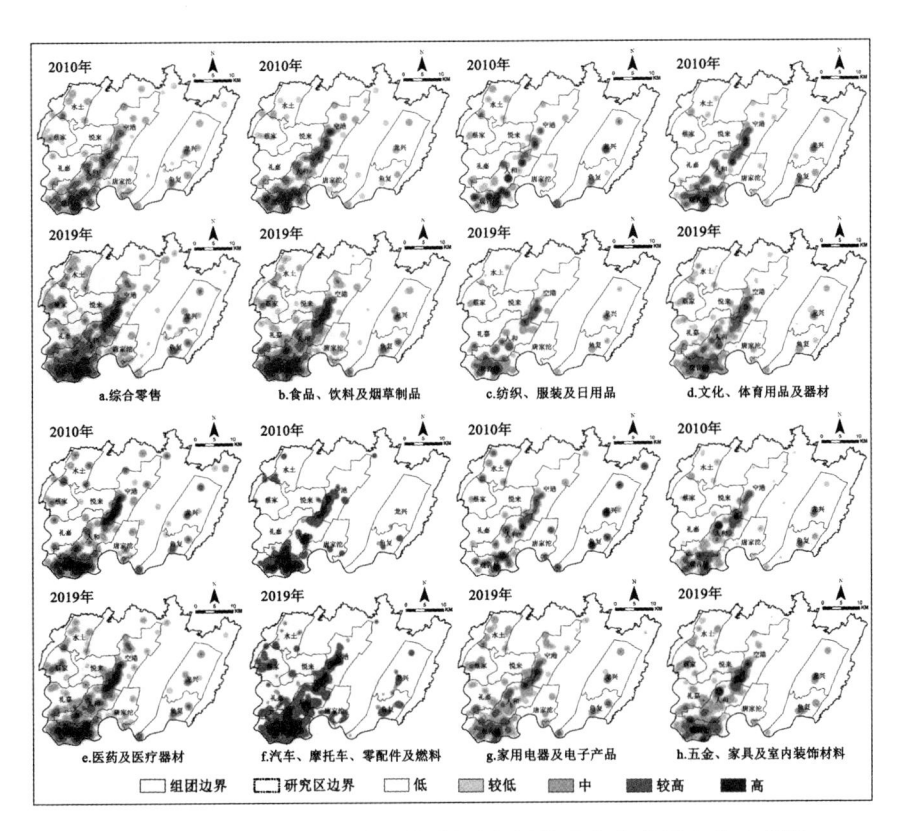

图 6-9 2010 年、2019 年两江新区各行业零售商业网点核密度图
资料来源：笔者自制。

第三节 制度与行为逻辑下两江新区空间重构机制

一 强激励与弱约束的国家制度空间

从政策设计来看，国家级新区套叠了两个层级的制度空间：一是国家统一的经济制度和行政制度；二是中央政府给予的倾斜政策和制度创新权限。两江新区作为内陆地区第一个国家级新区，政策

执行参照浦东新区和滨海新区，同时享受国家西部大开发、统筹城乡综合配套改革先行先试和国家自由贸易试验区等优惠政策，涉及行政、税费、财政、土地、产业、人才等多个领域。例如中央政府对两江新区建设用地指标实行计划单列并予以倾斜；符合新区产业目录的企业，3—5年内减按15%的税率征收所得税；从事高新技术和战略性新兴产业的企业，在项目审核、土地利用、贷款融资、技术开发等方面给予政策支持，并设立风险补偿金；地方政府设立专项财政资金用以基础设施建设；3—5年内对于两江新区的税收，中央和地方政府予以全部或部分返还；对引进的高端人才予以财政奖励等。在国家对地方发展的关键权力和资源控制普遍趋紧的背景下，两江新区制度空间为地方政府、企业和公众的行为选择提供了资源、空间和激励机制。一方面强化了行为主体"谋求利益"的主动性和积极性，激励行为创新甚至触及中央的"政策底线"；另一方面行为主体对制度环境的理性应对具有很高的策略性，有利于其发展的政策就会"用好用足"甚至被无限制放大，而对其不利的政策则尽量虚与委蛇。

二 制度空间下政府"激进式"空间开发

中国的市场化和分权化改革使地方政府成为地方发展"代理人"，以及谋求自身利益的"理性"行动者。两江新区强激励与弱约束的制度空间不仅对地方政府产生了新的激励，还扩大了其行动空间和行动资源。地方政府经过"精心计算"，通过空间规模扩张、空间开发垄断和空间场所营销等行动策略，在发展初期主导和操纵了工业空间、政策性居住空间和重点消费空间的重构过程。

可建设用地的空间规模意味着可控土地资源的多寡，直接影响甚至决定了经济社会发展和城市建设的施展空间。国务院批复文件只明确了两江新区的规划范围、指导思想、定位及目标等内容，而表征未来发展蓝图及空间策略的相关内容需要通过编制空间规划来确定。由于城市规划受经济社会发展的影响更加直接和明显，重在开辟和培育城市发展战略地区的技术方案更多体现了地方政府的发展意愿。因而，重庆市政府首先组织编制了《重庆两江新区总体规划（2010—2020）》，而后按照总体规划的空间方案，对江北区、渝北区和北碚区的土地利用总体规划进行了适时调整。在总体规划编制过程中，规划技术人员在地方政府的授意下采取了战略思维和目标导向的技术路径。也即是规划编制从解读国家批复文件入手，识别功能提升和模式创新的双重要求，并在此基础上确定空间规模、产业功能、空间结构、功能布局、配套政策等规划内容。由此，在国家战略"掩护"下完成了"构想空间"建构，并增加了240平方千米的建设用地规模。

在两江新区开发建设过程中，地方政府希望按照"构想空间"实施项目建设，并带动整片地区的发展以迅速形成新区形象。然而大规模的空间开发具有投资大、周期长、难定价，以及短期难以盈利的特征，使得企业不愿意过早介入。政府投资建设同样面临着如何融资及"资金链断裂"的风险，容易陷入"扩张—再扩张"的恶性循环中。在土地、融资等支持性政策"激励"下，地方政府选择了"激进冒险"的行为策略，采取了政府"垄断式"的空间开发模式。重庆市政府以"国家要求两江新区构建与新区开发开放相适应的管理体制和运行机制"为契机，设立了"重庆市两江新区管理委员会"。管委会作为重庆市政府的派出机构，享有副省级管理权限，负责两江新区经济发展和开发建设的统一规划、统筹协调和组织实施，下设六大国有开发集团。

对土地进行"简单"的买卖尽管可以带来一定的增值，但不能实现其价值最大化。正如产品需要通过一定的营销策划以扩大市场份额和增加销量一样，城市空间同样需要营销来获得资本的青睐。面对中央政府给予的高端定位及"构想空间"的宏大愿景，新区政府"大胆"进行空间营销。在这一过程中，依托国有开发投资集团对各类新城进行整体建设、推介和运营是重要手段。新区政府认为新城建设不仅可以满足新区产业发展和人口增长的需求，还可作为推进土地资本运作的载体，加速空间的"生产"。此外，为借助"大事件"效应提升新区功能和形象，地方政府还为筹办"大事件"积极准备。建设了西部地区最大的国际会展中心，对江北国际机场等战略性基础设施进行扩建，并通过空间规划和城市设计全球招标等来"兜售"美妙图景。

三 制度空间下企业"趋利性"投资选址

两江新区设立初期，土地资源难以自觉地经营空间，政府主导的空间开发模式带来了物质空间形态的转变与价值提升，对实现资本原始积累发挥了重要作用。在此基础上，企业"趋利性"投资选址构成了两江新区产业、居住和消费空间重构的重要驱动力，而这又与被政府"规训"和"授权"了的国有投资开发集团不同。企业介入两江新区空间重构过程具有时序性特征，总是在市场形成和相关制度改革的"关键点"介入相应的投资领域。企业普遍认为两江新区政府在降低企业成本、扩大市场规模、培育供应链发展等方面的制度实践，为企业投资选址创造了利润空间。具体表现在：政府通过户籍制度改革推行农民工进城并委托中介帮助企业招工；对招商企业承诺三年内本地配套能力达到80%，否则政府将对差额部分提供补贴；积极向中央政府申请资源，对铁路、航空、公路等交通条件进行了优化；通过基础设施、工业园区、企业厂房、员工宿舍和公租房的配套，控制企业沉没成本投资；通过税收返还、产量补贴、物流补贴、金融支持等灵活财税政策补贴企业。

企业则根据自身需求，选择具有重要战略地位和优越"投资环境"的空间设立生产投资项目。例如汽车、机械等先进制造企业，需要较大范围的平整场地、交通配套以及邻近相关企业配套集中区，纷纷落户鱼复工业开发区和龙兴工业开发区；材料、芯片、生物医药等高新技术企业，需要交通便利、环境优美以及邻近科研院所等条件，大多选址在水土、蔡家和礼嘉等研发基地；物流贸易类企业需要临近港口和机场的特殊交通区位、特殊政策许可，以及较大范围的平整场地，多集聚在保税港区。随着企业的不断集聚，加之建成环境、优惠政策和集聚效应的综合作用，金融、商务、休闲等服务业需要不断增加。江北嘴金融城、礼嘉商务旅游城、悦来生态新城等都市经济功能板块不断发展，吸引了众多金融服务、互联网、文化创意、总部服务、会议展览、文化旅游和房地产企业。2010—2015年，两江新区招商引资累计签约项目2740个，合同金额 10683 亿元，累计利用外资 183 亿美元，世界 500 强企业达 129 家（占全市总量的一半以上）。

四 制度空间下公众"配合性"积极参与

政府和企业作为两江新区的"强"行为主体，极大地改变了公众的生活状况，加之制度空间的作用，使得公众做出了"服从配合"和"积极参与"空间重构的理性选择。地方政府作为土地垄断者，通过主导空间开发和招商引资不断挤压原有乡村空间，其动迁政策及配建的安置房把原农村居民向新区外围驱赶。在这一过程中，大多数原农村居民对征地政策并不了解，而政府高标准配建且拥有完全产权的安置房具有更大吸引力。虽然动迁的货币补偿标准较低，但综合配套的大型居住区对原乡村生活空间的替换，使得大部分村民"服从配合"这种空间规则。然而两江新区企业对高素质劳动力的强烈需求，以及自身职业技能的缺乏，使得原农村居民再就业困难。大多数原农村居民并没有产生共同性认同，甚至有人充满了复杂的受挫、失败的埋怨情绪，"服从配合"也成为其无奈之举。

两江新区成立以后，空间开发及企业快速集聚带来了大量新居住群体。据统计，2010—2017 年两江新区常住人口增加近 70 万人，不断充实着富裕、中产和工薪阶层。这一阶段，两江新区居住空间的市政设施和服务配套的日趋成熟，使公众有了较高的意愿与开发商进行房地产交易，成为居住空间的主要消费群体，并激活了商业、休闲、娱乐等消费空间的活力。特别是日益壮大的中产和富裕阶层对居住和消费空间的"积极购买"，有力刺激了居住和消费空间的扩大再生产。从相关数据来看，两江新区设立伊始就刺激了楼市，之后的两年逐渐恢复常态，但随着两江新区经济的发展，房地产市场发展迅速。2015 年，两江新区商品房成交量为 2177 套（比去年上涨了 112.6%），占重庆主城区总成交量的 20%（比去年上涨了 272%），成交均价约 1.1 万元/平方米也远高于主城区 0.7 万元/平方米的均价。

五 国家制度空间下行为主体关系再定义

在制度空间的"激励"与"约束"下，地方政府、企业和公众的理性选择与综合作用，不断推动重庆两江新区由构想空间向多元化的产业、居住和消费空间转变（图6-10）。地方政府是两江新区发展初期空间重构的主导者，处于支配地位，凭借着"激励性"制度给予的行动资源和行动空间，通过行政管理调整、空间规划修编、基础设施建设、空间载体建设和空间场所营销等理性行为实现了对工业空间、政策性居住空间和重点消费空间重构过程的主导和操纵，营造了进一步吸引企业投资和居民消费的"空间框架"。企业的"趋利性"投资促进了空间转型和土地升值，既满足地方政府发展经济和追求土地收益的需求，也符合企业经营追求利润最大化的目标，是后续产业、居住和消费空间"生产"和发展的重要推动力。公众作为被支配及再参与的行为主体，行为选择出现了"服从配合"和"积极参与"的分化。两江新区发展初期，制度空间约束了原农村居民的行为选择，在政府和企业"强势"征地及空间"剥夺"的过程中，只能让渡空间和"服从配合"政府的空间规则。随着产业空间的成熟及居住和消费空间的发展，富裕和中产阶层通过购买商品（空间选择和消费），逐渐成为空间重构的积极参与者和受益者。

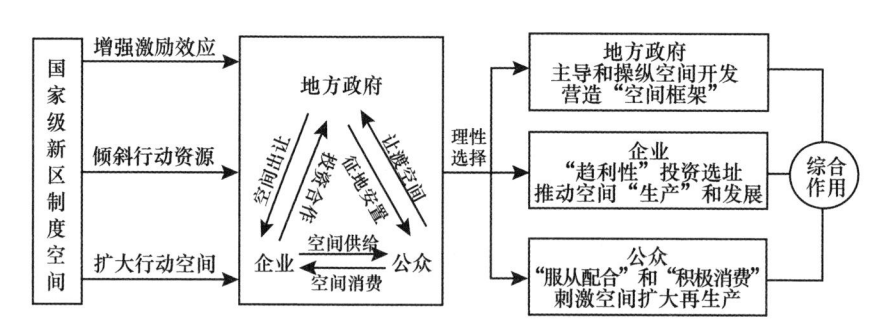

图6-10 制度空间下行为主体的理性选择与相互关系

资料来源：笔者自制。

第七章

两江新区空间重构
效应评价及建议

两江新区空间生产选择及政府行为重构是在国家制度空间作用下地方政府理性选择的结果，而土地利用空间重构则是对制度重构和行为重构的响应。重庆市政府和两江新区管理委员会如同企业一样，根据外部环境的变化适时调整经营的内容和手段，其土地利用行为呈现出鲜明的资本运作特征。因而，两江新区土地利用重构并非顺应居民的生活需求或者按照市场的逻辑进行"自然"生长，它被国家战略及意识形态的需要所改造，并被地方政府按照"空间生产"的需求而利用。因此，我们需要关注当新区政府按照其空间生产的理念在大手笔建设新区空间时，其所产生的正面效应及可能出现的负面效应。

一般而言，我们对于城市空间合理性的判断是基于城市的传统价值属性，即生产与生活的场所。在特殊的制度环境和资本浪潮的冲击下，两江新区城市空间已经成为一种商品被生产与推销，被纳入资本积累与循环中。两江新区城市空间不仅被资本所塑造，更确切地说是被政府行为所塑造。因此，应该从更宏观的视野来剖析两江新区土地利用重构效应，客观评价空间生产行为的积极效应和可能产生的行为异化。

第一节 两江新区空间重构的积极效应

两江新区的土地利用空间重构只是一个表象，背后的各种驱动力及力量对比起着至关重要的作用。改革开放以前中国城市空间发展主要是被政府计划力量所主导，市场力量和民众力量被压缩到很低的程度，上级政府的计划和意识形态直接决定着城市空间的形成。改革开放以来，"市场化"和"分权化"构成重要的两条主线，在中国形成了一种有限度、政府主导的市场化，但市场规则和价格机制在经济社会生活中开始发挥着重要作用。因而地方政府处于如此背景下，其行为方式也发生着重大的变化，其发展过程中所采取的策略顺应了市场的逻辑，表现出一定程度的"理性"。正如在国家制度空间下两江新区政府行为重构一样，其如同企业一样对外部环境变化产生敏锐的市场反应。

正如前文所述，在这样一个快速变化的世界里，经济发展和区域竞争态势瞬息万变，城市物质空间的惰性和相对滞后性往往会阻碍地区的发展。国家制度空间的作用不仅对地方发展形成了足够的制度激励，还提高了地方行政决策的高效率和强大的资源动员能力。这就使国家制度空间下的地方政府在参与全球竞争、及时应对市场变化方面呈现出一定的优势；同时，地方政府也有能力和强烈的愿望主动地去"改造"城市空间，以更好适应新的经济社会发展需求。

一 促进空间结构转型

两江新区在开发建设过程中，政府在经济理性的驱动下所采取的土地垄断开发策略，产生了两个方面的效果。一方面，政府通过对土地的征收，可以对新区内"自下而上"的无序建设进行控制（图 7-1）。两江新区高层次的政策供给增加了投资者对未来土地收益的预期，而新区政府通过对辖区内农村集体土地的使用控制，既可以防止土地增值落入他人之手，同时也可以减少新区建设扩张的成本；另一方面，新区较高的发展预期和职能定位，促使了其对新征用土地进行高标准的基础设施配置，以提升土地的空间价值。因此，新区政府在新区建设中往往加大基础设施建设，甚至进行全球性的设计招标，进而进行策划和城市设计，可以在短期内迅速提高新区的基础设施配套水平。

综上所述，虽然两江新区建设用地扩张迅速，但是新拓展地区通过政府的一级开发基本上已经具备了足够的二级开发条件，通过充足的基础设施配置和良好的投资环境以吸引工业企业和工商资本的进入。这种开发方式确实为城镇化扩张、产业发展等提供了高质量的物质空间。

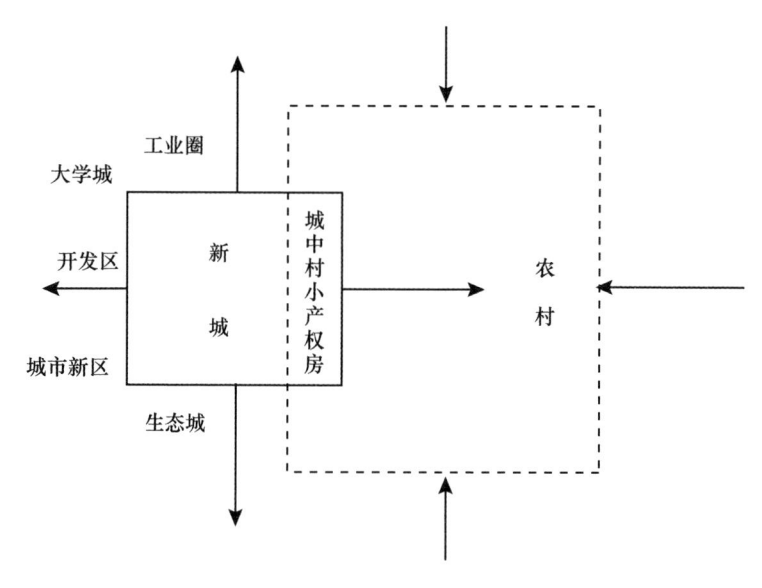

图7-1 城市扩展过程中的城中村现象

资料来源：武廷海、杨保军、张城国（2011）修改绘制。

城市空间结构的"自身"演变往往是一个长期的变化过程，而当经济社会发展情况快速变化之时，需要城市空间快速重构应对。城市空间转型依赖传统的"自身"调整模式很难适应全球化背景下经济形势的瞬息万变，甚至可能使城市发展丧失机遇（Rosenthal and Helsley，1994）。因此，借助行政力量推动城市空间结构的转型，在特定的时期是具有积极意义的。两江新区的快速扩展可以打破原先单中心自然扩张的模式，选择跳出老城建新城，很好地适应了城市快速增长的需求。跳跃式扩展可以以较低的成本启动庞大的存量资产，在很短时间内推动新区迅速扩张。重庆是中国重要的老工业基地，也是"三线"建设的重点地区，但经过多年的发展，老城区形成了大片布局不合理的工业区和质量低劣的居住区，用地功能混杂、空间破碎、环境较差。两江新区通过设立市属国有企业，一方面可以借助强大的政府行政动员能力，另一方面拥有雄厚的资金保障以及其他综合政策的优势。例如，重庆市江北嘴中央商务区投资集团有限公司在对江北嘴中央商务区的整体开放建设过程中，进行了高标准的全球招标设计，动员了社区管理力量加快拆迁安置工作，并对被拆迁户进行了高额补偿安置，在短期内实现了快速开发建设。

二 提升新区整体功能

两江新区虽有天然的区位优势和制度优势，但其仍要面临激烈的区域竞争。这就使得新区政府为了通过"招商引资"推动地方经济发展，在开发建设中采取基础设施先行是非常立竿见影的措施之一。区域性的基础设施如高速公路、高速铁路、航空运输、互联网与无线通信、能源设施等方面将影响新区发展的辐射力，现已在新区得到了加速推进。在新区内部，除了一般性的基础设施如供水、燃气、公交、污水处理等方面普及率得到了快速提高之外，新区还建设了一批世界级水平的会展场馆、体育场馆、机场车站、轨道交通和文化设施等。

两江新区开发建设投资集团借助市场化机制，在短期内极大地改变了新区的基础设施水平。新区大力推进城市重大交通基础设施建设，尤其是市政道路，在城市建设用地增长放缓的背景下，道路和交通设施用地面积持续增长。截至2013年底，两江新区主干道路，已基本形成主干路网，城市功能日渐完善。新区环境更加优美，给排水、垃圾处理等基础性设施得到普及，公园绿地、休闲场所不断增加，为居民闲暇时提供了活动场所。最为突出的变化是新区居民的居住条件，人均居住用地面积在25平方米左右，比新区成立之前有了较大提高。不仅住房面积扩大了，生活居住条件也发生了变化，在工业开发区的建设过程中，被征地村民被统一安置到了商品房。

第二节 两江新区空间重构的消极效应

在看到两江新区政府主导空间生产所产生的积极效应的同时，我们也应注意到其所可能产生的行为异化。当新区政府的经济理性被特定的制度环境所扭曲，当决策者的个人利益大于社会的整体利益时，新区的发展就很容易走向歧途。因此，在注意到新区日新月异发展和变化的同时，我们也需关注那些不利于新区可持续发展的风险。从前面的分析可以看出，两江新区政府具有理性的"企业化"特征，通过城市物质空间的生产来促使资本循环与增值。但新区政府与企业不同之处在于，政府缺乏长远的经营目标和营运战略。正如前面的分析，两江新区具有强激励与弱约束的制度环境，新区政府行为逻辑具有短视和不计成本等有悖于企业运营的做法。因此，新区政府的行为逻辑又决定了其很难成为一个负责任的"企业"，在短期利益的驱动下，容易出现很多"非理性"行为特征。

一 投资开发过度

土地是两江新区政府最为倚重也是规模最大的一笔资产，这也可以解释为什么新区成立之后，政府围绕土地的规模、管控和利用等与国家政策进行博弈。分税制施行以后，地方政府通过各种手段吸引外部企业不再仅仅是为了直接获得企业税收，而是从伴随着企业入驻所推动的城镇化过程中得到益处。当然，地方发展过程中低价招商并不是不计成本，而是带有目的性和策略性地将短期收入变换为长期收益，并非追求短期政绩。这样一种"资金循环"在中国当前的土地和税收制度条件下，如果合理运用可以说是一种"理想"的模式，在早期也确实为启动发展提供了原始资本积累。这种行为模式可以使城市基础设施水平在短期内获得极大的提高，在全球产业竞争中获得很大的优势。

在激烈的区域竞争和政绩考核下，"招商引资"演变为一场不计代价的"竞次"行为。在当前中国发展转型的背景下，两江新区等国家制度空间肩负着发展转型和西部地区增长极的重任，引进外资几乎成为新区打造"增长极"推动经济增长的唯一可行手段，同时这种行为也因国家战略要求而得到了巨大的鼓舞。完成"招商引资"指标既是无奈之举，又是体现政绩的主要手段，高额的招商引资奖励政策对官员个人的激励也很明显。这种情况下，招商引资很可能越来越脱离其本来带动地方经济发展、参与"产业循环"之目标，而成为新区发展的重要政治任务。在激烈的区域竞争环境下，新区政府很可能陷入"囚徒困境"，只能通过更加廉价的土地以及更加优惠的税收政策吸引外部产业资本。土地融资开发过度给新区发展带来的是不断加剧的资金压力，只能借助不断扩张，通过土地获得直接出让收入或融资来填补缺口，从而形成"恶性循环"。近年来，新批复的国家级新区土地融资规模越来越大，通过这种模式启动新区开发建设已经成为常态。土地融资愈加脱离其原先的意图，金融杠杆风险越来越大，只能通过不断扩张来填补之前扩张所造成的亏空，导致土地开发在一定程度上将脱离城镇化发展的真实需求，而演变为资本运作的载体。

二 注重短期效益

两江新区管委会作为经营者的角色被凸显，而作为公共服务提供和社会管理者的角色被淡化。因此，管委会主导下的新区建设可能越来越远离其本应有的改善人居环境、提供公共服务、保障公共安全等责任目标。对短期经济利益的追求替代了应当承担的社会责任和义务，实用主义和功利化导向使得新区的开发建设很可能背离实际的使用价值，而更注重将其交换价值变为空间生产的工具。

注重短期效益的一个重要表现就是新区政府的空间促销行为。在经济全球化和区域竞争日趋加剧的时代，为了吸引更多的外部投资，恰当地运用城市营销策略，可以扩大城市在区域乃至全球的影响力，提升城市竞争力，实现经济增长，这无疑是有着一定的积极意义。无论是场所营造还是大事件营销，都不乏成功的案例，这也促成了很多城市局部地区物质环境的极大改善。但是，正如产品营销需要为消费者创造价值、提高产品竞争力并最终为企业保持持续竞争力和获得长期回报一样，城市营销也应该是一种有着清晰发展目标、有利于城市整体和长期可持续发展的战略性举措。但是，在既有的制度环境下，新区政府重短期轻长远、重局部轻整体、重绩效轻成本的行为逻辑决定了其难以维持一个长期清晰的战略意图。在强激励的国家制度因素下，城市营销模式很可能会演变成新区追求政绩的供给，从而将其简单化为城市促销。

促销同样属于营销范畴，也是一类促成产品销售的策略性举措，但其策略相对直接和简化，这种模式往往忽略成本而只追求成果。同样，当城市营销被简单为城市促销后，短期的、不计成本的"兜售"城市空间则成为主要目标。在当前地方政府以增长为导向的行为逻辑下，城市营销的目的与手段在一定程度上被异化了。与经营土地相比，城市营销最终试图实现的目标更为多样化。经营土地最直接的目的是获得资金回报，无论是挂牌出让还是进行融资，抑或是发展企业以图税收回报，其目标是相对单一的。而城市营销则不然，通过城市营销不仅可以提高城市知名度吸引流动的资本和外来人口，进而拉动土地价格并带动城市商业的繁荣，更为关键的是，通过城市营销可以非常直观地展示经济发展和城市建设成就。

新区营销"促销化"的重要表现反映在项目建设上，重视那些能在短期内出效果的项目，也更加注重短暂的展示性效果，一个表现是新区在开发建设过程中，在远离中心城区的工业园区建设华而不实的国际会展中心、科学中心、高端酒店。"促销化"的另一个表现就是重视建设项目的外在形象而轻视其内在功能，因为外在形象可以迅速提高知名度。

第三节　国家级新区高质量发展的建议

两江新区发展及空间演变的种种现象，其实有着深刻的制度理性。国家制度空间下两江新区政府作为推动城市发展的核心行动者，其行为逻辑与策略直接影响了土地利用变化。面对当前激烈竞争的国际政治经济格局，现代科技推动下的经济模式不断创新，两江新区作为国家战略性选择的"制度空间",正面临着大规模城市开发建设。同时,"时空压缩"的发展过程,使新区土地利用迅速重构,以适应发展需求。重庆市政府和两江新区管委会作为新区物质空间的主要建设者,其积极有为地推动新区空间发展是必需的,这也是新区空间结构快速转型的需求。因此,在新区的开发建设过程中,需要良好的制度设计来发挥政府主导土地利用的积极作用,遏制其可能的行为异化。

国家级新区在发展过程中要塑造一个高效率、可持续的城市空间,溯本归源,仍需要从完善制度层面入手。在保持政府积极进取、主导土地利用的同时,引导其做出更关注长远和整体利益的决策。依照"制度—行为—空间"的逻辑思路,本书认为从两个层面的制度设计方案应该是有效的。(1)国家层面调整制度供给:重点是调整激励与约束机制,增加对国家级新区的约束机制,改变新区政府激进冒险和偏重增长的行为特征,引导其更加重视公共服务与社会管理。(2)新区层面优化政策设计:针对新区空间生产可能产生的负面影响进行调控,对相关空间管控政策进行调整,修正新区土地利用重构的路径。

一 国家层面制度供给建议

(一)激励性制度安排

国家级新区的设立,可以实现其所在城市治理层级的跃迁。这种改变一方面可以使中央政府直接对其发展进行干预,另一方面,其在空间发展、项目审批和制度创新等方面获得了较大自主权。中央政府要求国家级新区成为区域增长极,发挥经济与产业职能的辐射带动作用,经济发展成为国家级新区的重要任务。在现行政府考核体制和官员任免体制下,新区过于强调"硬"的经济发展指标,而社会发展水平、民生幸福、环境保护等也应作为重要的考核指标。国家级新区在国家制度空间作用下,在保障其足够的发展激励的同时,调整社会层面的考核指标,从而纠正其太过偏重增长的发展模式。

(二)约束性制度安排

国家级新区在成立初期处于发展起步阶段,其产业规模、基础设施条件等相对滞后，中央政府会在财税、投融资等方面给予政策支持。为了防止新区政府行为的过度异化，在对其激励的同时，应对其行为约束机制进行同步调整。实际上，新区政府利用权力对空间进行生产经营所依赖的是对资本和空间资源的垄断，这与中央层面金融政策和土地政策的支持是分不开的。而现有纵向问责机制的有限性和横向问责机制的低效率，使得发展风险无须新区管委会和其上级政府承担。

从一定意义上来讲，鼓励其他行动者加入新区空间生产及决策过程可能是一种有效的政策设计。通过制度环境中各类行动者的协调博弈，可以使最终决策不仅符合参与者的自身利益，也会使最终社会效用最大化。新区开发建设过程中出现的问题都是由于管委会"独大"、缺乏相关行为主体的参与和制约。当前，由于各类信息的快速膨胀，使决策者很难凭一己之力对信息进行充分掌握，因而需要更加开阔的治理体系，不应该局限于政府的主导角色。国家级新区空间生产的治理体系应采用"扁平化"的治理理念，将民众、企业等治理角色引入治理体系。通过完善决策机制，让城乡居民、企业等参与到新区决策过程中，可以使得重大决策能够兼顾各方利益的平衡，改变当前单一决策局面。通过市场化规则，调整参与空间生产的各种力量，可以有效规避空间生产过程中产生的风险，提高空间开发投资的效率。

二 新区层面政策设计建议

当然，在中国当前制度体系下，进行国家层面的制度调整往往"牵一发而动全局"，这也将是一个长期的论证和试验过程，而对操作层面的政策调整则相对容易。从前文分析可以看出，新区政府的理性选择是利用政策优势启动空间生产。新区土地利用重构所出现的诸多现象，无论是积极的还是消极的，都与新区政府主导的空间生产行为密切相关。因此，在具体的政策层面上，针对新区政府空间生产的策略和路径进行相应的政策调整，通过政策调整实现对新区政府无节制扩张需求的遏制，打破新区建设领域的单一垄断，从而引导社会资本参与建设投资和决策。新的政策引导新区政府进行兼顾"多元"需求的空间生产，避免空间生产行为的异化。

（一）加强空间资源管理

两江新区之所以能够开展大规模的空间生产，建设用地规模扩张是重要的前提。在中国当前的制度环境下，探索建设统一的城乡建设用地市场是国家要求，作为肩负创新示范功能的两江新区并没有对其进行探索。而是继续利用中国土地的"二元化"规制、征地制度的不完善进行规模扩张，同时中国空间规划的滞后与不协调没有对新区的扩张实现管控，反而可以利用政策之间的不匹配甚至冲突扩展行动空间。因此，需要对新区现行的空间规划政策进行反思，加强各类空间规划的协调，创新空间规划政策。

在空间资源唯一性的现实条件下，现有各类规划存在彼此冲突矛盾的问题更是增加了规划实施的难度。各类规划在管理部门、规划理念、编制依据、规划期限、审批机关和信息系统等的巨大差异，更是增加了规划的冲突性，造成了空间资源的浪费。国家级新区作为国家战略和创新发展区域，是国家和区域进行空间治理和优化的主要平台，无论从体制改革还是规划整合，在国土空间规划编制和实施的过程中都具备良好条件。（1）发展规划的特征：国家级新区的发展规划将综合城市、区域和国家等多尺度的发展规划，并且需要获得中央政府的审批，这增加了国家新区发展规划的"战略性"特征，增强了土地规划和城乡规划纳入新区发展规划框架的必要性。（2）土地资源管理的特征：土地资源管理是国家从空间层面进行宏观经济调控的重要手段，被赋予资源分配、组织以及政府调控的内涵，以保障土地均衡和合理利用。随着中国经济发展和多元利益冲突协调的复杂化，土地管理转变为谋求经济、社会、人口、资源和环境的长期协调，以及地区间经济平衡发展，"公共政策"属性开始凸显。（3）国土空间规划的特征：国土空间规划需要在发展规划和土地利用与指标分配的基础上，进行空间区位划分和空间统筹发展。

因此，在新时期规划体系与决策过程的政治性和主体多元化的背景下，作为"中央—地方"政府对经济、土地和空间的权威性分配，通过尺度重构赋予国家新区在发展规划、土地利用和城市发展的先导性和可行性，为创新国土空间规划编制提供了基于政治性、技术性与合法性的综合空间平台，进而增强维护和促进发展需求。

（二）鼓励投融资多元化

国家级新区在开发过程中，新区政府不仅垄断了土地一级市场，同时也逐步向土地一级市场渗透，不仅投资建设重大基础设施和公共服务设施，还直接参与工业楼宇和"2.5"产业空间的开发。新区政府的开发投资逻辑，体现了"时空修复"的思想，不仅通过资本投资加速了空间建设，也通过空间建设垄断加速了资本循环。因此，在短期内新区政府确实可以通过开发集团的融资开发进行大规模的空间生产，快速改变了新区空间环境。前面我们已经分析过，现有的制度环境决定了新区政府的行为特征与理想的发展理性有所不同，新区建设过程中充满了冒险激进等特征。因此，中央政府在批复国家级新区时应在投融资政策上给予创新要求，侧重点是鼓励社会资本进入新区空间建设领域，打破城市城投公司的垄断，通过市场化的投融资体制使得新区空间生产更具"理性"。

（三）改革开发建设决策体制

目前，在规划编制与管理方面，应该说已经建立起了较为系统的、符合市场化条件下城市建设需求的一套制度。但是，在实际的操作过程中，由于缺乏相应的配套政策，规划编制与管理的一整套制度难以得到有效执行和落实。目前，国家级新区建设重大项目的决策存在一定的缺陷。由于重大城建项目由管委会下属的国有企业来承担，并且投资资金来源大多依赖融资、极少一部分来自市级财政。这种模式容易导致资金使用缺乏有效监督，决策行为草率。因此，在新区规划建设过程中，一方面要强调建设项目的可行性研究，通过中立的第三方对资金来源、实施的经济与社会效果进行有效的评估；另一方面要加强人大等权力机关对重大项目的监督，扩大公众参与的范围，提高政府决策科学性和民主性。

结论与展望

国家制度空间是全球化、地方化趋势与国家战略的高度统一，具备自然地理要素和制度要素空间集聚相互结交的特性。国家制度空间作用下的地方发展，是通过制度要素的构建与创新产生了"落差效应"，引致了地方发展效率的提高。国家制度空间下的城市发展及空间演变，虽然有着全球化和市场化的影响，但更有着深层次的制度与行为动因。通过制度空间视角来解析国家制度空间下的土地利用重构现象，才能发现土地利用现象背后的复杂机制，也只有这样才能通过优化制度安排、提高土地利用效率、善用国家制度空间这一战略工具提出积极性的建议。

一 研究结论

长期以来，理解城市和区域发展的性质和动态的理论尝试一直被一种流行的信念所引（误）导，即全球化的结果使得民族国家已经失去了对资本和劳动力流动的控制，地理环境也变得不再重要。民族国家的终结理论后来受到质疑，并被更复杂的国家尺度重构理论所取代。相比之下，可能因为空间结果总被认为是一个副产品或只被视为理所当然，所以关于国家尺度重构的地理和空间性的相关性争议问题还没有得到充分和令人满意的研究结果。如果不认真调查国家尺度重构的空间性，任何试图将城市和区域发展动态理论化的尝试都必然会受到阻碍而变得不完整。正如本书所表明的那样，地理因素影响着国家尺度重构项目的位置和分布，也影响着国家尺度重构项目在不同地区背景下产生的不均衡经济效应。因此，我们在实证研究的基础上提出的主要观点是，展望观察到的国家尺度重构实践的空间性，将其作为推进对世界不同地区城市和区域发展性质以及动态的理论研究的重要途径。

"中国特色"的制度环境决定了制度必定成为驱动城市空间重构的首要因素，因此有必要在市场经济框架之外重新审视国家级新区空间重构背后的驱动机制。以国家制度空间为视角，结合理性选择制度主义和空间生产理论，可以较好解释国家制度空间下的城市发展及土地利用现象。本书并不否定城市土地利用演变是在特定的经济发展、城镇化进程中出现的现象，全球化与市场化确实导致城市土地利用出现了剧烈的变化。但是，国家制度空间下的城市发展及空间演变所具有的复杂性与特殊性远远大于一般城市的共有特征，难以借助西方传统的城市经济学、城市地理学理论来进行良好的解释。本书以国家制度空间视角为切入点，以国家制度空间下的地方行动者为核心，论证了国家制度空间作用于城市发展和空间演变的机理。国家制度空间重构了地方制度环境，基于"理性选择"的地方行动者根据制度环境变化重构了其行为模式，其主导下的空间生产最终导致了土地利用的空间重构。本书通过"逻辑演绎—实证检验"的研究，验证了制度视角可以较好解释国家制度空间下的土地利用重构现象，分析框架为探讨制度因素作用于土地利用的路径与机理提供了工具。

地方政府具有"理性人"特征，随国家制度空间的变化而不断调整行为策略。本书通过制度和空间两个维度对国家制度变迁进行了分析，阐明了国家制度空间的演变过程与政府行为响应。制度转型考察，阐明了官员考核体制对其行为的激励效应，以及经济体制改革所赋予其的行动空间，验证了中国地方政府的"理性人"假设。在国家宏观制度变迁的过程中，地方政府充分利用制度环境给定的发展资源，及时调整经营方式，引致了其经营模式由"生产经营"到"资产经营"和"资本经营"的演变过程。对国家制度变迁空间维度的分析，阐释了中国"试验性"制度空间的设立逻辑和发展效应。全球化背景下产业空间再层级化，使中国制度转型采取了"试验性"的空间策略，主要包括区域发展政策、战略性区域规划和国家级新区三种类型。制度供给的空间差异性，使地方差异被制度因素所重塑，不仅对地方行动者产生了新的激励，还扩大了其行动空间，更对地方发展的信息流和资本流产生了引导和反馈效应。

近几年随着国家制度空间的"密集化"，如何准确认识和评价其经济效果成为社会普遍关注的热点问题。本书通过国家级新区的实证分析发现，国家制度空间发展目标的实现是有条件限制的。首先，国家级新区促进本地经济增长的实现，需要建立在科学的区位选择的基础之上。也即是说，虽然国家级新区提供的政策优惠和空间载体是企业区位选择的要素，但外部地区的经济水平、产业基础、制度和市场环境等因素同样重要。国家级新区所在地区较高的经济水平、设施条件、产业基础和市场化程度会使得国家级新区的边际效应大打折扣，难以实现吸引企业投资和促进经济增长的政策目标。其次，国家级新区促进经济增长的实现有赖于高效的管治模式，进而通过合理的政策设计、科学的开发建设和集中的要素投入，营造出吸引企业投资的"场所空间"。国家级新区管治中市级行政主体的多元化以及上级政府政治权威的缺失，会使各行政主体不可避免地存在竞争关系和矛盾，影响了政策效应的实现。这也是为什么单一行政主体的国家级新区政策效应十分显著，而行政主体多元化的国家级新区政策效应不显著的原因。

在微观层面，对两江新区的研究表明政府行为重构是国家制度空间作用下，地方政府理性选择的结果，并具有高度的策略性。国家制度空间下两江新区被赋予了强激励与弱约束制度安排，并承担着改革探索试验区、区域核心增长极、"产城融合"示范区、绿色生态宜居地的"试验性"角色，加之国家优惠政策的倾向，新区必然走向大规模的空间生产。两江新区空间生产行为策略是精心算计的结果，其目的是在制度环境给定行动空间内尽可能用足资源、加快资本增值。两江新区政府通过行动管理调整、空间规划修编和政策利用创新实现了土地规模扩张，又通过设立政府完全掌控的投资开发集团，对土地的征收、储备、开发和供应进行垄断。也就是说，在国家制度空间作用下，两江新区通过"扩张—开发—营销"等政府行为完成了空间生产流程。两江新区空间生产是国家制度空间催生下的一种地方权力经营，是政府经营属性与空间作为"资本积累载体"属性相结合的产物，其土地利用行为更是具有高度的策略性。

两江新区空间重构是政府主导空间生产的结果，并具有"时空压缩"特征。在国家制度激励以及政府行为的驱动下，两江新区建设用地快速扩展、城市功能显著重构。两江新区建设用地扩展具有"多中心"同步拓展的特征，在三个槽谷地带由南向北、由东向西形成了多个立足点，兼具离心式、轴线式和跳跃式三种模式。在建设用地快速扩展的同时，两江新区空间功能也发生了现状重构，用地结构不断完善，先进制造、金融商务、知识创新、门户贸易等功能得到了快速发展；居住空间产生分异，形成了以高级管理人才和创新型人才为主的高品质居住区、以中等收入人群为主的普通居住区、以低收入和农转非人群为主的政策性居住区，各类居住空间均与产业空间相兼容。两江新区以制度空间建构成为政府主导开发、企业投资驱动和公众配合参与等"理性选择"逻辑下典型的空间重构案例，其空间重构过程集中体现了制度对行为的塑造。

两江新区空间重构虽具有积极效应，但也存在可能的行为异化。全球化背景下，产业和资本在全球范围内高速流动造就了激烈的区域竞争，两江新区空间功能的快速提升，有助于营造吸引产业落地的"场所空间"，以适应区域竞争的需求。也就是，空间生产逻辑与新区政府的理性选择共同作用推动了新区土地利用的快速重构，使新区空间在短时间内可以参与区域竞争。但新区政府的空间生产逻辑也会产生负面影响，如新区投资开发过热、注重短期效益等，都不利于新区土地利用效率的提高和长远发展，也将埋下危机的种子。

国家级新区的高质量发展，需要优化制度安排和政策设计来发挥制度激励土地利用重构的积极效应，遏制其可能的负面影响。基于政府行为逻辑重构的制度优化策略，为保障国家制度空间下土地利用的"效率与理性"，"试验性"制度空间在侧重激励效应的同时应调整相应的约束机制，并对土地政策执行层面的相关规划、开发、融资以及决策体制进行调整。如此，既能保证制度激励下政府行为的积极主动，又能在政策执行层面遏制其可能的冒险或重视短期效果的行为。

二　讨论与展望

在关于城市和区域发展的性质和动态的长期争论中，国家、资本和空间之间的相互关系一直是一个有趣且有争议的话题，不断激发着学者的无限想象和竞相解读。随着对"民族国家终结论"的幻灭，各种复杂的概念和理论纷至沓来，但早期国家制度空间研究的"地理无意识"逐渐被摒弃。同时，国家制度空间的理论化仍然是一个有争议的议程，使众多学者产生分歧，他们分别是忠实于关注"国家—市场"相互作用的新自由主义的学者，专注于"社会—空间"联系的学者，以及热衷于尺度重构的学者。本书研究了中国的国家制度空间是如何在最近的国家级新区实践中被构想、感知和存在的，为参与当前的理论辩论提供了一个有吸引力的选择。

本书不关注"国家—市场"的相互作用或"社会—空间"的联系，而是倡导在解读中国国家制度空间的生产、转化和实践时，严肃对待相对化的维度。更具体地说，国家制度空间不仅可以从中央政府和地方政府的相对角度来理解，还可以从自愿或非自愿参与的各种利益相关者（如个人规划者、专业人员、开发商、普通公民和流动人口）的相对角度来理解。将国家制度空间相对化作为一种概念上的选择，通过"制度—行为—空间"的理论框架，对三种状态之间的相互关系进行辩证的和结构性的分析。这一分析框架超越了"国家—市场"和"社会—空间"关系，为当前的研究增加重要价值，它能够更好地对理论研究和实践经验进行交叉检查。除此之外，它有助于理解在国家制度空间生产和转换过程中起作用的关键代理人、行动者和力量之间的辩证关系，而不是简单的线性和单向关系。

针对本书的研究结论，在未来的研究中，需要在以下两个方面展开更加深入的探索。

（1）分析框架需要进一步完善。本书虽然整合了制度空间、制度理性和空间生产等相关理论，尝试为国家制度空间下城市发展及土地利用现象建立具有良好解释力的分析构架。但本书只做了初步探索，采用了偏均衡分析，只将地方政府这类行为主体纳入了分析框架，而对制度对于居民和企业主体的行为影响，以及他们的行为变化对土地利用的影响分析较少。因而，需要在未来的研究中，将这两个行为主体特别是企业主体的行为响应纳入分析框架内，从而构建一个更为完善的分析框架。

（2）实证检验需要进一步考察。本书采用了"理论推演—实证检验"的分析路径，尽管从国家宏观层面和两江新区的微观层面对演绎的结论和观点进行了验证，但整体分析框架以及相关观点仍然需要多空间尺度的实证检验。特别是对国家级新区发展效应的评价，并不涉及国家级新区的收益是否超过了本身的投入，以及国家级新区是否扩大了不同地区之间的发展差异，未来研究需要进一步深化。此外，随着国家级新区的发展，其管治模式调整是否提升了经济绩效，以及其对外围地区经济增长的影响，是值得关注的重要议题。在下一步研究中，可以选取不同空间尺度、不同主题的国家制度空间，对城市发展及空间重构的过程及机理进行实证分析，在对分析框架完善的同时进一步验证其适用性。

参考文献

何芳:《城市土地经济与利用》,同济大学出版社 2009 年版。
洪银兴、刘志彪、范从来主编:《转轨时期中国经济运行与发展》,经济科学出版社 2002 年版。
胡兆量主编:《中国区域发展导论》,北京大学出版社 1995 年版。
黄亚平:《城市空间理论与空间分析》,东南大学出版社 2002 年版。
陆大道、薛凤旋:《中国区域发展报告》,商务印书馆 1997 年版。
陆大道:《2002 中国区域发展报告——战略性结构调整与区域新格局》,商务印书馆 2003 年版。
马学广:《城市边缘区空间生产与土地利用冲突研究》,北京大学出版社 2014 年版。
孙柏瑛:《当代地方治理:面向 21 世纪的挑战》,中国人民大学出版社 2004 年版。
吴缚龙、马润潮、张京祥主编:《转型与重构——中国城市发展多维透视》,东南大学出版社 2007 年版。
武延海、张能、徐斌:《空间共享——新马克思主义与中国城镇化》,商务印书馆 2014 年版。
夏铸九、王志弘:《空间的文化形式与社会理论读本》,台北:明文书局 2002 年版。
萧全政:《政治与经济的整合》,台北:桂冠图书股份有限公司 1994 年版。
张兵:《城市规划实效论》,中国人民大学出版社 1998 年版。
张京祥:《城镇群体空间组合》,东南大学出版社 2000 年版。
张京祥、罗震东、何建颐:《体制转型与中国城市空间重构》,东南大学出版社 2007 年版。

张静:《基层政权——乡村制度诸问题》，浙江人民出版社 2000年版。

中国现代化战略研究课题组、中国科学院中国现代化研究中心:《中国现代化报告 2003：现代化理论、进程与展望》，北京大学出版社 2003 年版。

［美］彼得·豪尔、［美］罗斯玛丽·泰勒:《政治科学与三个新制度主义流派》，何俊志、任军锋、朱德米译，《新制度主义政治学译文精选》，天津人民出版社 2007 年版。

［美］丹尼斯·缪勒:《公共选择理论》，张军译，上海三联书店 1993 年版。

［美］哈维:《后现代的状况：对文化变迁之缘起的探究》，阎嘉译，商务印书馆 2003 年版。

［美］理查德·哈特向:《地理学的性质》，叶光庭译，商务印书馆 1996 年版。

［美］诺斯:《制度、制度变迁与经济绩效》，刘守英译，上海三联书店 1994 年版。

［美］舒尔茨:《制度与人的经济价值的不断提升》，刘守英译，《财产权利与制度变迁：产权学派与新制度学派译文集》，上海人民出版社 1994 年版。

［美］大卫·哈维:《巴黎城记：现代性之都的诞生》，黄煜文译，广西师范大学出版社 2009 年版。

［美］约翰斯顿:《人文地理学词典》，柴彦威译，商务印书馆 2004 年版。

［英］大卫·哈维:《资本的城市化：资本主义城市化的历史与理论研究》，董慧译，苏州大学出版社 2017 年版。

［英］克利斯·弗里曼、［英］罗克·苏特:《工业创新经济学》，华宏勋等译，北京大学出版社 2004 年版。

［法］亨利·列斐伏尔:《空间：社会产物与使用价值》，包亚明主编《现代性与空间的生产》，上海教育出版社 2002 年版。

［日］青木昌彦:《比较制度分析》，周黎安译，上海远东出版社

2002 年版。

Amin A, and Thrift N., *Globalization, Institutions and Regional Development in Europe*, Oxford: Oxford University Press, 1995.

Brenner N., *New State Spaces: Urban Governance and the Rescaling of Statehood*, New York: Oxford University Press, 2004.

Brenner N., Jessop B., Jones M., and MacLeod G., *State space: A reader*, Oxford: Blackwell, 2003.

Buchanan, James., *Liberty. Market and State; Political Economy in the 1980s*, New York: New York University Press, 1986.

Cox K. R., *Locational Approaches to Power and Conflict*, New York: John Wiley, 1974.

Dennis M., *Perspectives on Public Choice*, New York: Cambridge University Press, 1997.

Duckett J., *The Entrepreneurial State in China: Real Estate and Commerce Departments in Reform Era Tianjin*, London: Routledge, 1998.

Friedmann J., *China's Urban Transition*, Minneapolis: University of Minneapolis Press, 2005.

Gastells M., "Towards a Political Urban Sociology", In *New Perspectives in Urban Change and Conflict*, edited by Harloe M., p. 64. London: Heinemann Educational Books, 1981.

Castells M., *The City and the Grassroots*, Berkeley, C. A.: University of California Press, 1983.

Harvey D., *The Urbanization of Capital: Studies in the History and Theory of Capitalist Urbanization*, Baltimore: The John Hopkins University Press, 1985.

Jessop B., "Reflection on Globalization and its (II) logic (s)", In *Globalization and the Asia Pacific: Contested Territories*, edited by Olds K., Dicken P., Kelly P., Kong L., and Yeung H., London: Routledge, 1999.

Jessop B., *The Future of the Capitalist State*, Cambridge: Polity Press, 2002.

Jessop B. , *The State: Past, Present, Future*, Cambridge: Polity Press, 2016.

Jones M. , *New Institutional Spaces: Training and Enterprise Councils and the Remaking of Economic Governance*, London: Jessica Kingsley, 1999.

Johnston, R. J. , Gregory, D. , Pratt, G. and Watts, M. , *The Dictionary of Human Geography (Fourth Edition)*, Oxford: Basil Blackwell, 2000.

Keating Michael, *The New Regionalism in Western Europe: Territorial Restructuring and Political Change*, Cheltenham: Edward Elgar, 1998.

Logan J. , and Molotch H. , *Urban Fortunes: The Political Economy of Place*, Berkeley: University of California Press, 1987.

Ma L. J. C. , and Wu F. , *Restructuring the Chinese City: Changing Society, Economy and Space*, London: Routledge, 2005.

Martin R. , *Institutional Approaches in Economic Geography*, Chichester: John Wiley & Sons, Ltd. , 2008.

Martin R. , Sunley P. , and Wills J. , *Union Retreat and the Regions: The Shrinking Landscape of Organized Labour.* London: Jessica Kingsley, 1996.

Ohmae K. , *The End of the Nation State*, New York: The Free Press, 1995.

Piore M. , and Sable C. , *The Second Industrial Divide*, New York: Basic Brooks, 1984.

Porter M. , *The Competitive Advantage of Nations*, New York: Free Press, 1990.

Pralash A. , and Hart J. A. , *Globalization and Governance*, London: Routledge, 1999.

Sassen S. , *The Global City*, Princeton: Princeton University, 1991.

Scott A. J. , *Global City-Regions: Trends, Theory, Policy*, Oxford: Oxford University Press, 2001.

Setterfield M. , *Rapid Growth and Relative Decline: Modeling Macroeconomic Dynamics with Hysteresis*, London: Macmillan, 1997.

Sojia E., *Thirdspace: Journeys to Los Angeles and Other Real-Imagined Places*, Oxford: Blackwell, 1996.

Storper M., *The Regional World: Territorial Development in a Global Economy*, New York: Guilford, 1997.

巴曙松、刘孝红、牛播坤：《转型时期中国金融体系中的地方治理与银行改革的互动研究》，《金融研究》2005年第5期。

蔡禾、何艳玲：《集体消费与社会不平等——对当代资本主义都市社会的一种分析视角》，《学术研究》2004年第1期。

蔡建明：《中国大都市的空间增长：城市土地利用中的问题和选择方案》，《世界银行报告》，2008年。

蔡晓梅、刘美新：《1978—2015年东莞豪华酒店时空演变与制度重构》，《地理学报》2016年第8期。

曹远征：《对我国金融体制改革的回顾与展望》，《开放导报》2008年第1期。

曹正汉、史晋川、宋华盛：《为增长而控制——中国的地区竞争与地方政府对土地的控制行为》，《学术研究》2011年第8期。

陈多长：《中国现行土地管理体制：制度缺陷与改革思路》，《特区经济》2004年第8期。

陈浩、张京祥、吴启焰：《转型期城市空间再开发中非均衡博弈的透视——政治经济学的视角》，《城市规划学刊》2010年第5期。

陈鹏：《基于土地制度视角的我国城市蔓延的形成与控制研究》，《规划师》2007年第3期。

陈鹏：《土地使用制度改革对城市空间结构的影响——以汕头市为例》，《城市与区域规划研究》2008年第1期。

陈蔚镇：《上海城市空间演化中土地资本的积累与竞争》，《城市规划学刊》2006年第3期。

陈蔚镇、郑炜：《城市空间形态演化中的一种效应分析——以上海为例》，《城市规划》2005年第3期。

陈振光、胡燕：《西方城市管治：概念与模式》，《城市规划》2000年第9期。

程雪阳：《中国的土地产权制度：基于宪法第 10 条的分析》，《法律和社会科学》2010 年第 2 期。

仇保兴：《我国耕地保护政策的悖论与对策初探》，《城市规划》2006 年第 9 期。

党国英：《土地制度对农民的剥夺》，《中国改革》2005 年第 7 期。

丁成日：《城市密度及其形成机制：城市发展静态和动态模型》，《国外城市规划》2005 年第 4 期。

丁成日、宋彦、黄艳：《市场经济体系下城市总体规划的理论基础——规模和空间形态》，《城市规划》2004 年第 11 期。

丁成日：《土地政策改革时期的城市空间发展——北京的实证分析》，《城市发展研究》2006 年第 2 期。

冯雨峰：《经营城市空间资源》，《宁波经济》2001 年第 12 期。

高春芽：《理性选择制度主义：方法创新与理论演进》，《理论与改革》2012 年第 1 期。

高峰：《空间的社会意义：一种社会学的理论探索》，江海学刊，2007 年第 2 期。

顾朝林、刘海泳：《西方"马克思主义"地理学——人文地理学的一个重要流派》，《地理科学》1999 年第 3 期。

何丹：《城市政体模型及其对中国城市发展研究的启示》，《城市规划》2003 年第 11 期。

何流、崔功豪：《南京城市空间扩展的特征与机制》，《城市规划汇刊》2000 年第 6 期。

何梦笔：《政府竞争：大国体制转型理论的分析范式》，陈凌译，《维藤大学讨论文稿》1999 年第 42 期。

何秋仙、楼迎军：《中国财政分权的制度变迁：在博弈均衡与制度设计之间》，《浙江社会科学》2008 年第 8 期。

何显明：《市场化进程中的地方政府角色及其行为逻辑——基于地方政府自主性的视角》，《浙江大学学报》（人文社会科学版）2007 年第 6 期。

何晓星：《地方政府主导型市场经济及其根源》，《中国改革》2005 年第 11 期。

何一鸣、罗必良、高少慧：《企业的性质、社会成本问题与交易成本思想——关于科斯经济学说的历史回顾与理论述评》，《江苏社会科学》2014年第4期。

贺灿飞、郭琪、马妍等：《西方经济地理学研究进展》，《地理学报》2014年第8期。

胡海峰：《对法国调节学派及其理论的分析》，《教学与研究》2005年第3期。

胡军、孙莉：《制度变迁与中国城市的发展及空间结构的历史演变》，《人文地理》2005年第1期。

黄燕、杨振斌、孟繁邨：《谨防地方政府由经营城市转向经营管制》，《中国行政管理》2007年第2期。

贾根良：《法国调节学派制度与演化经济学概述》，《经济学动态》2003年第9期。

江静、陈柳：《地方政府竞争与经济发展模式趋同：基于苏南和温州的分析》，《制度经济学研究》2009年第1期。

柯善咨、何鸣：《规划与市场——中国城市用地规模决定因素的实证研究》，《中国土地科学》2008年第4期。

李郇、李灵犀：《国内城市新区开发的政府与市场的互动机制与模式——以广州琶洲地区开发为例》，《热带地理》2006年第3期。

李强：《新制度主义方法论对我国城市空间发展内在机制研究的启示》，《现代城市研究》2008年第11期。

李青：《中国土地政策框架的演进：成就与挑战》，《新经济导刊》2006年第8期。

李婉：《财政分权与地方政府支出结构偏向——基于中国省级面板数据的研究》，《上海财经大学学报》2007年第5期。

李晓江：《"钻石结构"——试论国家空间战略演进》，《城市规划学刊》2012年第2期。

李晓文、方精云、朴世龙：《上海城市用地扩展强度、模式及其空间分异特征》，《自然资源学报》2003年第4期。

李耀尧、杨国泰：《我国开发区对宏观经济增长的贡献研究》，《广东社会科学》2010年第6期。

李月军:《以行动者为中心的制度主义——基于转型政治体系的思考》,《浙江社会科学》2007年第4期。

李植斌:《区域农用地可持续利用评价——以温州市为例》,《南京大学学报》(自然科学版)1999年第3期。

林敏娟:《政治制度决定经济增长的理论与检验》,《生产力研究》2011年第11期。

刘倩:《有关巴黎城市空间价值的探讨》,《城市环境设计》2008年第1期。

刘瑞明、赵仁杰:《国家高新区推动了地区经济发展吗?——基于双重差分方法的验证》,《管理世界》2015年第8期。

刘盛和、吴传钧、陈田:《评析西方城市土地利用的理论研究》,《地理研究》2001年第1期。

刘盛和、吴传钧、沈洪泉:《基于GIS的北京城市土地利用扩展模式》,《地理学报》2002年第4期。

刘卫东、张国钦、宋周莺:《经济全球化背景下中国经济发展空间格局的演变趋势研究》,《地理科学》2007年第5期。

刘贤腾、顾朝林:《解析城市用地空间结构:基于南京市的实证》,《城市规划学刊》2008年第5期。

刘雨平:《转型期城市形态演化的空间政策影响机制——以扬州市为例》,《经济地理》2008年第4期。

陆大道:《西方"主流经济地理学"发展基本议题演变的评述——为"牛津经济地理学手册"中译本所作序言》,《地理科学进展》2005年第3期。

吕拉昌、魏也华、林初升:《中国城市地理研究的若干问题:海外学者的观点》,《人文地理》2006年第2期。

罗小龙、沈建法:《中国城市化进程中的增长联盟和反增长联盟——以江阴经济开发区靖江园区为例》,《城市规划》2006年第3期。

罗震东:《改革开放以来中国城市行政区划变更特征及趋势》,《城市问题》2008年第6期。

孟晓晨、赵星烁:《中国土地利用总体规划实施中主要问题及成因分析》,《中国土地科学》2007年第3期。

苗长虹:《变革中的西方经济地理学:制度、文化、关系与尺度转向》,《人文地理》2004年第4期。

苗长虹、樊杰、张文忠:《西方经济地理学区域研究的新视角——论"新区域主义"的兴起》,《经济地理》2002年第6期。

苗长虹:《欧美经济地理学的三个发展方向》,《地理科学》2007年第5期。

宁越敏:《新城市化进程:90年代中国城市化动力机制和特点探讨》,《地理学报》1998年第5期。

潘鑫:《上海市城市空间结构演化的用地制度分析》,《现代城市研究》2008年第1期。

潘泽泉:《空间化:一种新的叙事和理论转向》,《国外社会科学》2007年第4期。

彭正伟、孙婕:《中国快速城市化背景下的城乡土地资源配置》,《时代建筑》2011年第3期。

朴寅星:《西方城市理论的发展和主要课题》,《城市问题》1997年第1期。

齐元静、金凤君、刘涛等:《国家节点战略的实施路径及其经济效应评价》,《地理学报》2016年第12期。

乔宝云、刘乐峥、尹训东、过深:《地方政府激励制度的比较分析》,《经济研究》2014年第10期。

秦绪娜:《中国地方政府行为研究:多维视域与未来展望》,《中共云南省委党校学报》2010年第6期。

沙安文、沙萨娜、刘亚平:《地方政府治理新视角和地方政府角色转化》,《公共行政评论》2009年第3期。

邵德华:《土地储备制度对城市空间结构的整合机制研究》,《北京规划建设》2003年第4期。

沈建法:《中国城市化与城市空间的再组织》,《城市规划》2006年第S1期。

沈荣华、王扩建:《制度变迁中地方核心行动者的行动空间拓展与行为异化》,《南京师大学报》(社会科学版)2011年第1期。

石崧、宁越敏:《人文地理学"空间"内涵的演进》,《地理科学》

2005年第3期。

孙倩:《上海近代城市规划及其制度背景与城市空间形态特征》，《城市规划学刊》2006年第6期。

谈明洪、李秀彬、吕昌河:《我国城市用地扩张的驱动力分析》，《经济地理》2003年第5期。

陶然、陆曦、苏福兵等:《地区竞争格局演变下的中国转轨:财政激励和发展模式反思》，《经济研究》2009年第7期。

陶松龄、陈蔚镇:《上海城市形态的演化与文化魅力的探究》，《城市规划》2001年第1期。

陶勇:《中国地方政府行为企业化变迁的财政逻辑》，《上海财经大学学报》2011年第1期。

汪民安:《空间生产的政治经济学》，《国外理论动态》2006年第1期。

王邦佐:《中国政治体制改革的成就和发展路径》，《政治学研究》2003年第2期。

王冠贤、魏清泉:《广州城市空间形态扩展中土地供应动力机制的作用》，《热带地理》2002年第1期。

王建梅:《改革开放30年我国国有企业产权制度改革评述》，《经济研究参考》2008年第49期。

王婧、方创琳:《城市建设用地增长研究进展与展望》，《地理科学进展》2011年第11期。

王圣云:《空间理论解读:基于人文地理学的透视》，《人文地理》2011年第1期。

韦亚平、王纪武:《城市外拓和地方城镇蔓延——中国大城市空间增长中的土地管制问题及其制度分析》，《中国土地科学》2008年第4期。

魏成、沈静、范建红:《尺度重组——全球化时代的国家角色转化与区域空间生产策略》，《城市规划》2011年第6期。

吴超、魏清泉:《"新区域主义"与我国的区域协调发展》，《经济地理》2004年第1期。

吴缚龙:《超越渐进主义——中国的城市革命与崛起的城市》，《城市规划学刊》2008年第1期。

吴缚龙：《中国的城市化与"新"城市主义》，《城市规划》2006年第8期。

吴郁玲、曲福田、周勇：《城市土地市场发育与土地集约利用分析及对策——以江苏省开发区为例》，《资源科学》2009年第2期。

武廷海、杨保军、张城国：《中国新城：1979～2009》，《城市与区域规划研究》2011年第2期。

徐国冲：《政治行动者理性选择的制度范式——理性选择制度主义述评》，《内蒙古大学学报》（哲学社会科学版）2012年第4期。

徐进钰、郑陆霖：《全球在地化地理学——跨界组织场域的统理》，《都市与计划》2001年第4期。

颜燕、刘涛、满燕云：《基于土地出让行为的地方政府竞争与经济增长》，《城市发展研究》2013年第3期。

杨保军、靳东晓：《快速城镇化进程中的土地问题透视》，《城市与区域规划研究》2008年第1期。

杨凌凡、罗小龙、唐蜜等：《城际合作园区转型的制度空间重构机制——以锡沂高新区为例》，《地理科学》2022年第7期。

杨善化、苏红：《从"代理型政权经营者"到"谋利型政权经营者"——向市场经济转型背景下的乡镇政权》，《社会学研究》2002年第1期。

杨上广、王春兰：《国外城市社会空间演变的动力机制研究综述及政策启示》，《国际城市规划》2007年第2期。

杨帅、温铁军：《经济波动、财税体制变迁与土地资源资本化——对中国改革开放以来"三次圈地"相关问题的实证分析》，《管理世界》2010年第4期。

杨雪冬：《压力型体制：一个概念的简明史》，《社会科学》2012年第11期。

杨友仁：《经济地理学的制度转向：一个理论性回顾与研究取向的建议》，《台湾大学建筑与城乡研究学报》2004年第12期。

杨宇振：《权力、资本与空间：中国城市化1908—2008年——写在〈城镇乡地方自治章程〉颁布百年》，《城市规划学刊》2009年第

1期。

杨祖义：《20世纪90年代中国区域经济发展的历史考察与基本经验》，《当代中国史研究》2006年第3期。

叶超、柴彦威、张小林：《"空间的生产"理论、研究进展及其对中国城市研究的启示》，《经济地理》2011年第3期。

殷洁、罗小龙：《资本、权力与空间："空间的生产"解析》，《人文地理》2012年第2期。

殷洁、张京祥、罗小龙：《基于制度转型的中国城市空间结构研究初探》，《人文地理》2005年第3期。

于立：《中国城市规划管理的改革方向与目标探索》，《城市规划学刊》2005年第6期。

于涛、张京祥：《城市营销的发展历程、研究进展及思考》，《城市问题》2007年第9期。

郁建兴、高翔：《地方发展型政府的行为逻辑及制度基础》，《中国社会科学》2012年第5期。

张光：《中国政府间财政关系的演变（1949—2009）》，《公共行政评论》2009年第6期。

张京祥：《国家—区域治理的尺度重构：基于"国家战略区域规划"视角的剖析》，《城市发展研究》2013年第5期。

张京祥、殷洁、罗小龙：《地方政府企业化主导下的城市空间发展与演化研究》，《人文地理》2006年第4期。

张庭伟：《城市化作为生产手段及引起城市规划功能转变》，《城市规划》2002年第4期。

张庭伟：《1990年代中国城市空间结构的变化及其动力机制》，《城市规划》2001年第7期。

张文君：《晋升博弈、政绩考核与地方政府债务扩张》，《上海金融学院学报》2011年第5期。

张显未：《中国制度变迁中的地方政府角色演变》，《经济问题探索》2010年第4期。

张晓平、刘卫东：《开发区与我国城市空间结构演进及其动力机制》，《地理科学》2003年第2期。

赵燕菁：《制度经济学视角下的城市规划（下）》，《城市规划》2005年第7期。

赵燕菁、庄淑亭：《基于税收制度的政府行为解释》，《城市规划》2008年第4期。

郑国：《公共政策的空间性与城市空间政策体系》，《城市规划》2009年第1期。

郑德商：《空间经济学视角下的城市空间结构变迁》，《城市规划》2009年第4期。

周飞舟：《分税制十年：制度及其影响》，《中国社会科学》2006年第6期。

周飞舟：《大兴土木：土地财政与地方政府行为》，《经济社会体制比较》2010年第3期。

周黎安：《中国地方官员的晋升锦标赛模式研究》，《经济研究》2007年第7期。

周敏、黄亚平、林凯旋：《制度影响下大城市制造业空间演化机制研究——基于新制度经济学视角》，《城市问题》2020年第11期。

朱恒鹏：《分权化改革、财政激励和公有制企业改制》，《世界经济》2004年第12期。

朱德米：《新制度主义政治学的兴起》，《复旦学报》（社会科学版）2001年第3期。

朱英明、姚士谋、李玉见：《我国城市化进程中的城市空间演化研究》，《地理学与国土研究》2000年第2期。

朱文晖、张玉斌：《改革开放以来中国区域政策的四次调整及其研判》，《开放导报》2004年第1期。

朱振国、姚士谋、许刚：《南京城市扩展与其空间增长管理的研究》，《人文地理》2003年第5期。

庄良、叶超、马卫等：《中国城镇化进程中新区的空间生产及其演化逻辑》，《地理学报》2019年第8期。

庄友刚：《空间生产视角的资本批判及其对当代中国城市化发展的意义》，《东岳论丛》2012年第3期。

［美］托尼·赛奇：《盲人摸象：中国地方政府分析》，邵明阳译，

《经济社会体制比较》2006年第4期。

［美］约翰·弗里德曼：《城市营销与"准城市国家"：城市发展的两种模式》，李路珂译，《国外城市规划》2005年第5期。

Ambroziak A., and Hartwell C., "The Impact of Investments in Special Economic Zones on Regional Development: The case of Poland", Regional Studies, Vol. 52, 2018.

Amin A., "An Institutionalist Perspective on Regional Economic Development", International Journal of Urban and Regional Research, Vol. 23, 1999.

Amin A., and Thrift N., "Neo-Marshallian Nodes in Global Networks", International Journal of Urban and Regional Research, Vol. 16, 1992.

Andrew G., "Local Governments as Industrial Firms: An Organizational Analysis of China's Transitional Economy", American Journal of Sociology, Vol. 101, 1995.

Bayirbag M. K., "Continuity and Change in Public Policy: Redistribution, Exclusion and State Rescaling in Turkey", International Journal of Urban and Regional Research, Vol. 37, 2013.

Bertaud A., 2007. "Urbanization in China: land use efficiency issues. Unpublished." AB_ChinaJand_use_report_6. Accessed March 8, 2021. https://citeseerx.ist.psu.edu/viewdoc/download?doi=10.1.1.192.1917&rep=rep1&type=pdf.

Bian Y., and Logan J., "Market transition and the persistence of power: the changing stratification system in China", American Sociology Review, Vol. 61, 1996.

Brenner N., "Global, Fragmented, Hierarchical: Henri Lefevre's Geography of Globalization", Public Culture, Vol. 10, 1997.

Brenner N., "The Urban Question as A Scale Question: Reflections on Henri Lefebvre, Urban Theory and The Politics of Scale", International Journal of Urban and Regional Research, Vol. 24, 2000.

Brenner N., "The Limits to Scale? Methodological Reflections on Scalar Structuration", Progress of Human Geography, Vol. 25, 2001.

Brenner N. , "Open Questions on State Rescaling", *Cambridge Journal of Regions, Economy and Society*, Vol. 2, 2009.

Capoza D. , and Helsley R. W. , "The Fundamentals of Land Prices and Urban Growth", *Journal of Urban Economics*, Vol. 26, 1989.

Dicken P. , Kelly P. , Olds K. , and Yeung, W. C. , "Chains and Networks, Territories and Scales: Toward a Relational Framework for Analyzing the Global Economy", *Global Networks*, Vol. 1, 2001.

Dowding K. , "Explaining urban regimes", *International Journal of Urban and Regional Research*, Vol. 25, 2001.

Dunford, Michael, "Theories of regulation", *Environment and Planning D: Society and Space*, Vol. 8, 1990.

Dye R. F. , and Merriman D. F. , "The Effects of Tax Increment Financing on Economic Development", *Journal of Urban Economics*, Vol. 47, 2000.

Erickson R. A. , and Syms P. M. , "The effects of enterprise zones on local property markets", *Regional Studies*, Vol. 20, 1986.

Faguet J. , "Does Decentralization Increase Government Responsiveness to Local Needs Evidence from Bolivia", *Journal of Public Economics*, Vol. 88, 2004.

Farazmand A. , "Globalization and Public Administration", *Public Administration Review*, Vol. 59, 1999.

Gibson D. , "Neighborhood Characteristics and the Targeting of Tax Increment Financing in Chicago", *Journal of Urban Economics*, Vol. 54, 2003.

Gilbert A. , "The New Regional Geography in English and French Speaking Countries", *Progress in Human Geography*, Vol. 12, 1988.

Grabher G. , "The Weakness of Strong Ties: The Lock-in of Regional Development in the Ruhr Area", In *The Embedded Firm: On the social-Economics of Industrial Networks*, edited by Grabher G. , London: Routledge, 1993.

Gualini E. , "Regionalization as 'Experimental Regnionalism': The rescaling of Territorial Policy-making in Germany", *International Journal of Urban and Regional Research*, Vol. 28, 2004.

Guy P., *Institutional Theory in Political Science*, New York: Pinter, 1999.

Hall P., and Taylor R., "Political Science and the Three New Institutionalisms", *Political Studies*, Vol. 44, 1996.

Hartwell C. A., "Bringing the Benefits of David to Goliath: Special Economic Zones and Institutional Improvement", *Regional Studies*, Vol. 52, 2018.

Harvey D., "Class Monopoly Rent, Finance Capitals and the Urban Revolution", *Regional Studies*, Vol. 8, 1974.

He S., Li Z., and Wu F., "Transformation of the Chinese City, 1995 – 2005: Geographical Perspectives and Geographers' Contributions", *China Information*, Vol. 20, 2006.

Heley J., "Soft Spaces, Fuzzy Boundaries and Spatial Governance in Post-devolution Wales", *International Journal of Urban and Regional Research*, Vol. 37, 2013.

Humphrey J., and Schmitz H., "Governance in Global Vale Chain", *IDS Bulletin*, Vol. 32, No. 3, 2001.

Jin H., Qian Y., and Weingast B., "Regional Decentralization and Fiscal Incentives: Federalism, Chlnese Style", *Journal of Public Economics*, Vol. 89, 2005.

Jonas M., and Moisio S., "City Regionalism as Geopolitical Processes: A New Framework for Analysis", *Progress in Human Geography*, Vol. 42, 2018.

Kenneth S., "Studying Institutions: Some Lessons from the Rational Choice Approach", *Journal of Theoretical Politics*, Vol. 1, 1989.

Li L., "State rescaling and national new area development in China: The case of Chongqing Liangjiang", *Habitat International*, Vol. 50, 2015.

Li Y., and Wu F., "The Emergence of Centrally Initiated Regional Plan in China: A Case Study of Yangtze River Delta regional plan", *Habitat

International, Vol. 39, 2013.

Lin G., "State Policy and Spatial Restructuring in Post-reform China, 1978 – 95", *International Journal of Urban and Regional Research*, Vol. 23, 1999.

Lin G., "Reproducing Spaces of Chinese Urbanization: New City-based and Land-centred Urban Transformation", *Urban Studies*, Vol. 44, 2007.

Lin G., Li X., Yang F., and Hu F., "Strategizing Urbanism in The Era of Neoliberalization: State Power Reshuffling, Land Development and Municipal Finance in Urbanizing China", *Urban Studies*, Vol. 52, 2015.

Liu Y. L., Lu M., and Xiang K. H., "Balance Through Agglomeration: A Race Between Geography and Policy in China's Regional Development", *China and World Economy*, Vol. 26, 2018.

Liu Z., "Foreign Direct Investment and Technology Spillovers: Theory and Evidence", *Journal of Development Economics*, Vol. 85, 2008.

Lynch D., and Zax J. S., "Incidence and Substitution in Enterprise Zone Programs: The Case of Colorado", *Public Finance Review*, Vol. 39, 2011.

Ma L. J. C., "Urban Transformation in China, 1949 – 2000: a review and Research Agenda", *Environment and Plannlng A*, Vol. 9, 2002.

Man J. Y., and Rosentraub M. S., "Tax Increment Financing: Municipal Adoption and Effects on Property Value Growth", *Public Finance Review*, Vol. 26, 1998.

Mark G., "Economic Action and Social Structure: The Problem of Embeddedness", *The American Journal of Sociology*, Vol. 90, 1985.

Masseyd., "Regionalism: Some Current Issues", *Capital and Class*, Vol. 6, 1978.

McGee T., Lin G., Marton A., Wang M., and Wu J., "China's Urban Space: Development under Market Socialism", *Chinas Urban Space Development Under Market Socialism*, Vol. 42, 2007.

Molotch H. , "The City as a Growth Machine: Toward a Political Economy of Place", *American Journal of Sociology*, Vol. 82, 1976.

Morris F. , "Rational Choice and the New Institutionalism", *Polity*, Vol. 28, 1995.

Oi J. , "Fiscal Reform and the Economic Foundations of Local State Corporatism in China", *World Politics*, Vol. 45, 1992.

Park R. , and Maria C. , "Urban mobility and urban form: the social and environmental costs of different Patterns of urban expansion", *Ecological Economies*, Vol. 40, 2001.

Pearson T. , "Location! Location! Location! What is Location?", *The Appraisal Journal*, Vol. 1, 1991.

Prudhomme R. , "Dangers of Decentralization." *The World Bank Research Observer*, Vol. 10, 1995.

Qian Y. , and Xu C. , "Why China's Economic Reforms Differ: The M-Form Hierarchy and Entry/Expansion of the Non-state Sector", *The Economics of Transition*, Vol. 1, 1993.

Rosenthal S. S. , and Helsley R. W. , "Redevelopment and The Urban Land Price Gradient", *Journal of Urban Economics*, Vol. 35, 1994.

Reynolds C. L. , and Rohlin S. M. , "The effects of location-based tax policies on the distribution of household income: Evidence from the federal Empowerment Zone program", *Journal of Urban Economics*, Vol. 88, 2015.

Sack, R. D. , "Geography, Geometry and Explanation", *Annual of the Association of American Geographers*, Vol. 62, 1972.

Scott A. J. , "Regions Motors of the Global Economy", *Future*, Vol. 28, 1996.

Scott A. J. , and Angel D. P. , "The US Semiconductor Industry: A Locational Analysis", *Environment and Planning A*, Vol. 19, 2015.

Shen J. , "Scale, State and the City: Urban Transformation in Post-reform China", *Habitat International*, Vol. 31, 2007.

Smith N. , "On the Necessity of Uneven Development", *International Journal of Urban and Regional Studies, Vol. 10, 1986.

Stark D., "Recombinant Property in East European Capitalism", *American Journal of Sociology*, Vol. 101, 1996.

Stone C., "Urban regimes and the capacity to govern: A political economy approach", *Journal of urban affairs*, Vol. 15, 1993.

Su X., "Rescaling the Chinese state and regionalization in the great Mekong subregion", *Review of International Political Economy*, Vol. 19, No. 3, 2012.

Taylor P., "Geographical Scales within the World-Economy Approach", *Review*, Vol. 5, 1981.

Tiebout C., "A Pure Theory of Local Expenditures", *Journal of Political Economy*, Vol. 64, 1956.

Tuner B., Lambin E., and Reenberg A., "The Emergence of Land Change Science for Global Emergence Change and Sustainability", *Proceedings of the National Academy of Sciences of the United States of America*, Vol. 104, 2007.

Vlad M., and Manuel W., "State Rescaling and Economic Convergence", *Regional Studies*, Vol. 53, 2019.

Wang J., "The Economic Impact of Special Economic Zones: Evidence from Chinese Municipalities", *Journal of Development Economics*, Vol. 101, 2013.

Wei S. J., "Attracting Foreign Direct Investment: Has China reached its Potential?", *China Economic Review*, Vol. 6, 1995.

William R., "Agents and Structures: Two Views of Preferences, Two Views of Institutions", *International Studies Quarterly*, Vol. 42, 1998.

Williamson O. E., "The New Institutional Economies: Taking Stock, Looking Ahead", *Journal of Economics Literature*, Vol. 38, 2000.

Wilson D., "Unravelling Control Freakery: Redefining Central-local Government Relations", *The British Journal of Politics & International Relations*, Vol. 5, 2003.

Wu F., "The 'Game' of Landed Property Production and Capital Circulation in China's Transitional Economy, with Reference to Shanghai", *Environment and Planning A*, Vol. 31, 1999.

Wu, F., "China's Changing Urban Governance in the Transition Towards A More Market-oriented Economy", *Urban Studies*, Vol. 39, 2002.

Wu F., "Globalization, Place Promotion and Urban Development in Shanghai", *Journal of Urban Affairs*, Vol. 25, 2003.

Wu F., and Yeh A., "Changing Spatial Distribution and Determinants of Land Development in Chinese Cities in The Transition from A Centrally Planned Economy to A Socialist Market Economy: A Case Study of Guangzhou", *Urban Studies*, Vol. 34, No. 11, 1997.

Wu F., and Yeh A., "Urban Spatial Structure in a Transitional Economy: The Case of Guangzhou, China", *Journal of the American Planning Association*, Vol. 65, 1999.

Wu F., and Zhang F., "China's Emerging City Region Governance: towards A Research Framework", *Progress in Planning*, Vol. 73, 2010.

Wu J., Deng Y., Huang J., and Morck R., "Incentives and outcomes: China's environmental policy", *Capitalism and Society*, Vol. 9, 2014.

Xu J., "Governing City Regions in China: Theoretical Issues and Perspectives for Regional Strategic Planning", *Town Planning Review*, Vol. 79, 2008.

Xu J., and Yeh A., "Decoding Urban Land Governance: State Reconstruction in Contemporary Chinese Cities", *Urban Studies*, Vol. 46, 2009.

Xu J., and Yeh A., "Re-building Regulation and Re-inventing Governance in The Pearl River Delta, China", *Urban Policy and Research*, Vol. 30, 2012.

Yang J., Li Y., Hay I., and Huang, X. J., "Decoding national new area development in China: Toward new land development and politics", *Cities*, Vol. 87, 2019.

Zheng S., Sun W., and Wang R., "Land Supply and Capitalization of Public Goods in Housing Prices: Evidence from Beijing", *Journal of*

Regional Science, Vol. 54, 2014.

Zou Y., and Zhao W., "Making a new area in Xiong'an: Incentives and challenges of China's 'Millennium plan'", *Geoforum*, Vol. 88, 2018.

郭广东:《市场力作用下城市空间形态演变的特征和机制研究——基于苏南地区的快速城市化进程》,博士学位论文,同济大学,2007年。

郭强:《国家级新区"一张图"管地信息系统的设计与实现研究——以重庆市两江新区为例》,硕士学位论文,西南大学,2013年。

冷希炎:《中国开发区制度空间研究》,博士学位论文,东北师范大学,2006年。

李松志:《珠江三角洲产业转移机理及模式研究——以佛山禅城、东莞石龙为例》,博士学位论文,中山大学,2006年。

刘雨平:《地方政府行为驱动下的城市空间演化及其效应研究——基于"理性选择"的分析视角》,博士学位论文,南京大学,2013年。

马仁锋:《创意产业区演化与大都市空间重构机理研究》,博士学位论文,华东师范大学,2011年。

闵思卿:《城市历史文化风貌保护区空间的生产机制研究——以上海市衡山路—复兴路历史文化风貌保护区为例》,硕士学位论文,华东师范大学,2007年。

魏成:《面向全球化时代的中国制度空间与区域发展研究》,博士学位论文,中山大学,2007年。

吴一洲:《转型背景下城市土地资源利用的空间重构效应》,博士学位论文,浙江大学,2011年。

叶玉瑶:《改革开放以来珠江三角洲建设用地扩展与经济增长的关系》,博士学位论文,中山大学,2009年。

邹葆焕:《城市新区产业功能的选择与空间布局研究——以重庆市两江新区为例》,硕士学位论文,重庆大学,2014年。